こころの誕生

マイナス1歳から思春期までの心的発生論

北島正《きたじま・まさし》

ボーダーインク

まえがき

二十五年ほど前、初めて教職に就いた時、生徒の忘れ物が多いことにまず驚きました。その中には、時計・めがね・万年筆といった、当時はまだ高価だった品々がたくさん含まれています。「なぜ取りに来ないのか」という問いに、「新しいのを買ってもらうからいい」と応えた生徒の言葉が、今も心に残っています。バブルに向かい好景気に沸いていた世相の反映だったのでしょう。そんな中で我々は、時計やめがねだけでなく、もっと大切な何かを置き忘れてしまったように思います。最も大きな忘れ物は、「子供を育てる心」だったのではないでしょうか。もちろん、いつの時代の親も、一所懸命に子供を育てています。社会も大きな経費を教育に注いでいます。しかし、子供たちは、この潤沢で恵まれた環境にあって、なぜか幸せに育っているようには見えません。

例えば、子供服が、どろんこになっても鉤裂きを作ってもいい普段着から、ブランド品のよそ行きに変わり、子供たちは、きれいでかわいらしく見えるようになりました。その代わりに、「行儀良くおとなしく行動するように」と制約を受けるようになっています。同じように、今は望めば誰でも大学まで進学できるようになりました。子供は、自分の可能性を何処までも追求することができるようになったのです。親も社会も、この開かれた可能性に向けて、一斉に子供を追い立てています。しかし、生まれた時すでに準備されているこのルートに従って生きることが、子供にとって、幸せだとばかりはいえそうにありません。

進学だけでなく子供の希望について、どの親も、「もし、したいことがあるなら、いくらでもさせてやろう」と理解を示します。何をしたいか自覚している子供にとっては、大変幸せなことです。しかし、子供たちが生きている現在は、我々が生きた時代に比べ、比較できないほどの多様性と可能性に満ちています。学校の勉強以外まともな社会訓練を受けていないほとんどの子供にとって、この多様性の中から自分のやりたいことを見つけ選択することは、大変難しいことになっています。結局、ひたすら決められたルートを流されて行くだけになってしまいます。

我々が希望と幸せを追求し汗を流して実現した社会は、子供にとって幸せとばかりいえないものになっていたようです。この幸せの中で子供を育てている親も、何がといえない不安を抱えるようになっています。とはいっても、この社会の実現しているものが間違っているとは思えません。しかし、そこに生きてきた我々の生き方考え方は、もう通用しなくなっているのではないでしょうか。わたしたちは、この時代の中で生活し生きてゆく作法や技術を新しく生み出し、子供たちに伝えて行かなくてはならない段階にきているのだと思います。山や川が、高層ビルとアスファルトの道路に変わり、畑の作物は、スーパーやコンビニの陳列棚に並べられているものに変わってしまったのです。子供たちの見ている風景は、我々が当たり前だと思っていたものからは、ずいぶん遠く離れてしまったようです。

そして良かれ悪しかれ我々は、今という時代を前提にその中で生きてゆくしかありません。子供たちは、この世界で成長しているのです。この本は、改めてそこに生きる標を手にしたいと願うささやかな試みです。これを通じて子供や親たちの迷いや不安を、少しでも解くことができればと考えています。まずは、わたしを含め我々が忘れてきたものを取りに帰ることから始めようと思います。

◆目次◆

ジャケットデザイン・大城　康孝

第1章

自然・生命・意識（心）

1　環境としての自然

①　二つの自然

これから「子育て」について考えてゆくわけですが、その前にまず〈自然〉という概念をはっきりさせようと思います。これは人間について考える場合、大変重要な概念―「ことば」です。

我々は当たり前ですが、〈自然〉の中に生きています。多くの人が都市に生きる今の日本では、ともすれば忘れられてしまうことですが。人間にとって自然は大きく二つに分かれます。一つは人間を取り巻く〈環境〉としての自然です。今一つは我々自身、〈身体〉としての自然です。自然という存在は、どちらの場合にも普段は意識されない、それがそこにあることを気づかないという点で共通しています。大事なデートの日に土砂降りの雨とか、急な発熱で起きられないということでもなければ、〈自然〉がそこにあることに気づかぬまま、我々は生活しています。ここではまず、〈環境〉としての自然について考えてみます。

環境といえば、公害や都市問題、自然保護やリサイクル、「癒し」や「エコロジー」といった議論が思い浮かびます。しかし、これらは全て、技術や方法の問題を、一定の価値観やイデオロギー（個人的な主義・主張）に結びつけて、むりやり善悪の問題としてしまっています。ここではこうした議論とは別に、「人間にとって、自然とこれへの働きかけはどの様な関係にあるのか」を考えようと思います。人間と自然の問題を〈都市と田舎〉の問題として考えます。

②　自然の対極─都市

〈都市〉は、いつの時代であれ人の手によって創られ、人工的な環境に覆われます。地形は大幅に変えられ、建物や施設には快適な生活空間を得るため様々な設備が備わり、一年を通じて安定した環境が得られるように整えられます。時々の不備や不都合な部分には、新しい技術と資金が投入され、人工化の度合いはさらに高まり、より快適なより安全な街へと進化を続けることになります。今ではこの街にいる限り、我々は自然とは関わりなく生きることができるように思えるほどです。いずれの日にか、それが完全に実現するまでこの流れをとどめることはできません。なぜなら都市は、時代の持つ文明─人知の達成した成果─が最も高度に集積し表現されたものだからです。また、人の知識や技術は、無理矢理とどめるというようなことがなければ、必ず高度化される方向にしか進まないからです。

現在の都市を支える文明は、民主主義的な思想が経済市場と科学に与えた、自由な活動の結果産み出されてきたものです。従って、現在のような街造りは「民主主義」という思想が否定されない限り、この方向性をとどめることはできないし、そうすることは無意味でもあります。都市はこれからも高度に進化し、自然環境よりももっと優れた人工的環境を人間に提供しようとし続けるに違いありません。これはそのこと自体善でも悪でもなく必然の流れだというだけです。ですから、その場その場で関わった人が、自由に選択すればよいだけの問題、一人一人の好き嫌いの問題です。ここで発生する環境破壊や公害問題は、経済コストか技術上の問題にすぎません。科学ではなく、社会や政治上の問題です。この点でわたしたちは、反科学に向かいかねないエコロジストや自然保護運動の考えとは異なります。

都市は良かれ悪しかれ、その時代に生きる人間の全能力を表現する場であり、最終的に自然の克服を目指す場だということができます。そこは人間にとって必要とされることが優先され、もし自然が残されたり持ち込まれたりすることがあっても、それは完全に人間の管理下にあり、自然よりも自然らしく思えるものに限られます。

しかしだからといってわたしたちは、日本中を（世界中を）、東京のような都市にすればよいと考えているわけではありません。都市は徹底して都市化するしかないものであり、この過程をとどめることは、人間の本質から考えて無意味だと考えているだけです。また現在の都市文明にとって、日本中の街がそうなる必要はありません。都市文化にとっては、〈東京〉だけがあればよいのです。実際に、東京のような街が全国に創られ、東京のようになろうと、明治このかた、様々な開発計画が大小を問わず実施されてきました。しかし、その結果日本中が東京にならなかっただけでなく、これからもいかに資金を投入しようと、そうなることはありません。どう試みても東京以外は、東京という都市に対して、〈田舎―自然〉という位置に立つことになるからです。東洋的―日本的世界観ではこの傾向はより徹底して現れます。

③　都市―東京に住むという人間関係

都市―東京に住むということは、意識するしないに関わらず、この人工化の徹底―人間の自由な活動という流れを受け入れて生きることを意味します。街造りについてだけでなく、ありとあらゆる活動に、この考えが優先されます。「自然のままに」「自然と共に」というのは、〈休日〉や〈郊外〉のような形で、非日常化された時間や空間の中でだけ成立します（成功例＝ディズニーランド「心にとっての自然」を提供するために徹底して人工化された街）。

こうした環境の中で、人間関係だけが自然に成立したり対立したりということはありえません。人間関係もまた、人工的に取り扱わなければ、自然性―感情のランダムなぶつかり合いとしてしか現れなくなります。家族関係といえども、例外ではありません。我々は、人間関係をも人工的に意識して作り、そうするための新しい技術や方法を身につける必要があります。我々は超現代的な街に住みながら、なぜか人間についても人間関係についても、前近代の方法や認識を超えることがないように見えます。どこかで、かつてあった関係―1960年代までに父母と作った関係をあてに生きているように思えます。まるで人間と人間関係だけは、自然のままに存在しているかのようです。

そうした人間関係は、社会が高度成長を始める前までに、貧しさと停滞する社会の中で、身を寄せ合って生きた人々が作りだしたものです。そこには、澄んだ川や海、緑豊かな野山、隅々まで耕された田畑といった、自然の持つ豊かさに似た、ただで手に入る豊かな人間関係があったといっていいでしょう。しかし、その時代の人々が心地よさも煩わしさも含めて、貧しさゆえにそう生きるしかなかったということは忘れられています。我々は、貧しさの克服を目指して自然の風景を変更し続け、気が付けばこうした自然の風景からは、ずいぶんと遠くに来てしまいました。同じように、あの風景の中で成立した生活も人間関係も消滅しています。

今40代以上の世代の中には、失われたあの頃の生活と人間関係が記憶されています。しかし、それが何であり、自分にとってどんな意味があるのか、もはや解らなくなっています。ですから自分自身がその関係を実践できなかったのです。その結果、自分たちの子供の世代には、人と関わることについての具体的な作法が何も伝わっていないということに気付かぬままでした。多くの人が都市に生き、生きようとすることは避けられないことです。文明は高度化することがその本性だからです。しかし、今我々の社会は、そこで生きる作法を、人と関わる作法を、本当に失ってしまったのです。このことは子供にとって深刻な問題を引き起こすことになります。かつてのそれは、復活しないしさせる必要もありません。今に根付いた新しい作法を作り出すしかありません。

④　自然に立つ田舎

では都市に対して「〈田舎〉〈地方〉とは何か」を考えてみましょう。都市は、自然の持つ自然性（海・山・川のような地理的条件、植生や生態系のような生物的条件、気象・地質のような物理的条件）を断ち切って、人間の生存条件に必要なものだけを追求しようとするところに創られます。一方、田舎は農業にみられるように、自然の自然性に直接結びついて、初めて成り立つものです。もちろん農業といえども、技術革新と無縁に存在しているわけではありません。「機械化」「農薬・化学肥料」、「圃場整備」「土壌改良」、「ビニールハウス」「野菜工場」、「品種改良」「遺伝子組み換え」といった、各分野の科学技術水準と密接に結び付いています。しかしこうした試みは、都市生活を支える「場」と違って、どんなに変化しようと、自然物との直接的結びつきを断ち切ることはできません。土壌を改良しても、「土」は必要です。「水耕栽培」は土に替えて、「水」を培地としただけです。工場のように整備された環境で管理され、品種改良された作物であっても、ここで育つ作物は、生物学的に刻印された—遺伝子によって決められた範囲で、それぞれの作物となるだけです。我々はその結果を受け入れるしかないのです。化学工場のように、生成の過程を人間が完全にコントロールして、目的通りの結果を得ることはできません。ここでは、どんなに技術が進歩しても、「人事を尽くして天命を待つ」という限界を超えることができません。

同様に、人の生活も、自然と直接関わって生きるという部分をなくすことはできません。上下水道・電気・ガス・通信・道路、いわゆるインフラといわれるようなもの、生活の電化や自家用車などは、都市生活と大差なく備わっています。しかしいずれも、実際に生活する上では点や線にすぎません。都市では雨が降っても、傘を持たずに生活することができます。これは単に、便利であるとか、楽であるとかの問題ではありません。生活の上で天候を無視することができるということを意味しています。のどが渇いても、数十メートルも歩けば、コンビニか自動販売機で好きな飲み物を手に入れることができます。人工化された水道水がいやなら、別の人工化のルートを選んで「六甲のおいしい水」を買うことができます。つまり、都会では、生活すること―どう生きるかということについて、幾重にも選択肢があり自由に選び、いつでも自分にあった生活を組み立てることができる（ように思う）わけです。しかし、田舎に生きるということは、いくら便利になり、都会と同じ物が手にはいるようになったといっても、雨が降れば濡れるし、計画し準備しておかなければ、好きな飲み物を手に入れることも難しい。都会のように生きようと思えば、いつも自然や社会の制約を意識して行動しなければなりません。もし、その注意を怠れば、自然の条件―例えば、「傘を持たずに出かけ夕立にあってずぶ濡れになった」とか、社会条件―「スーパーの営業時間は終わってしまった」にぶち当たることになり、自分の意図に反した結果に遭遇することになります。つまり、今ジュースが飲みたいと考えても、気軽に出かけて手に入れることができないのです。自分が置かれた生活の場が、どんな条件や制約を持っているかに無頓着というわけにはいかないのです。このことは、考えようによっては、生活の〈貧しさ〉といえるでしょう（経済的な意味ではない）。しかしこの貧しさは、自然状態―人間にとって人間的生活が「ゼロの水準」にあることを意味する貧しさです。田舎で生活する場合、常にこのゼロ水準に出くわすことになります。そしてこのゼロ状態をその場で打開して行くことが、田舎で生きるもう一つの人間の顔になるのです。同時にこれが、〈現在〉という高度に人工化した社会の中で、目に見える形では消えてしまった、人間にとってのゼロ地点からの再生に必要な視点でもあります。

⑤　ゼロ地点としての自然

繰り返しますが、都会での人の営みは、必ず、より高度になる方向にしか働きません。これに対し、田舎では、どんなに高度な文明を持ち込んでも、常にゼロから高度化することを強いられます。我々の意識の中では、あまりに急速に進んだ都市化とその高度な成果のために、ゼロ地点は、もう存在しなくなったか、克服されてしまったと考えがちです。しかし、都市にとっても、従って現在の文明にとってもゼロ地点は存在します。明らかな例は、超現代都市神戸を襲った地震です。これは、人間の自然支配の限界を示しているだけではありません。自然を支配するために科学が高度になれば、その水準に見合った自然支配の範囲が生まれるということです。すると必ずその支配からこぼれる領域が生まれます。ですから科学がどれほど進歩しても、その都度そのレベルでは対応できない、計算し尽くせない自然が現れてくることになります。従って人は、常に自然と折り合いを付けて生きるしかないのです。

例えば、平屋の家を建てるのであれば、地表の状態さえ整備すれば―地面を平らに均せば事足ります。しかし超高層ビルを建てようと思えば、地中深く何十メートルもの状態を知りこれを制御しなくてはなりません。そのためには、平屋では必要でなかった、地質学と土木技術について新たな知識が必要となります。つまり、神戸の復興を考えるにしても、このようにゼロ地点を含む街造りを考えなければ、同じ事が繰り返されるということです。１０００年前であれば神戸地震で６０００人以上の人が死ぬというようなことは起こりえません。６０００の死者が、百万都市を造り出した現在の文明にとってのゼロ地点なのです。

環境としての自然は、人の手によって支配される領域を次第に拡張してゆくけれども、必ず人の手を離れたゼロ地点を失わないということです。逆に人はゼロ地点に遭遇することによって、新たな支配の可能性を手にすることができます。ただしそうするためには、ゼロ地点の存在を知り、そこから立ち上がることが必要です。ここで必要なものは、学問知識や経済力、勇気や決断ではありません。それらは全て、人が生きることから派生したものにすぎません。いわば余剰です。ゼロ地点に必要なものは、「生きることそのもの」――簡単に言えば〈生命力〉ということになりますが、これはまた人間にとっての自然そのもの、ゼロ地点の一つということになります。神秘的に考えているわけではありませんが、ゼロ地点とは、理解するより感応するものといったほうがいいのかもしれません。

2　身体としての自然

①　私の体という意識

我々は、身の回りの自然に気付かない以上に、自分自身の体について無頓着であることが多い、生活の中で、自分の身体を「これは、私の体である」と、いちいち意識することなどないと言ってよいでしょう。「怪我をしたり病気になって初めて、身体の存在に気付いてあわてた」。そんな経験は誰もがすることです。特に生活習慣病といわれるものは、わたしにも経験がありますが、病院の検査で発見されるまで、病気自体に気付くことさえありません。しかし最近、これとは逆に過剰と思えるほどに、身体についての関心が高まっていることも事実です。「健康」と「美容」です。しかし本来、人は、健康であれば健康を気にすることがない、いや健康であることに気付かないはずです。同じように、容貌やスタイルについても、自分の体として受け入れ生きています。身体の欠点を、いつも気にして生きているとしたら、その状態こそ「病」というべきでしょう。週刊誌などに溢れかえる健康や美容についての情報は、どう考えても異常です。どうやら「人にとって身体とは何であるのか」について考える入り口は、この「無関心」と、「過剰な関心」との間にありそうです。

② 直接作られる身体像

先に環境としての自然について考えた時、自然と直接関わって生きる場として、田舎を考えました。そこで人は、農作業だけでなく生活の上でも、常に自然の前に自分の体をさらして生きています。この時人の体は、部分ではなく全身を使って自然（物）と関わり、その一部となります。自然とうまく連動することによって、何かを作り何かを生むことができます。その過程で、自分の体が初めて〈意味〉を持つことに気付くのです。それは、「力強い―軟弱」「丈夫―ひ弱」「器用―不器用」といったような、具体的な活動から生まれたものです。そしてこの意味は、生きることに直結した〈価値〉に繋がります。力のある者は多くの荷物を背負うことができます。力はなくても丈夫であれば、繰り返しの作業に耐えることで克服できます。ここでは、これが「健康」という価値を意味することになります。

この価値は、自分の体が直接触れ、関わったことの中からやってきたものです。直接的でリアルなものです。「健康」を常に自覚することはないでしょうが、健康という状態は、自分の体の状態であると同時に、体の外（自然）との〈関係〉の状態でもあるわけです。ですから、自分の身体がことさら意識されなくても、「私の体」という認識は、外部との関係が消滅しない以上、自然への関わりと同時にいつもそこにある意識としてやってくる「何か」だと考えることができます。

「美醜」についても同じように考えることができます。容貌も本来は、自然との関わりから、その関係の中にある自分を確認することから生まれる意識です。古代の状態にある民族が、顔や身体に異様とも思える改造を行うことが知られています（入れ墨、鼻・耳・首のリングなど）これは人間と自然（神）との普遍的関係―人間と自然（神）との距離感の反映として生まれた物です。簡単に言えば、自然（神）にとって「私が美しく見える」ようにしたものです。しかし、生産技術が自然状態（狩猟採集段階）を離れ、生活共同体が「鼻付き合わせて生きる」状態を離れるに従って、美醜も自然との関係ではなく人間との関わりから生じてくるようになりました。つまり相手が神（自然）ではなく人間なら、美醜の判断は「私が勝手にできる」ということになったわけです。あなたに受け入れられるから「私は美しい」つまり「蓼食う虫も好きずき」と、皆に受け入れられるから「私は美しい」つまり「ミスワールド」とに分裂することになったのです。そして、「私にとってのあなた」が分からない程度に応じて、ファッション誌のモデルだけが「私にとってのあなた」となってゆきます。「赤の他人のモデル」が私にとって最も重要な人間関係の相手となります。関係は病の領域へと移って行くことになります。

③ 直接性を失う身体

さて、都会に生きる多くの人間にとって、健康とはどんなものなのでしょうか。オフィスで働くサラリーマンにとって、自分の全身を直接「物」に関わらせるというようなことは、まず起こりません。いわゆるデスクワークといわれる仕事に、自分の全身は必要でないからです。頭と手それも指があれば十分でしょう。生活場面に於いても、歩く立つ座る程度の動作以外必要なさそうです（箸を持つもありますが）。ですから、体についての意識も、「何となくだるい」とか「調子がイマイチ」、あるいは「今日も元気だタバコがうまい」など、漠然とした「感じ」としてやってくるだけです。もし彼が自分の健康状態を知ろうとすれば、病院に出かけて健康診断を受けるしかなさそうです。言い換えれば、自分の健康状態は、自分の感覚や認識と自分の体との関係によってしか、知ることができないということです。自分の体と外部との関係は、部分的・間接的にしか成り立ちません。そのためこの関係から身体状況を知ることはできないのです。自分と自分の体の関係とは、簡単に言えば、自分が自分の体を健康だと考えているかいないかということです。ですから、何かで不安を感じた時には、健康診断を受けようということになるわけです。

では、健康診断の基準となる数値とは何でしょうか。数値それ自体は、自分以外の人間の身体状態を平均したものです。これに、医学上健康と考えられる数値を加味して、健康かどうかが判定されます。医学研究の進歩、医者の見解によって、変動することになります。その結果、昨日まで健康だった人が今日からは病人となるというようなことが起こります。今では、遺伝子検査で異常な部分が見つかれば、潜在的な病人とされるところまで「病気」の認識は拡張されています。そしてこの先には、「われわれは皆病人である」という結論が待っています。

しかしその時、その病の全てを治療することは、人間が生きることの全てをコントロールすることと同じことになります。結果として、一人一人が自分の人生をそれぞれに生きているように見えても、実際は、皆健康という平均値に均された人生を生きることになります。同じ物を同じように食べ同じような生活サイクルを営んで、誰の人生も皆同じ人生だということになります。今の我々には、その社会を想像すらできません。ただ人にとって、人生が無意味になることは確かでしょう。また、こうした社会を実現するために、どれほどの自然を克服すべきか、見通すこともできません。ちょうど、我々を取り巻く自然を知れば知るほど、コントロールできるようになればなるほど、自然は拡大しより解らない自然、よりコントロールできない自然が現れてくることと同じです。

いずれにしても、今の健康問題は、自分が自分の体を健康と考えるか考えないかが前提であって、診断はこれに間接的な説明を加えているだけです。頑固者は医者を嫌い、神経質な者はよく医者に通うということです。我々にとって、自分の身体は自分の思い込みで認識するしかないということです。それが不安であれば、自分の身体を他人に判断してもらう以外、方法がなくなったのです。

④　身体の喪失—健康という病

この状況は、実に奇妙だといわざるを得ません。つまり、極端に考えれば、我々は、自分が病気だと思えば病人になり、医者が病人だといえば病人になるということを意味しているからです。病気であれ健康であれ、いずれも体の状態です。状態は、行動の過程、つまり生きている過程によって生み出されてきます。激しい運動をすれば、脈拍も息もあがります。肺や心臓に欠陥があれば、同じ症状になります。普通であれば、前者は健康、後者は病気と考えられますが、小学校の低学年以来走ったことがないというある生徒は、息を切らして教室に駆け込んだ後、「どこか具合が悪いのでは」と本気で心配していました。笑い話ですまされない、何かが起きています。外部との関係を失ったために、身体はそれだけで、中空に浮かんでいるようなものになってしまいました。人が体を使って生きる平均値も、大きく変動することになり、我々にとって身体は、ますます遠いものとなっています。

また、自覚することはできませんが、免疫機構がインフルエンザウィルスと激しく戦えば、その過程で熱が出ます。これは全て体の状態、ある活動の過程や結果に伴って現れる「症状」です。それは外部との関係によって生じ、その関係を指し示すもので、厳密に言えば病気ではありません。身体が生きている過程の一つです。もちろん、戦いに敗れて肺炎などを起こせば病ということになります。

死ぬことさえあるのですから、そうならないように抗生物質などで免疫機構を応援するわけなのです。しかし、ここでも我々は過剰に反応しがちです。この過程を病と考え、制御しようと慌てることになります。薬害が起こる理由がここにあるのです。

ここまで見たように、人が、自分の身体の状態を了解するには、外部と直に関係することが不可欠です。しかし、我々の生活は、外部（自然）をできるだけ遠ざけることによって成り立っています。そのために、我々は身体を知るための、外部と関わる過程を失ってしまったのです。体の存在に気付き変調を感じた時、それを確かめる「場」を失ったといってよいでしょう。これは「身体を失った」といっても同じことです。前に免疫機構について触れましたが、この機構は、見えなくなった体で何が起こっているかを知る、格好の手掛かりです。見えないこの機構は、「心と体」が切れ目なく繋がっている場です。アレルギー、免疫不全による体の変調は、全てここから生じています。無菌に近い生活の中では、この機構も、何が自分の身体にとって異物なのかを判断できなくなっているのです。ここでも自分の身体は失われつつあります。

⑤　身体という幻想

我々の日常は、「イメージされた身体」によってだけ成り立つようになったといえるでしょう。「健康」や「美容」という点にだけ、関心が集中することによく現れています。我々にとっての体は「今ここにある身体」から「身体イメージ」に取って代わったのです。全てがイメージとなった結果が、体への無関心と過剰な執着という正反対の対応をもたらしているのです。身体認識を無意識に回復しようとすれば、身体に対して過剰な働きかけを引き起こします。若年者の飲酒・薬物乱用・根性焼き・リストカット等です。傷つく身体によって、辛うじて「私の体」、「生きている私」を捕らえようとしているのです。

最後に、見えなくなった身体が、引き起こす問題に少し触れておきます。環境としての自然は、少なくとも「都市」について考えたように、目に見える問題です。しかし、見えなくなった身体は、健康や美容のように、「私の認識」と「私の身体イメージ」の関係が創り出す場へ移ってしまっています。つまり〈心〉の問題となっているのです。身体について考えることは、心について考えることなのです。この場に移った身体が、神戸地震のように悲鳴を上げ、目に見える「事件」となった例があります。オウム真理教の起こしたサリンによる無差別殺戮です。身体が見えなくなる—無意味になることによって、身体どころか、生きることそのことが、無意味になってしまった結果です。現実的に生きている身体ではなく、ある理念—宗教的に価値ある身体以外に、身体の存在を認めないという考えが引き起こした事件です。それほどはっきりしない例でいえば、家庭や学校の崩壊現象、子供が起こしたり巻き込まれたりする事件の増加・深刻化があげられます（殺人の後に死体を傷つける事件が増えている）。いずれもこの場に封じ込められた身体が起こす反乱です。心の問題ですから、「心と体」の関係に歪みが生まれると、当然人についての考えも、人との関わりも歪みます。その影響のままに成長する子供たちは、心の病や逸脱行動を引き起こすことになってしまうのです。事件という形であろうとなかろうと、全て身体を巡る現在がもたらした一種の公害病としての心の病と考えられます。

3　自然・生命・意識（心）

①　無機的自然

この章の最後に少し難しい話題になりますが、自然・生命・意識（心）についてまとめておきたいと思います。人間にとっての自然は、ここで考えたように、環境と身体の二つがあります。そして、環境としての自然という時、無機的な自然も動植物のような生物も特に分けることなく「二つの自然」として考えてきました。しかし、少し厳密に考えると自然存在は、無機的・物理的自然と生命体とに分かれます。物理的自然は、太陽と地球の関係のように一定の物理法則に従って存在し、数式に表された関係を逸脱することがありません。もっとも、厳密に言えばこの二つの天体は、〈関係〉を作っているわけではありません。一定のエネルギー（物質）がある〈状態〉にあるというだけです。大雨ではがれて落ちた「岩と雨」の間に、「因果法則」を見出すことはできても、〈関係〉を見つけることができないのと同じです。物理的自然は、物質としての大小や段階は在るものの、素粒子の段階から全宇宙の段階まで一様に働く必然的なメカニズムに従って存在しています。簡単に言えば、それがどの様な形で存在しているかは、エネルギー状態の変化に過ぎないのです（もっとも、今の我々にその全てが解っているわけではありませんが）。ですからそこに〈関係〉が生まれることはなく、この自然は、どんな形で存在していても、その内と外とに差がなく、働くメカニズムも同じだということです。

例えば、普通我々は、太陽と地球はそれぞれ別の「天体」で、地球が太陽の周りを回っているのだと考えています。太陽は水素が膨大な量集まって、宇宙空間に浮かぶ巨大な核融合炉──「恒星」を形作っています。地球には水素がほとんどありません。あっても「水」のような化合物の形ですので、核融合を起こすことはできません。地球は、水素より重い様々な元素からできていて、太陽からの熱がなければ極寒の凍り付いた惑星となっていたはずです。なぜこうした天体ができたかは、太陽系ができる時、周辺の宇宙空間にどれほどの物質が存在していたか、またその組成がどうだったかによっています。いわば偶然の結果です。宇宙の塵が関係を作って、太陽や地球を生み出したわけではありません。本質的には、太陽系全体が一つの天体であると考えることもできます。どちらに考えても、太陽系に働くメカニズムや法則に差はありません。実際、数十億年後に、地球は太陽に飲み込まれ一つの星になります。この世界では、存在する形がどうであれ、またそれがどう変化しようが常に同じ法則が働き、物の内部にあることと外にあることとに差を生まないのです。ちょうど雪が雪だるまになっても雪であるように。

② 生命体

では、こうした自然に対して生命・生命体とはなんでしょうか。まず形態の上で生命体が無機的自然と異なるのは、たとい単細胞の原生動物であっても、細胞膜を持つことです。それによって、外の自然から隔てられ細胞膜で囲われた内部に、〈生命活動の場〉を持つことになったのです。大海に浮かぶこの生命にとって、体内の水と周りを取り巻く海水とは、同じ水ではなくなりました。もしそれが同じになるとしたら、それは内外を分ける隔壁が壊れたことであり、この生物にとって、それは死を意味する─存在が否定されることになってしまいます。生命は自然の中から生まれ自然の中にあるにも関わらず、自然と同化─自分の内部に直接自然を取り込むこと─が存在否定となるような存在となったのです。生命体は、自分自身と周りの自然とをこのように隔てた結果、自然の内で生きてゆくために、自然との間に、〈関係〉を持たざるを得なくなったのです。つまり、自分が生存するためには、自然を選択し、あるいは、これに侵されないように自分を改造する必要が生まれたのです。

生命誕生は、自然にとって〈矛盾〉そのものを生み出すことでした。自然は、自然の中に生きているにも関わらずこれを拒否する存在を生み出したということです。言い換えれば、生命とは、この矛盾する自然との関わりを、関係として不断に打ち消し続けることで存在している─〈生きている〉物であるということです。関わりがあることがそのまま存在していると言える、太陽と地球のような関係ではなくなったのです。生物にとって自然は、生存の可否を決めるものであり、生物が生き延びるためには、自然との関わりを、自分にとっての意味〈生きる上で益か害か〉として読み解くことが必要になったのです。生物にとって自然は、一様に広がった無機物の固まりではなくなり、意味と奥行きを持った物へと変わったのです。

③ 生命・生命力・心

生命という概念をここまで拡張して考えると、〈意識—心〉を考える場が見えてくると思います。生命体が自然から隔てられた時、それを関係として取り込んだことは（海水に対する細胞質あるいは羊水のように）既に述べました。生き物にとって、この矛盾した関係を打ち消し続けることが生きるということでした。自然との数十億年に渉るこの生命史は、数限りない〈選択と適応〉の繰り返しだといえます。「そこに存在すること」が「生きて在ること」に変わった時、自然が「在るがままの自然」から「生命にとっての自然」に変わった時、〈心〉というしかない世界が生まれたのです。解消されることのない矛盾とそれを打ち消し続ける「生の営み」との狭間に、物理過程のように目に見える形で存在するわけではないが、「心」という世界が存在を始めたのです。この段階で心というのは擬人的だと考えるなら、〈生命力〉とでもいうべきでしょうか。「心は人間だけが持つ」と考える時の心は、「物と同じように扱うことができるようになった心」を指します。簡単に言えば、〈ことば〉にすることができる〈意識〉のことです。ですから、ここで心という言葉は、「意識されない意識」を含み、単細胞生物の生命力から人間の意識活動まで、拡張された考えだということが解ると思います。

こう考えれば、全ての自然の中で、我々人類だけが特別な存在でないことが解ると思います。

ではなぜ、心という概念をアメーバのような「原生動物」にまで拡張する必要があるのでしょうか。理由は、人間という概念を拡張するため、人間はどこまで人間であるのかを知るためです。そして、この試みは、後の子育てを考える上で必ず必要になってきます。全ての生物は多細胞生物であっても、一個の細胞から発生し、それぞれの種に固有な段階に至るまで、細胞分裂を重ね成体となります。この過程は、遺伝子に組み込まれた「設計図」によって管理され、外部から邪魔されなければ、設計図通りに整然と進んで行きます。発生学では、この過程を「個体発生は系統発生を繰り返す」ものと考えています。人間も例外ではありません。母親の胎内で、生命進化の系統樹に示される過程をたどり、人類という段階まで進んだ時、出産を迎えることになるのです。つまり、人間も、単細胞生物の段階を持つのです。

④ 人間という段階――人間の条件

さて少し視点を変えて、我々は、何をもって人間を人間と考えているのでしょうか。現代のほとんどの日本人は、生物学的に人類とされる者は皆人間――自分たちと同じ人間だと考えていると思います。しかし、歴史を振り返れば、また、地球上の地域によっては、人間と認める範囲がそれほど広いわけではありません。その場合、人間かそうでないかを決めるのは、宗教やイデオロギー、民族や風習といった価値観です。そうした価値観の下で人間だと認められるには、その価値観の求める条件を満たさなくてはなりません。戦後の日本は、「自由主義・人権尊重」といった思想によって、人間を認める幅が広がりましたが、これもまた、一つの価値観です。意識されることはあまりありませんが、これにも一定の条件が存在しているのです。

それが、クローズアップされた例が、「脳死判定と臓器移植」問題です。この問題が提出されるまで日本人は、人間と認めることに何も条件など付けていないと考えていたはずです。しかし、医療技術の進歩によって、我々は「生きていなければ人間ではない」と考えていたことが解ったのです。臓器移植の進歩によって、「生きている心臓」の移植が可能になったからです。その結果、「この人間が生きている」ということと、「心臓が生きている」ということを、切り離して考える必要が生まれたのです。つまり、人間（の身体）を個々の部品の寄せ集めと考えるか、否かが問題となったのです。結果的には、人間が生きていることを、「脳」が生きていることに結びつけて考えるか、「心臓」が生きていることに結びつけるかという不毛な論争になりました。この問題は、脳か心臓かで争われても結論は出ません。どう結論を出しても、その場その時の応急手当てにしかならないからです。臓器移植以外に助からない病人を抱えた家族の切実感と、植物状態に陥った病人が生きていると考える家族の切実感とを争わせるという、倫理的には退廃としか言いようのない議論だからです。この問題に何かをいうのなら、「できるからやる」という医学（科学）の必然と、「人が生きる（死ぬ）とは何か」という普遍倫理の間に橋を懸けるしかありません。それまでわたしたちは、その場に遭遇した人々が、何らかの決定をするのを黙って見守るしかないのです。

無意識の人間条件が問題となる場が、もう一つあります。「胎児をどう考えるか」です。'53年に優生保護法が成立して、経済的理由なら12週目まで、病理的理由なら20週目までに限って、堕胎が認められるようになりました。ここで考えられている人間の条件は、「社会的経済的に不十分な環境にある人間は人間ではない」と、「肉体的に不十分な人間は人間ではない」というものです。堕胎を巡っては、「胎児も人間だから堕胎は殺人だ」という考えと、「不幸な条件を背負って生まれた人間は、当人も家族も人間として生きられないから、堕胎はしかたがない」という考えが今でもぶつかり合っています。

しかし、堕胎問題は、生まれ出た子供を「堕胎可能な胎児」と考える段階まで来ています。胎内期間に無意識の内に処理してきた親子関係が、そのままの形で噴出するようになりました。子供の拒否（無意識の子殺し）、幼児虐待の拡大です。堕胎を巡る議論が、人の心に届かない不毛なものであった結果です。現在を生きる人間の生存と、生まれ出る人間の生存が、どちらも生きている人間の「選択」であると考えられる限り、解決できない問題だからです。なぜなら、我々の社会は、これまでそう考えることによって、人間の生存の可能性を拡大してきたからです。

⑤　人間概念の拡張

胎児を人間と考えることは、無条件に成り立つものではありません。極端な主張ですがカトリックでは、意志による欲望のコントロール以外に、避妊すら認めていません（卵子・精子・受精卵への医療行為禁止は当然のこととして）。しかし、その意志と欲望こそが、こうした技術を可能にしてきたものでもあるのです。ですから、禁欲による避妊だけを認めて、コンドームやピルを使うのを認めないというのは、単なる宗教的倫理を押しつけることにしかならないのです。人間理解の幅を広げて考える—胎児を人間と考え、全ての人間を人間と考えるということと、その広がった全ての人間と等しく関わって生きて行くこととは、直接繋がっているわけではないのです。また、そうしなければならないわけでもありません。

残念ながら、我々の社会は今でも、社会的・肉体的にいかなる条件を持って生まれようと、十分に生きることができるような社会ではありません。人類という考えは、学問の世界でしか成り立ちません。我々は、人とどの様な関わりを持ち、どうそれに対処して行くかについて、全ての人間が共有できる価値観—倫理観にたどり着いているわけではないからです。「脳死」「堕胎」問題は、科学の進歩によって、我々のこれまでの人間理解が通用しなくなったことを示しています。人間についての善悪が通用しなくなったことでもあります。人間理解を広げるには、善悪を議論する前に、「人間とは」「生きるとは」何かについてゼロから考え直す必要があると思います。ですから再び「人間としての胎児」というテーマに戻りますが、ここに倫理的意味は含まれておりません。

さて、「原生動物から始まる心」という考えを導入することによって、わたしたちは、拡張された人間概念を手にすることができました。これによって、受精卵から始まる人間の成長を、連続した「人間的過程」として考えることができます。

第2章

妊娠・出産——胎児期

1　性分化と世代交代

①　性分化による多様性

自然の多様性ということがよく語られます。しかしそこには、無機的な自然の持つランダムさ、つまり「多様性」と、これに適応進化した生命の多様性の違いがあります。生命にとって進化は、多様性の実現そのものといってよいと思います。生命は、多様化の過程で雌雄分化による「生殖」を獲得します。また、遺伝子の構造が変化し個体に寿命が組み込まれた結果、「世代交代」が始まり、より広範な生存適応が可能になりました。もともと〈自然に対する矛盾〉として生まれた生命体は、この段階でその矛盾を極限まで拡大し、これをバネとして知的生命体誕生まで加速度的に進化していくことになります。

②　死の導入（世代交代）──可能性の拡大

「性分化」と「世代交代」のもたらした矛盾について、もう少し詳しく考えてみます。まず〈生命〉は、自然から生まれたにもかかわらず、自然に同化することが自己否定──〈死〉となるような存在です。しかし、個体に寿命が生まれ〈死〉の意味が変わってしまいました。一つの個体は生命限界を持つのに、種としては継続していきます。生命は「個として断絶し類として継続する」ものとなったのです。死は、自然との矛盾を解消して「自然に帰る」ことから、「個と類」という矛盾を解消して「類に帰る一つ一つの死」へと二重化されたのです。こうした矛盾を打ち消すための「生きる努力」は、人類の誕生によって、〈意識〉という領域にまで高められることになります。

次に性分化の結果、同形継承が種の保存であるのに、子供は親の世代と異なる遺伝形質を持つことによって、それが果たされないだけでなく〈変異〉の可能性を持つようになりました。有性生殖の場合、子孫は雌雄それぞれから半分ずつの遺伝情報を受け取ることになります。これは親の世代までに獲得した、種としての可能性を倍にして受け継ぐと同時に、不都合な情報の発現を半分に抑えることができる点で、生存競争上、単性生殖より有利な方法だといえます。これにより、生命は、度重なる地球環境の激変に適応して生き残り、より高度な形態へと進化することが可能になったのです。性の分化は、人間という知的生命体に行き着くまでの生命進化にとって、「死」の変容に加え大変重要な変化であったといえます。

そしてこの進化の過程で、これを促す力が子孫の獲得に懸ける生命力—「生存本能」を生み出したのです。しかし、人類は、〈心—意識〉を獲得する過程でこの本能を失います（無条件に働く生命力の喪失）。ですから、人類にとって生殖活動は、他の生存のための活動（摂食・睡眠）と同じように、雌雄による本能的行為（一定の自然条件が整えば無条件に引き起こされる行為）ではなくなり、心と体の共同作業・「両性の関係」として、二重化されたのです（同じように関係がねじれ心が異常をきたすと摂食障害・睡眠障害が現れます。人間は、本能によって生命を維持することができないのです）。

2　性―男と女

①　人間関係の中の性

では、人間の生殖行為、男女の〈性〉はどう考えればよいのでしょうか。まず〈性〉について考えてみます。日常に生きている限り我々は、人間関係の変化に合わせて、様々な顔、様々な立場を持ち、考えも行動もそれによって変化します。性としての自分がむき出しになることはまずありません。「家を出るまでは父親の顔」、「電車に乗ればどこかの馬の骨」、「会社では肩書きが張り付き」、「アフターファイブはちょっとスケベな酔っぱらい」、といったところでしょうか。ではここから性以外の要素をはぎ取ってみます。父の顔は、母の顔と対を為すところでは、男になります。電車の中や会社では、性の要素は全て消えます。飲み屋では、妻との関係より男に傾くか、自分だけの自分となるかでしょう。

性だけでなく、人間の顔は全て自分が関わる場によって変化することが解ります。つまり、関係によって変化するわけです。この関係から、全く異なる三つの段階をとりだすことができます。まず男―女（夫婦・父母・兄弟・恋人・友人など）を典型とする〈対になった関係〉。この関係は、「私とあなた」という相互規定的なもの、二人の間でだけ成り立ち、そこで完結する関係です。「二人がいいならそれでいい」が成り立つ親和的関係で、男女間の性的関係のように肉体的関係に限りません。ですから「友達の友達」は、私の友達にならないのですが、往々にして友達と考えトラブルになったり、友人関係に悩むということになってしまいます。次は、3人以上の人間（赤の他人）が同時に作る関係です。ここでは、互いの親和力だけでは、関係を作れません。何らかの約束事が必要になります。私はここでは、「皆のなかの一人」、抽象的な「人間」として振る舞うことになります。「誰かにとっての私」「私にとっての誰か」という関係は存在しません。最後に、「私にとっての私」が作る関係です。自分だけを相手として作る関係で、芸術活動のような表現活動を行っている状態がそれです。

我々はこの3段階の人間関係を調整しながら生きていることになります。しかし、いつもそれを正しく識別し、その関係にふさわしい顔を持てるとは限りません。そのため、そこに人間関係の混乱が生まれ、そこに関わる一人一人に、時により心の病を引き起こすことになるのです。精神や心を病むのは、全て関係が病んだ―三つの段階が乱れた結果と考えることができます。ですから、子育ての場に起きる混乱も、これらの関係をどう扱えばよいか解らなくなった結果といえます。

② 対関係―子育ての場

これから子育て―親子関係を考えて行くわけですが、この関係は、対を作る人間関係―性的関係を基に、これが拡張された、親和的な場に成立するものです。この場についてもう少し、はっきりさせてみましょう。先のお父さんの例ですが、お父さんの関わる様々な関係から、その場にふさわしいお父さんの顔をはぎ取ってみましょう。「家での顔」「会社での顔」「友達との顔」「飲み屋での顔」それぞれの顔をここから取り除けば、単なる「おじさんの顔」になります。「満員電車での顔」です。ここでは、「人間」とか「日本人」とかのような「抽象的な顔」しか残りません。電車の中に「男の顔」を持ち込めば「チカン」と騒がれることになります。この場に赤の他人が創り出す最も一般的な人間関係があります。

さて、会社での関係を除けば、他の関係は全てお父さんが自分を男として考え、その親和的な感情が創りだした関係だということが解ると思います。ですからこれらの関係から性を取り除いてしまうと、「お父さん」は何者でもない「単なる生き物」か「極めて抽象的に考えられた人間」となってしまいます。ですから、現実に生きている人間にとって「男・女」という性的規定は、人間という概念がなくなってしまうか、抽象化されてしまう（生身の体を持った人間でなくなる）その一歩手前で成り立っていることが解ります。これ以上の「はぎ取り」作業は、人間という段階を超えた、「生命一般という場」か、「誰でもない人間という場」に拡散してしまいます。それはそれで無意味ではありませんが、子育てを考えるここでのテーマの出発点とはなりません。

またこの関係は生物学的な性だけでなく、「人に対する親和性」として、「心のあり方として考えた性」を含んでいることも解るでしょう。また関係の中で考えられる「私」という自分への認識は、「私」を「男」か「女」と了解することから始まることも解ります。「人間としての私」という段階は、この認識の後に、人間関係が拡大するに従ってやってくるものです。人の心の根底を規定するものではありません。ここでのテーマに即していえば、人は人間として生まれ人間として育つのではなく、男か女として生まれ男か女として育つということです。

では、男・女は、生物としての違い以外に、どこがどう違うのでしょうか。この問題は、妊娠・出産と深く結びついています。男女の性はその考察の中で明らかにしていきたいと考えます。

3 受精・妊娠—母体と胎児

① 生命科学（医療）と人間

受精から始まるこの過程は、当然ながら、女性の体内でしか行われません。しかし、この問題については、それが何かを正確に考えるより、そこで明らかになった〈知識〉や、獲得した〈技術〉を生命誕生にどう結び付けようかという点にだけ、関心が集まっているようです。これを巡る様々な主義・主張や意志・欲望といったものだけが飛び交っています。初めにそれを整理しておきましょう。

まず、生命科学は無意識の内に、「自由に組み合わせた遺伝子を持った子供を人工子宮から誕生させよう」としているように見えます。この背景には、生理学・発生学・免疫学そして遺伝子工学を始めとする医学と医療技術のめざましい進歩があります。人の手によって自由に人間を造るというのは、「できるなら何でもやろう」「解らないなら何でも解ろう」という、科学に向かう人間の本性に基づいたもので、実現するまでとまることはないでしょう。フランケンシュタインのような「人造人間」の可能性は、「臓器移植」のように部分的で不完全なもの以外、医学的にほぼ否定されています。ですから、受精分野の可能性に向かうのは当然です。「人造人間」を造ろうという試みは、「ロボット」と「サイボーグ」の制作に向かっています。ただ、それらが実現した時には、人間という概念が根本から変わることになります。人間はそれにどう立ち向かうか、今後数世紀の内に問われる問題となります。

また、科学者の無意識とは別に、政治的、社会的運動として、これを後押しする女権拡張論があります。この主張は、妊娠出産が女性にとって社会的ハンディキャップだと考え、これから自由になるには人工子宮が必要だというものです。また全く逆の立場からですが、生殖上欠陥があり強い出産願望を持った女性（夫婦）は、それを実現させるために医療のさらなる進歩を望んでいます。こうした風潮の中で、闇の中を盲進するように、生命科学はその完成に向けて進歩を続けていくことになるでしょう。

しかし、生命誕生のような自然を全体としてコントロールする問題は、ＳＦ世界のように、全宇宙の時間と空間を自在に扱うことのできる超科学、超人や超能力者の活劇を描き出せば、それで済むというものではありません。現実の物理学では、理論的予測が可能になり、観測技術が高まって、新しい天体や物理的現象が発見されるたびに、理論の一部は否定され宇宙の構造は再び解らなくなる、これの繰り返しです。自分がその中で生きている自然の全てを認識することは、論理的にあり得ないのです。少し難しいことですが、「解っていること・できること」をどう扱うかは、解っていることとも、できることとも関係ないということです。それは人間にとって、全く別の領域に属している問題であって、別々に扱う必要があるのです。

例えば、わたしが子供の頃、東京―大阪間を、8時間で走る「ビジネス特急こだま号」が開設されました。半日かかっていたそれまでに比べれば、これでも「ビジネス」の名に恥じないものでした。しかし、今や8時間あれば、仕事を済ませて東京に帰ってくることができます。技術の進歩の恩恵といえばいえますが、この間の変化は、便利では済まない問題も孕んでいるのです。それは、無意識の内に、我々の時間と空間に対する認識がねじれを生んでいるからです。8時間という時間は、仕事の上でなら東京―大阪の距離とその移動時間それぞれを、短縮し効率を上げたと考え理解することもできます。しかし、この時間と空間の感覚は、我々の日常生活に持ち込んだ時、全く意味をなしません。半日の日常生活に、東京―大阪間の地理的隔たりは、関係しようがないからです。「できるから」といって無理に持ち込めば、必ず人の心に、人間関係に齟齬が生まれることになります。「愛しているなら、顔を見るだけでいいから、新幹線で来て！」「電話で悔やみをいうなら、線香の一本でもあげに来い。新幹線に乗れば2時間半じゃないか」ということです。こうした心は8時間かかった時代にはありえないことです。ビジネス上で理解し使いこなしている時間や空間についての認識と、日常生活でそうしていることとの間には、実に大きな隔たりがあります。しかし、我々は知らず知らずの内に、この二つの認識を調整し生きているのです。意識されないこのストレスは、時に心の病や、体の変調となって現れ漸く気付かれるものです。原因や治療法の解らないアレルギー症候群に代表される病気やノイローゼのような心の病は、日常生活に流れる時間と社会的に生きるためにコントロールしている時間との、こうしたズレに多くの原因があります。まるで現在に生きていること自体が病んでいるかのようです。人が生きる可能性は、ありとあらゆる分野で人類が経験したことのないほど拡大しています。しかし、それを可能にした知識や技術が、こうした病をもたらしてもいるのです。

「人間がその知識や技術とどう関係するか」という問題が、知識や技術の中で解決されることはありません。人間の心の問題、人間が人間と作る関係の問題だからです。意志や欲望、価値や感情の問題だからです。この両者の関係をどうするかが、今問われているのです。ここでのテーマに沿っていえば、産む人間と産まれる人間との関係を、どう作りそれに知識や技術をどう関わらせるかという問題になります。

② 受精と母体の変化

子供が母親の胎内で育つ過程を、一言で言えば、〈母子相関〉の過程ということができます。〈相関〉というのは、互いが直接関わり他との関わりを排除したところに成り立つ関係です。もちろん、母体以外の環境からも、母親の作る人間関係からも影響を受けますが、それはいずれも「母体と母親」というフィルターを透した間接的・二次的なものです。先に整理した人間関係の段階でいえば、対となった関係の中でも、最も純化して成り立つものです。

まず、肉体的生理的な身体として、〈母体〉というものについて考えてみましょう。母体は〈女体〉

—女性としての身体—とは全く異なります。女体は〈男体〉に対するものとして、男女対になるものとして作られています。つまり、受精までの過程をうまく通過するために作られ、この過程に適応して変化します。これが「恋愛・性愛」という「男女相関」の過程です。ここでは男女の肉体的生理的相異を基に、肉体的、精神的相関—コミュニケーションが行われ、より「男らしい男」「女らしい女」へと変わって行くわけです。「好きな人」ができれば、誰でも「きれい」になったり「スマート」になったりします。好きという感情の発生は、心の状態の変化というだけでなく、肉体的にも、生理的にも変化を生みます。「筋トレ」「エステ」「ダイエット」に励むようになるからではありません。関係が良好—自然ならば、受精に向けて、身体が自身で生理過程に変更を加えるからです。ホルモンバランスや免疫機構が、それに向けて体制を変更するからです。食欲は抑えられ、顔も体も緊張感を備えるようになるのです。かくして「恋をすれば、男も女も皆きれいになり輝き始める」わけです。誰にでも多少の心当たりはあるのでは。

さて、めでたく〈受精〉ということになるわけですが、ここからの身体的過程（従って心的過程も）が男と女では、決定的に異なります。男体にとっては〈射精〉が終われば、この過程も直ちに完了してしまいます。次のチャンスまで、長いか短いかは別にして、待機・準備期間に入ります。いずれにせよこの時点で、いわば「憑きもの」が落ちるように、男体体制は解消してしまうのです。しかし、女体にとって受精は、単に事の始まりに過ぎません。女体体制は、続く〈母体体制〉への第一ステップに過ぎないからです。つまり、生命にとって、男は「瞬間的に関わるだけの存在」なのに対して、女は「持続して存在する何か」であるということです。この相異を互いに理解し歩み寄る努力を怠ると、ちょっとした悲劇・喜劇の種になります。事が終われば、「男は寝込むかタバコでも吸いに立って行く」、「女はベッドで不満を抱き、自分が娼婦にでもされたような気分になり、体だけが目当てなのと叫ぶ」ことになってしまいます。

さて、受精は、一個の卵子と一個の精子があれば足ります。しかし、一つの精子で受精させることはできません。女体にとって精子といえども、自分の体内に侵入しようとする異物です。物理的にも、免疫上も排除しようとする力が働きます。同じように卵子に突入するのは一つですが、そのためにはおよそ数千万から1億ほどの精子が必要なのです。いずれにせよ、一つの精子が無事卵子の中に入るには、卵子に対して一定の圧力が必要となります。ここまでは、男と女、男体と女体との相関過程です。しかし、受精が終われば、舞台は母体内の母子相関の場へ移ります。それ以外は母親を取り巻く環境の中へ退き、全てはこの関係から排除されることになります。つまり、人間が意図的に関わることができるのは、今のところここまでということになります。ですから、先に触れた生命科学で最も進歩している分野が、「人工授精」ということになるのです。科学技術の問題ではなく、人間の意図や欲望が、具体的に及ぶ範囲がここまでというに過ぎません。

③　発生と体内コミュニケーションの成立

受精が完了すると、〈女体〉は〈母体〉へと身体改造を始めます。女性は、性的成熟の後にこの母体への転移があるという点で、男性と決定的に違います。この変化は、体験した女性にはよく解っていると思いますが、単にお腹が膨れてくるといった、見かけ上の変化にとどまりません。全身に及ぶだけでなく、時にそれまでの生活スタイルさえ変更させるものです。「食べるものの好みが変わった」「すぐ泣くようになった」といった、情緒や感情の変化にまで及びます。人は、体や身体能力が目立って成長する時、心的世界も別物といってよいほどに変化します。胎児期を別にして、出産から二歳になる頃までの乳幼児期と、十歳頃から二十歳頃までの思春期がこれに当たります。前者は、人間としての心と体の輪郭を作る時です。俗に「三つ子の魂、百までも」といわれるように。後者は性分化によって、人間としての「第二の出産」を迎えます。今まで「子供」でしかなかったものが、性を獲得することによって、それまでとは断絶といってよいほどに異なる人間としての「心身状態」へ転移してしまいます。

しかし、女性には、さらに大きな変化が待っています。母体への変化です。妊娠から始まるこの変化は、自分以外の生命（人間）を自分の体内で維持してゆくためであるという点で、それまでのものと決定的に異なります。自分自身の変化であるにもかかわらず、その変化は女性として生きる上では、意味のない変化だからです。

この過程と胎児について、まず身体的・生理的な側面から考えてみたいと思います。変化は、女としての体がその機能を停止することから始まります。体内のホルモンをはじめとする代謝物質が組み替えられ、受精卵を受け入れるために体の機構が新たに創り出されます。月経は止まり、胎盤が形成され乳腺が活性化します。しかし、この過程は、母体が単独で変わっていくわけではありません。受精卵は、無事着床するために、母体に向け胎盤の形成を促す物質を出します。このコミュニケーションがうまくいかなければ、受精卵もまた異物として排斥され「流れ」てしまうのです。この時行われる、サイトカイン（ホルモンをはじめとする体内情報伝達物質の総称）による、母体と受精卵との情報交換が、これから始まる「体内コミュニケーション」の最初になります。生理過程であると同時に、胎児との間に関係が生まれたことによってもたらされる、心の変化でもあります。

またまた横にそれますが、「コミュニケーション」ということについて考えてみましょう。普通、情報交換を指す言葉として使われます。代表的なものは「言語」を用いて行うコミュニケーションですが、人間の表現行為と考えられるものは、全てコミュニケーションと考えることができます。例えば「色彩や形」を用いる「絵画」、「音やリズム」を用いる「音楽」、「人間の身体とその動き」を用いる「舞踊」といったものです。また、「仕草」「表情」といった、意識されずに現れてしまうものもそうです。コミュニケーションは、何らかの表現手段を用いて、相手と情報を交換することです。情報交換は、単に情報を交換することだけを目的に行われるわけではありません。そうすることによって、自分の意図を伝え相手の意図を知り、何らかの行動を起こす、あるいは起こさせるために行うものです。また意識されない多くのコミュニケーションは、「関係の確認」のためだけに交換されるものと考えられます（コミュニケーションすること自体を目的とする、芸術活動などがありますが、〈表現〉としてのコミュニケーションについては、今は触れません）。ですから、目的や伝える相手によって、適切なコミュニケーションの方法と内容を選ぶことが必要となります。

　胎児の成長に関わるコミュニケーションには、二つの回路があります。「遺伝子と発生しつつある胎児の体」の間で行われるものと、「母親と胎児」の間のものとです。いずれも母体内部で行われるコミュニケーションですので、通常考えられる手段は使えません。何と言っても、胎児は、情報を受け取る能力が、成長の段階に応じて限定されているからです。同じように母親にとっても、意識して行うことのできないコミュニケーションだからです。そのために、長い間この時期にコミュニケーションは存在していない、従って胎児には人間的な意識活動がなく、母親も身体的な変化を別にすれば、心理的に「母体というべき心の状態」（母性）などないと見なされてきました（つい最近まで、出産直後の乳児は、視力がないと考えられていましたし、母性は経験的に作られる道徳とされてきました）。しかし近年、「胎児は、母体の作用と遺伝情報に従って自動的に成長する存在ではない」ということが、明らかになってきました。母体と胎児の間・成長しつつある自分の体と遺伝情報との間のコミュニケーションによって、成長するのだということが解っています。

　最近話題となる性同一性障害は、「女のように育てられた男の子」「男のように育てられた女の子」のように、出産後の育ち方の結果ではなく、胎児期に性分化の過程で、このコミュニケーションに齟齬が生じた結果であることが解ってきました。つまり、身体状況と遺伝情報との間のコミュニケーションが損なわれると、意識活動に関わる「脳—神経系」と「生殖器官系」とが、「女の脳と男の性器を持った体」のように、矛盾した状態で形成されてしまうことになるわけです。ですから、出産の段階までに形成される「心と体」は、このコミュニケーションによって左右され、たとえ同じ母親、同じ遺伝子であったとしても、同じ子供が生まれることはないのです。

「胎児と母親の間に存在する〈関係〉とその結果形成される〈心〉」という問題を考えようとすれば、人間の意識活動に対する見方を、意識成立以前の意識―「無意識」あるいは「前意識」にまで拡大して考えざるをえないということになります。また、それをはっきりさせるために、ここでは「意識」より広い概念として「心」を使うようにしたいと思います。「体内コミュニケーション」という言葉も、意識活動が肉体的生理的過程であるような、体内での段階にまで拡張して用いられます。

さて、胎児の内部で進んでゆくコミュニケーションは、先に触れた、「サイトカイン」によって担われます。細胞が分裂を始めると、それぞれの段階の遺伝情報に従って、必要な酵素やホルモンなどが作られ、各細胞や形成された器官に伝えられます。それによって、各器官は必要とされる分化を始めます。それだけでなくさらにその過程で、器官自身が新たなサイトカインを放出し、関連する器官全体（結果として全身）の分化を促し、遺伝情報の中から、次の段階への移行を促すサイトカインの放出を引き出します。この「ホメオスタシー」といわれる情報ネットワークによって、胎児は身体としての「全体性」を生み出して行きます。これは、人類という生命体が、統一的な身体を獲得できるように働く機構です。そしてそれは、人類という段階に達し身体形成が完了するまで繰り返されます。

こう書いてしまえば、この過程が単純な「指示と応答」のように見えますが、サイトカインによるコミュニケーションは、複雑というより実に巧妙に作られた情報ネットワークで、単純な一対一対応で成り立っているものではありません。例えば、成人でも同じですが、一つのホルモンが全ての器官に同じように働くわけではありません。アドレナリンは興奮したり緊張する状況に反応して放出されますが、心臓には亢進剤（脈拍を増やすもの）として、同じ循環系でも血管には抑制剤（収縮を促すもの）として働きます。また、同じホルモンでも発生の段階によって機能が変わったり、同じ働きをするものが幾種類もあって、互いに補い合うセイフティネットを形成しているのです。身体が受け取った「情報」をサイトカインという情報に替えて「放出し」、これを受け取った細胞や器官は、自己の状況に応じて新たなサイトカインを放出する、網の目のように張り巡らされたネットワークの中で繰り返される過程です。それは意識以前の意識―心、意志以前の意志―生命力による対話といえます。人の体が全体として、過不足無く生き続けていくのは、「恒常性」（ホメオスタシー）を作り出すこのネットワークのお陰といえます。生命体が生きている限り全ての段階でこの力が働いています。

④　生命力と系統発生

胎児は、先に少し触れたように、受精卵から一直線に「人間の体」となるわけではありません。特に発生の初期（30～40日間）には、生命の不思議としか言いようがないのですが、原始生命から人類という段階まで、まるで30億年に及ぶ生命史をなぞるかのようにして進んで行きます。1個の受精卵が、生命進化の過程を早送りの映画で見るように体現していくのです。例えばこの時期の最後は、1億年を費やして生命が海を離れて上陸を遂げた時期に当たります。全ての陸上動物がこの過程で、海生生物の身体組織から陸生生物の体へと変身を遂げます。魚類から両生類へ、えら呼吸から肺呼吸へと。人類の場合でも、胎児の生命エネルギーは、上陸のために消費され、生きていることさえ困難な状況に陥ってしまいます。例のホメオスタシーが破綻したかに見えます。流産の可能性が高まるだけでなく、母子相関の結果、母体に「つわり」や様々の変調を引き起こすことにもなります。

両生類―爬虫類―哺乳類を経て、類人猿から人へと変身を続ける、その後の発生過程も、それまでなかったものが付け加えられることによって起こるのではありません。えらから肺へのメタモルフォーゼ（変身）のように、既にあったものの一部が退化し、一部が変身によって新たな器官へと生まれ変わることで進められていきます。つまり、「人」の姿の中には、生命発生以来変わらない、「あるもの」―生命力が存在し続けているのです。胎児は、この生命力に従って人類の段階まで変身を繰り返していきます（受胎後70～80日ほどかけて）。

母体は、その胎児とのコミュニケーションによって、子宮に胎盤を形成し、羊水を満たした膜の中に、胎児を包み込みます。まるで太古の海に発生した生命が、その温かい原始海水（羊水の組成はほぼこれと同じ）に抱かれて進化の道を歩き始めたように。体内コミュニケーションは、まずこの羊水を通じて行われます。胎児は羊水を飲み、呼吸し消化器も肺も羊水に満たされ、魚のように原始の海に浮かんでいます。羊水の温度・量・組成などの状態が、彼を取り巻く「環境」となります。それは、母親が自分の置かれた状況を整え直して、胎児のために準備したものです。ですから、この環境は、実際にそこにある環境ではありません。しかも、母親といえど意識してこれを整えることはできそうにありません。自分の体が胎児の生命力に感応しているだろうと「信じる」しかないのです。

つまり、ここでのコミュニケーションは、母親が胎児を「無条件に受け入れる」という前提で成り立っているのです。そして、子供が一個の生命として生きて行くその根源の力―〈生命力〉を獲得するには、この〈海〉に象徴される、〈絶対受容〉の場が必要なのです。母親が母であるのは、この絶対受容性を自分の体を使って子供に示しているからです。人が生命体である限り、これを代行するものはありえません。人工子宮は、人間が作為を重ねた極限に現れます。その意味では〈絶対的攻撃性〉の現れといえます。子供にとっては、生まれる以前に生きてしまった人生を、復習する場となります。わたしは、その結果産まれるものに人間を想定することができません。

⑤　母子相関

体内コミュニケーションは、主に胎盤とへその緒が作る場で行われます。しかし、胎児といえども母親の体にとっては異物ですから、この二つは直接繫がっているわけではありません。妊娠初期に起こる、「妊娠中毒症」などは母体が胎児を異物として排除しようとするために起こります。異物排除は、普通の体にとっては正常な免疫反応です。しかし、母体にとっては、胎児への攻撃であり、胎児との間に生理的戦いを生じたことになってしまいます。ですから、母体の持つ絶対受容性は、実に巧妙なかつ神秘的とも言える、〈生命力〉の現れそのものだといえるのです。

体内に胎児という異物を抱えながらこれを養育するために、胎盤とへその緒の間には、「血の池」

が作られます。胎盤に開いた血管からは、心臓の拍動に合わせて新鮮な血液が噴出し続けます。へその緒の末端は絨毛組織となって、植物の根のようにこの血の池に拡がり、ここから養分を摂取しガス交換を行います。内視鏡によるこの場の映像を見たことがあります。規則正しい心臓の拍動に応じて血の吹き出る様は、「身を削って子を育てる」母そのものの姿を写して、実に感動的なシーンでした。へその緒を介して繋がった胎児は、子宮壁を通して聞こえ続ける血流の音と共に、まさに母の心臓の延長に生きているといえるでしょう。

事実、血流の変化は、直ちに胎児の生理状態の変化を呼び起こします。見た目の変化に限っても、減少すれば胎児の動きは抑えられ、身を固くしているように見えます。増加すれば伸びやかにくつろいでいます。入浴中などがそれです。母親が何かに集中して息を詰めていると、胎児も何かに耐えているように見え、母親がほっとしてため息をつけば、彼もまたため息をつくといったことも観察されるそうです。このように「血の池」は母体の置かれた状態を敏感に反映し、それによって胎児も左右されることになります。つまり、血中の酸素や二酸化炭素の量、栄養素のバランスとその量、ホルモン・酵素・抗体といったサイトカイン等の変化によって、ここでのコミュニケーションが成立しているのです。その様は、母体の各組織や器官の間で行われるコミュニケーションと同じで、母体の一器官として組み込まれているように見えます。母子相関は、無意識の内に発揮される母体の生命反応そのものです。

さて、こうしたコミュニケーションとは別に、胎児には、外部から母体のバリヤーを破って様々な刺激（情報）が加えられます。「妊婦が火事を見るのはよくない」といった俗信にいわれるようなことです。突発的な出来事のために、母体の平常が破られた結果です。またこれとは別に、一定の意図を持って加えられるコミュニケーション（刺激や情報）があります。「胎教にはモーツァルトがよい」などといったものです。その結果、妊婦のために「モーツァルトの夕べ」なんかが開かれたりします。また、「酒やタバコは胎児によくない」、「頭のよい子を生むにはＤＨＡ」「穏やかな子にはカルシウム」等と、飲食についてのアドバイスもマスコミや育児書に溢れています。母体内では存在しないものや、微量でよいものを大量投与しようとする場合です。

ここに現れた意図は、母親の肉体や感情が激しく刺激されたり、大きくバランスを崩すことは、避けるべきだという考えに基づいています。そして、それを理想状態にコントロールしようとするものです。逆に言えば、ある種の食品や栄養素は胎児の発育に効果がある、また、ある育児法（母親の心得と胎児に対する働きかけ！）は効果があると考えられているわけです。個々の指摘が、間違いであったり、意味がないというわけではありません。しかし、こうした情報や、これに基づく胎児への働きかけが、その目的を達することはなさそうです。

まずここに挙げた例は、先の体内コミュニケーションと異なり、母親（外部世界）のある意図を伝えようとするものです。しかし、これまで説明してきたように胎児にその意図を受け取る回路は存在していません。「意図」とは、目的意識的に取り出された〈意識〉そのものですが、胎児にはこれに応えるだけの意識レベルが、まだ存在していないからです。意図に基づくある刺激を受け取ることができるだけです。それがどんなに強いものでも、胎内風景に加えられた点の一つに過ぎません。胎児の受け取ることができるものは、その風景の色調といったようなものに限られます。この場合色調に当たるのは、母体の定常的な状態を指します。胎児がいつも変わらず受け取っている胎内状態と、それが発信する全体としての情報です。それは、母親が日常の生活をしている時、その体が自然に作り出している胎内環境です。さらに、その定常性が乱れるリズム、母親が一日を過ごして行くリズムです。胎児は、定常性によって世界が安定してそこにあることを知ります。同時に自分がそこに受け入れられていることを、「生命力」として立ち上がりつつある心に刻み込むのです。世界全体が自分の胎内状態とは別に、リズミカルに一定のパターンで変化して行くことを知り、自分とは異なる世界の奥行き—自然を構造化する第一歩を踏み出すのです。

ですから、胎児に一定の意図を伝えようと思うならば、一日24時間の大半を、また出産までのほとんどの期間をその刺激で染め上げなくてはなりません。しかし、その意図は母親にとっても意識して対応しなければ、発信し続ける（与え続ける）ことのできないもののはずです。なぜなら、知らないうちにしてしまったり自然とそうなってしまうことを、わざわざ意図するはずはないからです。すると、母親はいつもあることを気にして、緊張を続けることになります。つまり、胎児には、意図した刺激（情報）だけでなく、この緊張状態に置かれた母体全体が発信する情報も伝わってしまうことになります。点にしか過ぎなかった意図的情報は、強く光る刺激となって受け入れられる可能性があります。しかし、胎児にとってより重要なことは、彼にとっての世界が極めて緊張した、狭められた世界となってしまったことです。つまり、胎児は、慎重に調整しなければ、破綻しかねない世界に生きているということです。彼は、あることに鋭敏となったかもしれないが、生きること—生命力に脆弱さを抱え込むことにもなるのです。

自然ではない刺激を与え続ける例として、アルコール依存症の母親の場合があります。彼女の心理問題を別にすれば、彼女が不断に酒を飲み続けることは、特に意識せずにできてしまうことです。当然胎児にもアルコールが与えられ続けることになります（アルコールは胎盤を通り抜けてしまいます）。依存症の子供が生まれ、彼は、アルコールに対し特異反応のできる能力を獲得したことになります。しかし、そうした特別な身体は、同時に様々な「障害」を持つことにもなってしまいます。これは、マイナスの能力が備わってしまう例ですが、何らかの意図を子供の上に実現するための働きかけは、この程度の連続した持続的なものである必要があるのです。

「昨日までのロックをやめて、今日からモーツァルト」が無意識に成立しない以上、意図が子供の上に実現することは、「予測できない弱さ」も同時に実現することになるのです。なぜなら、一所懸命頑張った「胎教」中心の生活や、「赤ちゃんのための食生活」が、頑張れば頑張るほど、全体として胎児の発育にどんな影響を及ぼすか、今のところ知る手だては無いからです。それが、何であったかは、子供の第二の出産である「思春期」において明らかとなります。結局、たまに飲む一杯の酒や何本かの喫煙を気にするよりも、こうした「べからず集」を気にするあまり、緊張した毎日を過ごしていることを考え直すべきではないでしょうか。

母体と胎児とのコミュニケーションは、それぞれの身体がその内部機構を通じて行うもので、これに外部から意図的に関わろうとしても、今の所そのための方法は無いということになります。人間は単に肉体的な存在ではなく、精神的な・心を持った生き物だと言われます。大人になってしまえば「心と体」の関係は、心によって体をコントロールすることが当たり前になっています。意識（意志や意図）によって、肉体やその生理過程を支配することが可能だと信じられています。しかし、この段階の胎児との対話は、心と体が分離できないところで成り立っています。ここで心は、対話―コミュニケーションの背景を作る「雰囲気」や「気配」といった場所へ後退しています。ここではだれでも、自分（母体）と相手（胎児）の〈生命力〉が奏でる演奏の聞き手に過ぎないのです。

4　出産―世界の終わりと世界の始まり

①　胎児の成熟

妊娠期間は、一般に「十月十日」といわれますが、医学的には39週ほどと考えられています。実際には、受精日を特定できないため若干のずれが出てくるようです。胎児は、およそ70日かけて生命史を、人類の段階まで一気に駆け上がり、人としての基本的な体を作ります。その後出産まで、ひたすら胎児としての成熟に向けて成長を続けます（体重にして２５００kgを超えると出産準備完了）。

その成長（発生）の過程は、大きく二つの経路に分かれています。一つは、植物とも共通する「食と性」を司る「内臓系」です。「植物器官」とも呼ばれ「栄養—消化系」に「心臓—血管系」が付随する系と「排出泌尿器系」に「生殖器官」が付随する系で、体の内部に包み込まれています。ほとんどが自立的に機能するために、意識によって捉えられたり、コントロールされたりすることがありません。しかし、全ての生命体に共通する生命力の源であり、人にとっても〈意識されない意識〉—〈心〉の場を作る基層となっています。

「どこといって悪いわけでもない。それとはっきり指摘できない。けれど何となく体が重く気持ちも沈みがち」というようなことはよくあります。その時、この心は、「気分」というような形で始めて意識に上ります。もちろん、飲み過ぎて胃の具合が悪いとなれば、もっとはっきり自覚できますが。これとは逆に、何かが「気」になり「胸騒ぎがする」となれば、心臓はドキドキし始め「不安」は一層増すことになります。逆に、「興奮」し過ぎだと思ったら、ゆっくり深呼吸をすれば「気持ち」も落ち着いてくるものです。また、「肝臓は沈黙の臓器である」等といわれますが、植物系の器官は、基本的に皆沈黙しています。しかし、我々の心の基層で、我々の意識—精神活動を〈運命〉のように規制してもいるのです。そしてその基層がどう作られるかは、この段階の胎児が置かれた、羊水と胎盤に支えられた生活とそこでの母子コミュニケーションに依っているのです。

とは言ってもこれまで説明してきたように、このコミュニケーションは、意識してもどうなるものでもありません。自分と胎児の生命力の交歓を信じ受け入れるしかないのです。あるいは、理解するしかないことです。意識できる唯一のことは、「信じて受け入れ、この心に任す」ということだけです。この段階の子育てについて、「何かすべし。何かすべきでない」ということを強調する意見があったら、それはどれも信じる必要のないものと捨てればいいと思います。せいぜい言えることは、数ヶ月以上に渉って偏った生活を送っていると、そうした生活に敏感に反応する子供が生まれる「かもしれない」ということ位です。そして、残念ながら我々は、知らず知らずの内に必ず偏った生活をしてしまうものなのです。それをとやかくいうのは、人に「生きるな」というようなものです。

なぜなら、我々は「誰かの子供」として生を受け、その「誰か」の〈無意識の生活と心〉を運命として刷り込まれることによって、ようやくこの世に生まれ出ることができたからです。ですから、生活や心の有り様に、偏りが生まれることを避けることはできないのです。これを運命というのが、無力に聞こえるとしたら、〈個性〉というべきかもしれません。個性はここでの刷り込みと、2歳頃までに母親から分離するコミュニケーション過程が交差して咲かせた人としての「花」なのですから。また、この段階で環境や社会が胎児に何らかの影響を持つとしたら、それは、その影響を受けて習慣化した「母親の生活」が与える「かもしれない」影響に限定されます。しかしそれは、母が「母として」そのように生きるしかない現実に過ぎません。母子相伝は、我々には羽がないように、「運命」か「自然」と受け容れる以外にないのです。

この経路でもう一つ重要なものは、生殖器の分化です。胎児の性器は、全て女性器として始まります。そのままであれば、人類は皆女性として生まれるわけです。ですから、発生学的に見ると、人類は女性形を基本とした生き物だと考えられることになります。男へと性分化する場合だけ男性ホルモンが分泌され、女性器のうち卵巣・子宮と成る部分は退化し、外陰部はメタモルフォーゼによって、男性器へと変身します。この変身の過程は、「脳―神経系」とのコミュニケーションによって行われます。男性ホルモンは、形成されつつある「脳」に作用して「男の脳」を作ります。するとさらに、そこから性分化を促すホルモンが分泌され、生殖器形成が完成するのです。この過程が齟齬を来すと、思春期以後性的自己認識に問題が生じたり、生殖器に障害が発生したりということになります。

さて、体を作るもう一つの経路は、「脳―神経系」です。これには、体壁を覆う筋肉―運動系が付随しています。植物が地に根を張って動かない一生を送るのに対して、動物は、「食と性」のために動き回らなくてはなりません。この系列の器官は、そのために発達し、人類にいたって巨大な脳組織を生み出すまでになりました。この系は、外界の変化や刺激を受容する「感覚器官」、認知・判断・指示を行う「脳」、指示に応じて動く「運動組織」とから成っています。感覚器官は、神経系組織から発生した目・耳・鼻・皮膚と、内臓系由来の舌とがあります。全ての感覚の中で、「味覚」の占める位置が特別であり、人間にとって生きる上でより根源的な意味を持つ理由がここにあります。生命を維持してゆく上で最も重要な栄養系―消化吸収器官が、直接外界に接している場所が「口」だからです。幼児は物を認知しようとする時、必ず口を持って行き嘗めたり口に入れたりします。この段階では、視覚よりも口唇による認知の方が優位なためです。

口唇は哺乳動物にとって決定的な器官です。全ての哺乳動物は、乳を吸って育ちます。そのために

「口唇」と、「口腔」（口腔と鼻孔との間に隔壁ができた）。を発達させたのです。「舌」と合わせて、受乳のための吸引ポンプができたわけです。同時に、呼吸と飲食とが分離され、泣き声が分節化して（泣き声が短音に区切られ、音韻と韻律を持つようになること）「言語」発声へ至る道が開けたのです。言語によって人は他の動物と、決定的に分かたれることになります。

我々は、何かを知ろうとする時、ともすれば目や耳のような高度な器官による視覚・聴覚に頼りがちです。視覚一辺倒といってよいかもしれません。しかし、幼児でさえ、我々の認知行動とは違います。胎児は、出産前までに全ての認知能力を獲得しています。目も耳も鼻も口も持って生まれてきます。しかし、胎内世界で、明暗以外の視覚的認知は意味をなしません（胎児は、ほとんど目を閉じて眠っているようです）。聴覚も、ぼやけた背景音を構成するか、振動を伝えるだけです（もっとも、大きな音や激しいリズムには相応の反応が見られますが）。最も原初的な皮膚感覚を別にすれば、魚類がそうであるように、胎児もまた味覚と嗅覚とが作る水中世界に住んでいるのです。人間以外の陸上動物も、嗅覚優位という点では同じです。嗅覚は他と比べて、屋外に身をさらして生きる場合、最も有効な情報器官だからです。視覚や聴覚は、情報精度は高いものの環境条件や相手との位置関係に左右され、その存在をいち早く知るには適していません。その点嗅覚は、精度で劣るものの、風向きに注意さえすれば、早期認知が可能です。ハンターは、見られることや音だけでなく匂いに注意して、必ず風下から獲物へと近づきます。嗅覚によって作られる世界は、我々の視覚情報によって満たされている世界に比べ、生命にとってより直接的な構造を持っている—生きる上で根源的な世界であると言えそうです。

しかし、我々人類は、視覚中心に世界を認識する進化の道を進んできました。対象をより正確に認識するにはそれが最も有効だったからです。結果として我々の構成する世界像はクリアーになったものの、対象との直接性は断たれることになったのです。うまそうに見える果実も食べてみなければ解らないということに。胎児は、「母の匂いと味」に満たされた世界像を持って生まれることになります。それがどんなものか、視覚優位に生きる大人には解りにくく、出産後のコミュニケーションに齟齬をきたす原因にもなるのです。しかし、想像の手掛かりはあります。我々も「食と性」の場に於いては、認知行動が感覚の上で逆転します。料理の味を知ろうとする時、性のクライマックスに於いて、我々は思わず「目をつむり」視覚を遮断して、その感覚をじっくり味わおうとします。味覚もまた、嗅覚同様、生命に直接繋がる感覚です。「お袋の味」から「母乳」へと遡り、「羊水」から「海水」に至る生命史を根底で支える感覚なのです。男の多くは、「性の季節」を過ぎると「お袋の味」へと回帰して行きます。もし、母親がその作る食事によって家族の心を捉えていれば、たとい家庭内にどんなトラブルがあろうと、家族が家庭を離れ、家庭崩壊に至ることはないでしょう。

② 出産

いよいよ、胎児はこの世に生まれ出ることになります。出産が近づくと胎児は、出口—子宮口へと下がりホルモンを分泌して、母体が出産に向けて体制を整えるよう促します。子宮口は開き陣痛が始まり破水が起き、胎児は産道へと入り込みます。産道通過は早くて数時間、長く掛かる時には10時間以上になります。この間胎児は、極低酸素状態に耐えるべく内分泌系を調整して、生命代謝を極力低くし長い出産までの道程に備えます。回転しながら産道を抜け、いよいよ出産です。

〈出産〉は、単に胎児という段階の子供が、母体から離れこの世に生まれ出たというだけではありません。受精から始まる人の一生にとって、最も深刻で重要な意味を持っています。ここまで胎児として母の体内で暮らした10ヶ月を振り返ってみると、それは「胎児」という特別な「水生生物の一生」といってよいものに思えます。「自分のためだけに整えられた世界の中に生きる。生きることは、母性の完全な支配と管理の下にある。しかし同時に、それは自分が徹底して受容されることでもある」この世界を想像すれば、こんな枠組みがもたらす世界になりそうです。しかし、今のところ、これ以上この世界を現実のものとして描けば、きっと「見てきたような嘘」になります。生理学や発生学、心理学や精神医学もそこまで理解が及んでいないからです。しかし、何となくなじみのある世界のように思えてなりません。全ての宗教が描く、特に仏教の描く、「死後に訪れる至福の世界―極楽」に似ているからでしょうか。

事実、我々が自然に「死」をイメージする時、身体の衰弱と弱小化の果て、喪心と混迷の果て、つまり世界を失い自己を失った果てに思い描くのは、「胎内回帰」というメタファーです。胎児にとって、出生は「胎内世界」の崩壊を意味します。いわば、「胎児としての死」です。産道を潜る過程は、溺れた時以上の「臨死」体験になります。しかしそれは同時に、この世に「生まれ出る」ことでもあります。この「生と死」の転換は、生まれた幼児の心に大きな傷（トラウマ）となって残ります。もっとも、我々がこれを意識することはできません。それを知ることができるのは、人がこの世に生きて、その生活が死に瀕した時、彼の心を死の側か生の側へ引き寄せる「力」として現れた姿として知るだけです。産道を潜った結果、人は、「死にたくない生きたい」（出生）と「生きたくない死にたい」（胎内回帰）のせめぎ合いを、「私は今ここに生きている」ということの中に、凝縮して生きる生き物となったのです。

人類を生命史に現れた一個の生物と考えると、死とは産道の向こう側、生とは産道のこちら側ということになります。産道の向こう側は、「胎児―受精卵―精子・卵子―父母……」という生命連鎖の中に回帰して行く何かです。こちら側は、「今ここで私は生きている」という「私の現在」に凝縮していく何かです。出産（出生）の持つ意味は、死と生が「類への同化と個への収斂」だという所まで分解されることにあります。死は人の体験の中で、特異な位置を占めています。我々が人の体験を理解しようとする時、現実には無理な場合もありますが、追体験が可能であることを前提として成り立っています。しかし、死についてはそれが成り立ちません。「人の死」を体験することを外から観察することはできても、自分でそれを体験することができないからです。体験している時は、まさに自分が死んで行く時で、「体験」として取り出すことはできません。「死」については、人の死を解釈したり意味づけしたりできるだけです。

我々は毎日の生活の中で、死を考えることなどありません。死は、何より「現在の自分の否定」に思われます。現在の生を脅かす以外の何者でもありません。ですから、死に直面するようなことにでもなれば、まず「恐怖心」が先に立ってしまいます。それが何かなどとは及びもつきません。そうするより、宗教による「救済」を求め、「死の解釈」を信じて受け入れることになりましょう。そんな時、死を理解しようと考える余裕などありません。死は理解するより黙って受け入れるしかないもののように思われます。キューブラー・ロスの『死ぬ瞬間』によれば、癌宣告のような死に直面した人やその近親者の反応は、「驚き—怒り—諦め」という経過を経て死の受容へと進むようです。諦めから受容への過程ではやはり、宗教の果たす役割が大きいようです。

しかし我々は、先に触れた「脳死と臓器移植」のように、自分の死ではなく、死そのものが問題となる時代を生き始めています。言い換えれば、死を意識的に扱い、自分の人生に繰り込んで生きるようになったのです。「ドナーカード」や「安楽死」が象徴しているものです。死を繰り込んで生きると言うことは、自分の死（死に方）を自分が選ぶということです。この考えは、我々が自分の「生き方」を徹底して固有化してきた結果現れた逆説といえます。「自分の人生は、全て自分の人生、全部自分で決める」と考えて生きてきた我々が直面している事態です。つまり死については、「死ねば死にきり。地獄も極楽もない」と考えているわけです。そのつもりはなくとも、我々は、いつの間にか死を考えるようになったというより、「私が生きている」と思うことで人生を満たした結果、人が自然に生きてきた限界に踏み込んでいたのです。死と生とが同じことを意味する場所へ出てしまったと言ってよいでしょう。その臨界点の一つが出産なのです。

「オギャー」という産声と共に、胎児は乳児としてこの世の第一歩を歩き始めます。仮想的な「えら呼吸」から「肺呼吸」への劇的な転換、それによって、羊水に満たされた肺に初めて空気（酸素）が流れ込んできます。太古以来、母の胎内にまで受け継がれてきた「母なる海」との決定的な別離です。海中に比べれば、太陽と大気によって激しく変化する陸上の環境は、本来生物には過酷な場所です。しかし、胎児（陸上動物）は、それに耐えることと引き替えに、行動の自由と多様性への可能性を手にしたわけです。母親と子供の関係は、これから2年間ほどかけて、母子相関のコミュニケーションが、「言語」による意識的な段階に至るまで重層されてゆくことになります。

第3章　乳幼児期（0〜2歳）——三つ子の魂百までも

1　乳児期（0〜0.5歳）

①　母乳というコミュニケーション

胎内に於いて胎盤とへその緒の間で行われた、生命維持を中心とするコミュニケーションは、出産後、まず乳腺と口唇に取って代わります。胎内では、生命維持と成長に必要な全ての物が胎盤を通し「一括して」提供されました。それらは、そのまま生理過程に取り入れることができる形―「酸素」「栄養・エネルギー源」「内分泌物質」といったものです。しかし、今や乳児は、これらを自力で体内に取り込み処理した上で、生理過程に乗せなくてはなりません。出産後直ちに、自力呼吸と食物摂取―受乳が〈分節〉し自立して機能するようになります。呼吸系・消化吸収系が自立するのに合わせ、免疫系が整備されるようになります。外部から取り入れる物は、消化処理だけでなく免疫機構のチェックを受けなくてはなりません。この過程に障害が生じると、アトピーや喘息といった免疫不全を引き起こす原因ともなってしまいます。

生命維持に必要な基本的な器官―呼吸系・栄養系・循環系・排出系・免疫系は、胎内で既に形成されています。しかし、いずれも母体に連動していて、自立的に機能していたわけではありません。出産してから後、自立に向かって本格的に機能し始めるのです。ですから授乳期間は、機能確立のための「馴らし運転」期間と考えられます。近年授乳期間が短縮される方向にあり、早くから離乳食が与えるられるようです。わたしが子供だった頃、離乳については、「お誕生日を過ぎたのに、まだお母さんのお乳が恋しいのかな」などと、言われていたように記憶しています。つまり、40～50年ほど前まで、授乳期間は1年程度と考えられていたことになります（小学校に入ってもまだ乳をしゃぶっていることが解って、皆に馬鹿にされていた同級生もいました。彼がその後、格別自立心のない子供であった記憶はないのですが）。

その後高度成長期に入り、アメリカ式の育児法とやらが紹介されるようになると、「母乳より人工ミルクの方が頭のよい子が育つ」とか、「授乳するとバストや乳首が変形する」などというほら話に混じって、「長いこと授乳を続けると、自立心のない子供に育つ」「おしゃぶりは、乳児に有害である」などというつまらない育児法なるものが喧伝されるようになりました。母乳を与えることがいかにも時代遅れで、劣った育児法のような認識が一般化してしまったのです（今その反動で、一部では、母乳が神聖視されているようですが、それはそれで弊害も多いように思われます）。その結果今では、半年ほどで離乳させようとすることも珍しくないようです。しかし、乳児の間、内臓各器官はまだ眠ったままの状態です。早くから大人の食べるような食物の消化吸収を促せば、機能不全を起こす可能性が高くなります。生理過程に取り入れる場合、免疫機構との間に不具合の生じる可能性があるのです。特に、タンパク質のような、処理過程に大きな負担を必要とする食物はその傾向にあります。母乳でなければならないと考える必要はないのですが、「牛乳」は、牛の生理過程に合わせて作られたものです。「粉ミルク」として人工処理されているとはいえ、人に適したものでないことも確かです。

母乳が出るのに粉ミルクを使ったり、離乳を早めようとする根拠は見あたりません。

さて身体的に見た時、「乳房―母乳」という母子コミュニケーションが、完全に解けるのは、およそ2歳を過ぎてからです。この期間に身体的繫がり（触覚的世界）が、コミュニケーションに果たす役割は大変重要です。まず、その中心的役割を持つ乳腺について考えてみます。これは汗腺から発生した器官です。基本的には、妊娠によって機能を目覚めさせ、「吸う」という刺激によって機能し続けるようにできています。汗腺由来ですから、環境変化と心の状態に、敏感に反応する器官となっています。ですから、母乳を通じて母と子が互いの心やからだの状態を伝え合う、心身コミュニケーションが可能になるのです。乳腺は、母親の体の状態と心の状態が良好なら、豊富に母乳を出すようにできています。時間が来れば、食事をすれば、子供が泣けば、子供を思えばそれに反応して「乳が張る」のです。条件が整っていれば、出産後3年ほどは機能し続けます。先に触れたように、最近は授乳期間が短くなる傾向にありますが、時代を遡るにつれ授乳期間は長くなるようです。粉ミルクのような代替品のないことも理由ですが、母乳は最も手軽で簡単な養育手段だったからでしょう。そして、受胎調節が欲望調節に依るしかなかった時代に、授乳期間はホルモン調節によって妊娠しにくくなっているので、自然に受胎調節ができたからでもあります。

女性にとって妊娠から3～4年というのは、身体が持っている自然な妊娠・子育てのサイクルとなっているわけです。それは、子供が言語を習得し、母親から身体的に離れることができるようになるまでの期間に相当しています。母親との直接的な（身体的な）コミュニケーションが減少しても、言語によってその関係を確認できるようになるまでの期間です。

②　眼差と身体コミュニケーション—目は口ほどにものを言う（原言語段階）

「乳房と授乳」は、母子の間で意図を超えたコミュニケーションとして機能しました。それによって崩壊した胎内世界は、再びこの世界に新たな基盤を築くことができたわけです。そして、この過程が乳児にとって満足のいくものであれば、この世にしっかり根を張って生きることができます。「自分が胎内と同じように、ここに受け入れられ確かにここに在る」、「この世には他者と自己とが存在するのだ」ということを、無条件に了解できるようになるのです。この了解は、人が生きて行く上で、根源的な「生命力」になると考えられます。もっともこのことが、自覚的な意識としてことさらに認識されることはありません。しかしこれによって、身体の直接性—直に体が繋がっていること—に依らなくても、世界と関わっていくことができるようになるのです。つまり、人（母）との関係を、「関係として」扱う—具体的な目に見えるものではなく「心の形式」として理解することができるようになります。ですから、離乳は親が「させる」と言うより乳児が「する」ものだと考えるべきでしょう。

この生命力の形成に失敗すると、子供は「他人が存在し、自分が存在し、従って世界が存在しているのだ」という認識に、いつも疑いと不安を抱えて生きて行くことになります。常に後ろを振り返り、極端な場合には、前に進めない子供になるわけです。それが具体的な行動障害となって現れるのは、第二の出産にあたる「思春期」を通過する時ということになります。

さて、次の段階が眼差を中心とする身体表現の場です。ここは〈原言語段階〉とでもいうべきもので、意識と無意識とを架橋し、意識それ自体を交換する「言語の場」へ転移するための訓練の場となっています。俗に「目は口ほどにものを言う」ということわざがあります。「目」とは、「視線・眼差」を指しますが、実際に我々が眼差から受け取るものは、見られていることや、眼差そのものの意味するものだけではありません。実際は、その表情や体全体の雰囲気を、「総合した何か」として受け取っているのです。その集約したものが眼差なのです。恋人同士は黙って見つめ合っていたり、逆に心に屈託があれば人と視線を合わせることができなかったり、ということです。

視覚の特徴は、直接対象（相手）に向かっていなければ成り立たない点にあります。対象に正対している必要があるのです。聴覚と比べてみれば、違いがよく分かります。言葉（話し言葉）は、視覚に捉えることができなくても伝わります。後ろ向きで話しかけても、別の部屋からでも、相手に伝えることができます。しかし、まだ言葉を習得していない乳児の段階で話しかけたとしても、伝わるのは、声の強弱やトーンの表すニュアンスだけです。この段階の乳児は、声とその発信源である対象（母親）とを同一物として認知することはできません。ましてそのニュアンスを聞き取ることなどできません。触覚的世界を離脱しようとする乳児にとって、視覚はその点で、極めて直接的なコミュニケーション手段だと言えます。ですから、全ての意識的（抽象的）認識の出発点となる「今ここにあるものは、今ここにあるもの」という認知を可能にするのです（これに先行するのは触覚的な認知です。直接身体的に繋がって得られる、いわゆるスキンシップです）。

生後数ヶ月、新生児は、味覚と「遠隔化された触覚」とでも言うべき嗅覚を含む、触覚的世界像の中に生きていることが分かります。そこで「世界内存在としての自己」を十分に確立することができれば、そこから出て行くことができるようになるのです。次の段階でより抽象化された形の心の世界へ進むことができるようになります。「見ている—見られている」の関係が、「私は今ここにいる」という自己存在に繋がることを了解できるようになるのです。

さて、眼差の誕生です。新生児は視覚能力を持って生まれます。しかし、かつて「出産後しばらくは目が見えない・耳が聞こえない」と考えられていたように、彼は何かを「見ている」わけではありません。明暗や物のおぼろげな輪郭は、「見えている」かもしれませんが、それを了解するシステムは、まだ形成されていないのです。ちょうど、手を持って生まれたからと言って、出産の直後を除けば、腕や指を意志的に動かすことができない、物をつかむことさえままならないのと同じです。少しでもそれができるようになるのは、半年以上過ぎてからです。遠い人類の祖先にまで遡る、母親への「しがみつき」本能の痕跡を除けば、自分の身体イメージさえ形成されていないのです。

繰り返しになりますが、触覚的な像に比べ視覚像は、格段に抽象的なのです。生理的に言えば、視覚情報の処理には「脳—神経系」を総動員しなければならないと言えるほどです。心的過程としては、触覚的に了解した世界像を、直接触れることのない視覚像へと重ね合わせていかなくてはならないのです。「触れる・含む・嗅ぐ」ことで了解できる世界は極めて限定されています。彼は動けないのですから、母子と一体化している世界に限定されます。そこから認識すべき対象を、視覚像として〈遠隔化〉していかなくてはなりません。

　視覚と聴覚が作る世界の初期像は、「ここで触れているこの物を、遠くに置いて見る・聞く」、「あそこに見えている・聞こえてくるあの物を、ここに置いて触れる」という架空の操作の上に成り立つ世界だと考えられます。つまり、直接触れずに成立する知覚像なのです。直接触れないで行われるこの操作の過程は、当然、物と自分との直接的な関係から生まれるのではありません。「あそこにある物」と「ここに引き寄せた物」とを「同じ物」と認識しようとする心の働きから生まれるものです。つまり物を〈遠隔化し〉〈抽象化〉する、心の働きの結果生まれる世界像です。

　乳児の眼差が焦点を持ち、「見えるから見る」と「見ようとして見る」の間を揺れ動くようになります。「見た物を受容しそれを了解する」ことができるようになれば、「今ここの像」と「さっきあそこの像」とが同じ像であるという「運動―時間」認知もできるようになります（「いないいないバー」に乳児が反応しなくなるまで、視覚像と聴覚像とが重ね合わせられるようになるまで）。〈像そのもの〉をあれこれの物と同じように扱うことができるようになったわけです。眼差の持つ意味を了解できるようになったと言ってもよいでしょう。母という認知は、初め「乳房―授乳」という触覚的世界像としてそこにある物でした。同時に世界像そのものでもあったわけです。自分の生存（授乳）と完全に重なっていた母という世界像が、「視覚のレベル」で了解され成立したわけです。それは、母が全てであった世界像が、世界そのものへと拡張されて行く第一歩でもあります。この段階で、「母親を目で追う」「母親の声に振り向く」ことができるようになるのです。それは、世界像の中から「母の像」

が〈分節〉され〈意味〉を持ったことになります。ここまで来れば、母子相関のコミュニケーションは、〈前言語段階〉—「あわわことば」の段階へ転移したと言えます。

③ 原初記憶の埋め込み（前言語段階）

少し違う角度から、この時期に形成される、乳児の心的状態を考えてみたいと思います。我々の記憶は4～5歳頃、幼稚園に通い始める頃から始まります。普通、2～3歳以前の記憶は失われています。研究者の報告に依れば、幼稚園児の中には、2歳以前の記憶、出産時の記憶まで持っている子も結構いるようです。今のところ、胎内記憶まで保存している確実な例は知られていません（いわゆる「前世記憶」—胎内記憶を持つとされる事例があります。しかし、それらは宗教的なメタファーとしてでなく、胎内記憶の痕跡と考えることができそうです）。なぜ記憶の始まりが4～5歳頃であって、それ以前に届かないのでしょうか。そのメカニズムがどうなっているかの解明は専門家に委ねるとして、この構造的な記憶喪失については、いくつか触れることができそうに思えます。

まず記憶についてですが、記憶は、以前の体験や感情、知識や情報が冷凍保存されるように、またパソコンのディスクに記録されるように残されているわけではありません。「小学校の時、家族と初めてディズニーランドへ行った」という記憶は、その時のあれこれの場面、楽しかったり疲れたりといった感情を含んだ全体像を指しています。しかし、記念写真のように場面が記憶されていて、それがそのまま取り出されるのではありません。ある構造が呼び出され、「今この場」で再構成された

〈幻像〉―イメージとして記憶像が形成されることになるのです。個々の場面や出来事のイメージは、「リンゴとその想像イメージ」の関係と同じです。現実（実物）が存在していないのに、「実物像」を得ようとする時、その矛盾した心の動きが生み出す「幻像」です。

しかし、家族との楽しかった体験という記憶は、こういった「場面の記憶」には現れない記憶固有の特性を持っています。この場合の記憶は、ある物語的な構造として、明瞭ではない漠然としたストーリーの輪郭として存在しています。この記憶は、単純化してしまえば、「保存された何か」ではなくある心の状態が「表現された何か」なのです。物語や小説に取り込まれる作者の体験がそうであるように、実際に体験したことが、丸ごと再現されているわけではありません。まず体験が、その時どの様に了解されたのか、その後記憶としてどう呼び出されてきたのかという、二重の心的過程を経ているのです。前者は対象の選択・意味づけという心に取り込む「受容と了解の過程」です。後者は、それを実際に表現するしないにかかわらず、心の外へ表出しようとする「表現の過程」です。つまり、このような場合に考えられる記憶とは、意識されない〈表現〉というべきものなのです。

こう考えれば、特に2歳以前の記憶が無くなる理由が明らかになります。視覚像の形成について考えたように、乳児の心的過程では、対象を〈受容する〉という働き自体が未成熟です。体験を「体験」として受け取ることができないのです。体験ということが成り立たないのではなく、体験している現実と、それを受け取っている自分の心的過程とが分離（分節）されていないのです。もしそれが強い刺激（体験）であったなら、刺激の強さに「反応する」ことはできるでしょう。しかし、それを何らかの〈意味として了解する〉ことはできません。まして、表現となれば、〈身体的な反応〉として「泣く」か「笑う」こと以外にできることはありません。夢にならない夢を見ているようなものです。

④　埋め込みの破綻Ⅰ

では、人間の心にとって、幼児記憶が失われているように見えることは、どんな意味があるのでしょうか。これについて、有名な例があります。三島由紀夫の『仮面の告白』という小説です。この小説は、主人公が生まれた時の様子を語るところから始まります。産湯につかった自分が、たらいの縁に日が当たってきらきらと輝いているのを見ていた記憶が語られます。そして特異なこの場面に、この小説の本質、三島由紀夫という小説家の本質が凝集して現われています。

どう説き聞かされても、また、どう笑ひ去られても、私には自分の生れた光景を見たといふ体験が信じられるばかりだつた。おそらくはその場に居合はせた人が私に話してきかせた記憶からか、私の勝手な空想からか、どちらかだった。が、私には一箇所だけありありと自分の目で見たとしか思はれないところがあった。産湯を使はされた盥のふちのところである。下したての爽やかな木肌の盥で、内がはから見てゐると、ふちのところにほんのりと光がさしてゐた。そこのところだけ木肌がまばゆく、黄金でできてゐるやうにみえた。ゆらゆらとそこまで水の舌先が舐めるかとみえて届かなかつた。しかしそのふちの下のところの水は、反射のためか、それともそこへも光りがさし入つてゐたのか、なごやかに照り映えて、小さな光る波同志がたえず鉢合せをしてゐるやうにみえた。

このシーンが作家の実体験か否か、創作ではないのかといった議論は無意味です。もっともこの場面は、作家本人には実体験と考えられていたようです。

——この記憶にとつて、一番有力だと思われた反駁は、私の生れたのが昼間ではないといふことだつた。午後九時に私は生れたのであつた。射してくる日光のあらう筈はなかつた。では電灯の光だつたのか、さうからかはれても、私はいかに夜中だらふとその盥の一箇所にだけは日光が射してゐなかつたでもあるまいと考へる背理のうちへ、さしたる難儀もなく歩み入ることができた。そして盥のゆらめく光の縁は、何度となく、たしかに私の見た私自身の産湯の時のものとして、記憶のなかに揺曳した。

（新潮文庫）

「私」の分析にもあるように、「盥の縁に当たる光」という記憶映像が、彼にとってどんなに切実であったとしても、それに格別の意味があるわけではありません。「憶えている」と考えていること自体が重要なのです。この記憶は、産道通過直後、出生時の記憶が痕跡として表現されたものではないかと考えられます。そして、そのことが「記憶」を考える場合、より本質的な意味を持ちます。

主人公「私」は、出生時の記憶を持っている（そう考えている）わけです。本来なら記憶として取り出すことができない体験を、「記憶として表現する」ことができてしまっているのです。小説の文脈は、実体験がベースになっていると考えるのに、十分な説得力を持っています。「少し大きくなって、親や周りの者が話すことを自分の体験として取り込んだのでは」という「私」の述べる解釈も成り立ちそうです。そうした体験は誰にも覚えのあるものです。しかし、その記憶を持っているという認識が、その人間の生存を規定してしまうほどのリアリティーを持つことはまれです。

では、なぜ〈原初記憶〉が、自然過程に従って心に埋め込まれることなく、露頭を意識レベルに露わし続けているのでしょうか。記憶は、体験を「受容―了解」することを基に成り立つ「表現（行為）」です。そこでまず考えられることは、この原初記憶が「受容―了解」の過程が成立していないのになされた表現であるという点です。乳児にとって、表現を必要とするほどに強い体験であれば、身体表現に直結して現され、その表現は、その場で直ちに受容され自然に解消してしまうはずのものです。例えば、「泣く―抱かれる―あやされる」か、「笑う―笑われる―あやされる」のように。

つまり、「体験―受容―了解―表現―対応の引き出し」という一連の過程は、乳児にとって分節されず、一体となった世界像を形成しているはずです。ですから、表現（記憶）部分だけが分節されて現れたのは、この過程のどこかに不具合が生じた、成立しなかったと考えるしかありません。その代償行為として、彼は「意識的に」その破れた環を繋いだのです。事態を解釈したと考えてもよいでしょう。解釈できるはずもない段階にありながら、解釈できるはずもないことを解釈したのです。後の段階であれば、解釈された結果、体験は「意味」や「感情」のような形で、「知識」として蓄積されます。あるいは、記憶という「物語」を生むことになるのです。しかしこの段階では、意識以前の意識にしかなりません。ゆるやかに形成されてゆくはずの心が、その形を急速に固められ可塑性（柔軟性）を失ったのです。その結果、心は、「ある物語」以外に語ることができない構造になっているということです。ですから、具体的に語られた「盥に当たる日の光」は、意識を獲得した最初に呼び込まれた「この世の表徴」という意味しかないのです。

このイメージを身体の例で考えてみます。骨折などで長期間固められていると、その部分の筋肉やそれを動かす神経系や筋までもが退化し、回復訓練を行わなければ、障害となって残ってしまいます。急速に形を整えられた心も同じことです。もしこれが乳児期に起これば、深刻な後遺症として残る可能性があります。起こる事態に柔軟な対応ができない硬直した心、つまり生命力の乏しい子供となってしまいます。深刻であれば、彼は心に欠損を抱えて生きることになるのです。にもかかわらず、かれは、大人の思惑にとって「都合のよい子供」の相貌を持つはずです。「早熟」とは、こうした子供のことであり、「賢い」とは早熟の度合いであると考えられます。三島由紀夫が出生時記憶を持っていたということは、こうした体験が一過性としてでなく、記憶として表現できるようになるまで繰り返し現れたことを示しています。彼は、「天才」として性格に刻み込まれた悲劇を生きることになったのです。

結局、原初記憶を意識的に取り出すことができるようになるとしたら、それは、乳幼児期に彼を取り巻き、心に具体的な世界像を形作ることができるような「直接的な関係」が存在していなかったことを現しています。少なくとも、それが不安定で脆弱だったからだということが分かります。もちろん、直接彼の世話をする人間がいなかったら、彼は死んでしまいます。そうではなく、「彼にとってだけの世界」と思える「関係」が存在していなかったということです。皮肉な言い方をすれば、「波乱に満ち刺激に富んだ」乳幼児期を過ごしたわけです。個々の物や事象、人や関係を時間をかけて分節して行く暇がないほどに。

結局、彼もまた〈早熟〉を強いられた天才の一人であったということです。彼は、何者でもない「単なる赤ん坊」に過ぎなかったのに、生まれた時、既に「何者かであった」、「何ものかとしてしか扱われなかった」ということです。親を含む人間関係の中で、彼は一人の大人として迎えられ、そのように扱われたわけです。三島由紀夫の場合、彼は、生まれてすぐ母親から引き離されて、心を病む病弱な祖母に引き取られました。そのため、乳母や看護婦といった養育係の手で育てられることになりました。彼の生育環境が、安定した母性の中にあったとは言い難いのです。そうした不安定な人間関係が、「跡取り息子」を巡る嫁姑の執拗な対立に根ざしたことは言うまでもありません。彼は、彼である前に「平岡家の跡取り息子」だったのです。

2〜3歳以前の心的世界を〈原初記憶〉と考え、これが意識の外に在るということは、人がこの世に無条件で生きていく根拠なのです。ちょうど、自分が存在を始めるには、その前に、自然と人間関係が存在していなければならないのと同じです。原初記憶の世界は、いわば、心にとっての自然、心のバックグラウンドに当たっています。少なくとも三島由紀夫は、それを持てなかったために、自分の存在をこの世に繋ぎとめるための根拠を持てなかったことになります。以後の彼の作品はそれを作り出すための試行錯誤の呻きです。日本語としては、あまりに理論的過ぎる文体（彼の最高傑作と思われる「金閣寺」に典型的に現れている）の試みなどもそうでしょう。彼の人生は、「人工の鎧を身につけて辛うじて生き延びた人生」と言えそうです。「安定した無意識」は、安定した母性の存在によって作られます。ここで言う〈母性〉は、実際の母親を指しているのではありません。幼児に与えられる絶対受容性の表徴としての母性です。理想的な母性などあり得ないとすれば、我々は、多かれ少なかれ皆三島由紀夫の末裔です。この小論自体、「人工の鎧」作りの試みなのですから。

最後に、三島由紀夫が身に付けた鎧がどんなものかを示しておきます。雪の降った早朝、友人と雪合戦をしようと登校する時、「私」が目にした街の風景です。

靴がやうやく埋れる程度の雪だった。陽が昇りきらないうちは、景色は雪のために美しくはなく陰惨にみえた。街の風景の傷口をかくしてゐる薄汚れた繃帯のやうにそれがみえた。街の美しさは傷口の美しさに他ならないからだ。

学校前の駅が近づくにつれて、私はまだ空いている省線電車の窓から、工場街のむかうに日が昇るのを見た。風景は喜色に満ちた。不吉にそそり立つ煙突の縦列や、単調なスレート屋根のくらい起伏が、旭にてらされた雪の仮面のけたたましい笑ひの蔭におびえてゐた。この雪景色の仮面劇は、えてして革命とか暴動とかの悲劇的な事件を演じがちだ。雪の反映で蒼ざめた行人の顔色も、何かしら荷担人《かたうど》じみたものを思はせる。

私は学校前の駅に下りたとき、駅の傍らの運送会社の事務所の屋根からはやくも雪融けの音が流れおちるのをきいた。それは光りがおちてくるとしか思はれなかつた。靴が運んだ泥で塗りたくられたコンクリートの贋の泥濘へ、次々と喚声をあげながら、光りが身を投げ墜死するのだつた。一つの光は私の頸筋へあやまつて身を投げた。……

登校の道すがらの風景描写が、倫理的な色彩を帯びて、文明論か人生批評にしかみえない。「私」にとって単なる風景などは存在していない。全てが私の現在によって染め上げたものでしかないのです。そうしなければ、風景といえども受容不可能な何かに変容してしまうからです。読むものに不安しか与えない風景は、「私」にとっての風景でもあるのです。表現過多な文体は、「私」のまとった鎧なのです。

⑤　埋め込みの破綻Ⅱ

『源氏物語』という優れた古典作品があります。色々な角度から読むことのできる作品ですが、ここでのテーマに即してみると、この物語の中から、「母なし子の物語」という入り口を見つけることができます。源氏をはじめ登場人物の多くが、「母なし子」に設定されているからです（紫の上・明石の上・一人息子夕霧・夕顔）当時の出産事情・医療水準、貴族の姫君たちの虚弱体質から考え、作者（紫式部）は身の回りに当たり前に見られた事例を反映しただけだと考えることもできそうです。

しかし、作者の力量を考えると、そうではないと思われます。公卿（堂上貴族）ともなれば、育児は実母ではなく、「乳母」の手で行われていました。そうした社会事情も踏まえ、作者は、貴族社会（支配階級）が成立する人間的根拠を、「母なし子」というメタファーで示そうとしたように思われます。

以下の引用は、3歳（以下年齢は数え年）で母・桐壷更衣を亡くした源氏が、後に父帝が新たに迎えた藤壷中宮に、母の影を求めて激しい思慕の情を抱くようになる部分です。

（小学館『日本古典文学全集』より引用。北島　私訳）

源氏の君は、御あたり去りたまはぬを、ましてしげく渡らせたまふ御方は、え恥あへたまはず（中略）母御息所も、影だにおぼえたまはぬを、「いとよう似たまへり」と典侍の聞こえけるを、若き御心地にいとあはれと思ひきこえたまひて、常に参らまほしく、なずさひ見たてまつらばや、とおぼへたまふ。上も、限りなき御思ひどちにて、「な疎みたまひそ。あやしくよそへ聞こへつべき心地なんする。なめしと思さで、らうたくしたまへ。つらつきまみなどは、いとよう似たりしゆゑ、かよひて見えたまふも、似げならずなむ」など聞こえつけたまへれば、幼心地にも、はかなき花紅葉につけても心ざしを見えたてまつる。

（源氏　7～8歳　藤壷中宮12～13歳）

（桐壷）

源氏の君は、父帝のそばをお離れにならないので、後宮の方々は、恥ずかしいといっても君から隠れていることなどおできにならない。まして繁くお通いになる藤壷の御方は。（中略）君は、母御息所のことを影ほども覚えていらっしゃらないのに、典侍が「藤壷の御方は、母君に大変よく似ておられる」と申し上げたので、幼心に藤壷の君を母を慕うように大変懐かしくお思いになる。それで、いつもお側に参って慣れ親しく見ていることができたらと考えていらっしゃる。帝は、お二人共に限りなくご寵愛になられて、「源氏の君によそよそしくなさらないで。不思議なことにあなたは、まるでこの君の母君のように思われる。この君があまりに側近くにいるからといって無礼な振る舞いだとお思いにならないで、かわいがってやって下さい。顔つき眼差しなど本当によく似ているので、この君があなたを母君だと思うのも当然のように思われます」などと、藤壷の君にお頼みになる。聞いていた源氏の君は、春にはちょっとした花を添えて、秋には紅葉に添えてと、慕っている自分の気持ちを示そうとなさる。

（源氏12歳にて元服、左大臣家の婿となった後）

源氏の君は、上の常に召しまつはせば、心やすく里住みもえしたまはず。心のうちには、ただ藤壷の御ありさまを、たぐいなしと思い聞こへて、さやうならむ人をこそ見め、似る人なくもおはしけるかな、大殿の君、いとをかしげにかしずかれたる人とは見ゆれど、心にもつかずおぼえたまひて、幼きほどの心ひとつにかかりて、いと苦しきまでにぞおはしける。大人になりたまひて後は、ありしやうに、御簾の内にも入れたまはず。御遊びのをりをり、琴笛の音に聞こえ通ひ、ほのかなる御声を慰めにて、内裏住みのみ好ましうおぼへたまふ。五六日さぶらひたまひて、大殿に二三日など、絶え絶えにまかでたまへど、ただ今は、幼き御ほどに、罪なく思しなして、いとなみかしずききこえたまふ。（桐壷）

源氏の君は、帝が何時もお側に召されているので、里住みも気楽にはおできにならない。もっとも君の内心は違っていらっしゃる。ひたすら藤壷の君のご様子を、比べようもないほど素敵だと思い、「こんな人とこそずっと一緒にいたい。他には似た人さえいない。大殿の君（妻・左大臣の娘）は、大切に美しく育てられた人だとは思うけれど、しっくりこない」とお思いになっている。それで、まだ母を慕う幼心のままに、藤壷の君をいちずに慕って、その思いでずいぶんと苦しそうでいらっしゃる。藤壷の君は、源氏の君が元服を済ませた後は、以前のように側近く御簾の中にも入れようとなさらない。それで、君は、管弦の遊びの折々に、藤壷の君の琴に合わせて笛を吹き、かすかに漏れてくる御声を慰めとしていらっしゃる。それでも内裏住みだけがいいと思っていらっしゃる。五日か六日、帝のお側におられて、左大臣家には二三日ばかりと、途切れ途切れに退出なさる生活をされている。それでも左大臣殿は、「今はまだ、幼くていらっしゃるのだから、婿らしくないととがめ立てすることではない」とお考えになって、あれこれ手を尽くしてお世話されている。

さらに、少し後（源氏　18〜19歳）であるが、紫の上―源氏の実質的な妻・藤壷の姪―を山荘でかいま見て激しく惹かれるシーンを挙げます。

頬つきいとらうたげにて、眉のわたりうちけぶり、いわけなくかいやりたる額つき、髪ざし、いみじううつくし。ねびゆかむさまゆかしき人かな、と目とまりたまふ。さるは、限りなう心を尽くしける人に、いとよう似たてまつれるが、まもらるるなりけり、と思ふにも涙ぞ落つる。

（若紫）

顔つきは、思わず引き込まれてしまうようなはかなさがあり、眉のあたりは子供らしいまま、整えられていないが美しい。前髪をかきあげた額の生え際は、くっきりとしてたいそうかわいらしい。源氏の君は、「成長して行くこれからを見てみたくなる人だな」と、つい見いっておられる。「それにしてもなぜこれ程惹かれるのか。ああ、心の限りお慕いしているあの方に、本当によく似ているので、目を離すことができなくなっているのだ」、そうだと気づいた時、君の目からは涙がこぼれ落ちていた。

藤壷にせよその「身代わり」の紫の上にせよ、美しいだけでなく女性としての理想を体現している人として描かれています。しかし、それ故に源氏が強く惹かれたのではありません。そもそも、この二人は美しいからといって、どちらもたやすく関わることのできる人ではありません。後に密通・妊娠にまで至る藤壷は、父帝の后です。右大臣家の朧月夜の君と関係を持った源氏は、彼女が皇太子妃となる人物であったために、明石への退転を余儀なくされ危うく政治生命を失うところでした。藤壷とのことが露見すれば、そんな程度ではすまないスキャンダルです。紫の上に至っては、彼女の養育者であった祖母の死に乗じて、父・兵部卿の宮を出し抜いて略奪してしまうのです。そして、成人まで秘密裏に育て、妻とするのです。
社会的な事情も人倫の制約も一切無視した、異常とも言える執着が何に起因するのか、作者は、直接語ることはありません。作者は、物語冒頭で源氏の両親が陥った、常軌を逸し悲劇に終わる愛情物語を語ります。

朝夕の宮仕につけても、人の心をのみ動かし、恨みを負ふ積もりにやありけん、いとあつしくなりゆき、もの心細げに里がちなるを、いよいよあかずあわれなるものに思ほして、人のそしりをもえ憚らせたまはず、世の例にもなりぬべき御もてなしなり。（中略）唐土にも、かかる事の起こりしこそ、世も乱れあしかりけれと、やうやう、天の下にも、あぢきなう人のもてなやみぐさになりて、楊貴妃の例も引き出でつなりゆくに……（桐壷）

前の世にも、御契りや深かりけん、世になくきよらなる玉の男皇子さへ生まれたまひぬ。（同）

帝の御寵愛ぶりは、朝夕の宮仕えにつけて何かと人の神経を逆なでするまでになってしまいました。そのため更衣は人の恨みをかい、それが積もり積もったせいでしょうか、すっかり病弱になって宮仕えもままならず里に下がっていることが多くなりました。それで帝は、ますます御執着されいとしさに哀れと思う心も加わって、人のそしりを気にされる御様子もなく、宮廷中で例え話の種にされるほどの御寵愛ぶりです（中略）唐土（中国）でもこうしたことが起こり世の中が乱れよからぬ事になってしまったのだと、しだいに世間一般の間でも、こまったことだと人々の悩み事になってまいりました。楊貴妃の例まで語られるようになりまして……。

お二人は、よほど前世での御関わりが深かったのでしょう、お二人の間には、世にも希なほどの玉と輝く男の皇子までお生まれになったのです。

人の心の闇が生み出す悲劇を、玄宗皇帝と楊貴妃の物語になぞらえ、現世の我に執着する者の「運命」として示すのです。源氏は、この運命に縁取られ「母なし子の物語」を生きねばならぬ者として生まれたのです。

彼は憑かれたように何かを求め、多くの女性と関わります。失望に終わった関係を別にすれば、主要な人物に執拗に執着する心には、彼のマザーコンプレックスが影のように寄り添っています。しかし、その執着は、相矛盾した表現となって現れます。藤壷に向けるマザーコンプレックスによる憧憬と、少女に過ぎない紫の上に向けるロリータコンプレックスによる執着です。成熟した女性と、未発達な少女、それぞれに向ける愛情です。

藤壺の宮、なやみたまうことありて、まかでたまへり。上のおぼつかながり嘆きたまふ御気色も、いといとほしう見たてまつりながら、かかるをりだにと、心もあくがれまどひて、いづくにもいづくにも参でたまはず、内裏にても里にても、昼はつれづれとながめ暮らして、暮るれば、王命婦を責め歩きたまふ。いかがたばかりけむ、いとわりなくて見たてまつるほどさへ、現とはおぼえぬぞわびしきや。宮もあさましかりしを思し出づるだに、世とともの御もの思ひなるを、さてだにやみなむ、と深う思したるに、いとうくて、いみじき御気色なるものから、なつかしうろうたげに、さりとてうちとけず、心深う恥ずかしげなる御もてなしなどの、なほ人に似させたまはぬを、などかなのめなることだにうちまじりたまはざりけむ、と、つろうさえぞ思さるる。

何ごとかを聞こえつくしたまはむ。くらぶの山に宿も取らまほしけれど、あやにくなる短夜にて、あさましうなかなかなり。（若紫）

藤壺の宮は、ご加減が悪くお里へ下がられました。源氏の君は、帝が宮を心配され嘆かれるご様子を大層お気の毒なことと拝見しておられます。けれども一方で「こんな機会なのだから、何とかして藤壷の宮に会えないだろうか」とそのことばかりを気にして気もそぞろで、どちらへもお出かけなさいません。内裏にいても里へお下がりになっても、昼の間は悶々となさって、夜ともなると宮付きの王命婦を宮に合わせて欲しいと責め立て追いかけ回しておられました。さて、王命婦がどんな計略で宮に承諾させたのかわからないのですが、源氏の君は無理矢理、宮にお会いすることができたのです。もともと君の宮へ寄せる思いは理不尽なものなので、そんな気持ちでお会いしている今が、君には現実のものとも思えなくて、まったくつらいことです。宮も、先に対面した折りのことを思い出すたび、以前と変わった源氏の様子に不断に悩み続けておられ、「もうああしたことは、終わりにしたい」と深く決心されておられました。それなのにまたこんなことになってしまって、宮は、情けなく耐え難いご様子でおられます。そんな悩みに沈んだ時でさえ、宮は、慕わしいほどに可憐でいらっしゃいます。とはいうものの、君に対しうち解けるご様子はなく実に行き届いたご振る舞いをされています。普通の人とはまるで違うそのご様子に、君も恥じ入らんばかりでした。君は、そんな宮のお姿を拝見して、「なぜ宮には、欠点といえるようなものが、少しもおありにならないのか。そうならば、これほどに」と、つい恨みがましくさえ思っておられたのです。

話したいことは溢れているのに、何ほどのことを語ることができましょう、まして……。君は、「夜の明けないという暗部山にでも宿を取ることができたなら」などと思っておられたのでは。とはいっても、残念なことに現世の短い夜、君にとっては、いっそ会わない方がましと思われるほどの逢瀬でした。

(二条院に紫の上を引き取って、数年を経たある日)

つれづれなるままに、ただこなたにて碁打ち、偏つぎなどしつつ日を暮らしたまふに、心ばえのらうらうじく愛嬌づき、はかなき戯れごとの中にもうつくしき筋をし出でたまへば、思し放ちたる年月こそ、たださる方のらうたさのみはありつれ、忍びがたくなりて、心苦しけれど、いかがありけむ、人のけじめ見たてまつり分くべき御仲にもあらぬに、男君はとく起きたまひて、女君は更に起きたまはぬあしたあり。(中略　源氏より、長い間押さえ込んできた思いを言い訳とする「きぬぎぬの文」が届く。紫の上は読んだものの、返しをしない)かかる御心おはすらむとはかけても思し寄らざりしかば、などてかう心うかりける御心をうらなく頼もしきものに思ひきこえけむ、とあさましう思さる。(葵)

源氏の君は、このところ所在なく過ごされていて、(源氏は、妻葵の上の死去に伴って、左大臣邸を去っていた)もっぱら紫の上の対屋を訪れ、碁打ちや偏つぎ遊びなどをしつつ日を過ごしておられます。遊びに興じる女君のご様子には、心ばえが利発で愛嬌のあることがうかがわれます。それだけでなく、女君は、たわいもない遊びの中に、女としていとしくなるようなやり方をお示しになられることがあります。それでも、男君は、女君を育ててきたこの年月、そこに藤壷の宮を重ねて見ることは振り捨てて、子供としてのかわいらしさだけを見ようとしてきたのでした。そんなある日、とうとうこの思いに耐えきれなくなってしまわれたのでしょう。「君の幼さを思えばかわいそうではあるが」と思いつつも秘めてきた思いを現してしまわれたようで、お仕えするものは、「昨夜何があったのかしら」と思ったものです。お二人の仲について、はたからどんなご関係かと見極め申さねばならぬこととも思われませんので気づかなかったのです。男君は随分早く起きて戻られたのに、女君はいっこうに起きられないという朝がございまして、もしかしたらと思ったものです（中略）女君は、男君がこんなお気持ちを持っておられようとは、夢にも思いつかなかったので、「私へのお心がこんなひどいものだったのに、なぜそれを心から信頼できるものだと思い上げてきたのだろう」と情けなく思われました。

そんな中で、源氏を対等な男性として愛した人物の典型は、六条御息所です。彼女は母性の表現者としてだけではなく、女性として源氏を愛します。しかし、源氏はこの関係に応えこれを維持してゆくことができません。一人前の女性としての愛情に応え続けることができないのです。同じことは、衰弱死する紫の上をついに理解できなかったことにも現れています。源氏のマザーコンプレックスという狂気は、六条御息所の上に、入眠幻覚のうちに生き霊となり源氏が関わる女性を苦しめ死に至らせる、狂気となって現れます。彼女は、本来なら源氏が陥るべき狂気を、源氏に代わって体現したのだと考えることができます。

（葵の上の出産が近づくにつれ、左大臣邸に御息所の生き霊が出るとの噂が立つ）

……思しつづくれば、身ひとつのうき嘆きよりほかに人をあしかれなど思ふ心もなけれど、もの思ひにあくがるなる魂は、さもやあらむと思し知らるることもあり。年ごろ、よろずに思ひ残すことなく過ぐしつれどかうしも砕けぬを、はかなき事のをりに、人の思ひ消ち、無きものにもてなすさまなりし御禊の後、一ふしに思し浮かれにし心鎮まりがたう思さるるけにや、すこしうちまどろみたまふ夢には、かの姫君と思しき人のいときよらにてある所に行きて、とかく引きまさぐり、現にも似ず、猛くいかきひたぶる心出で来て、うちかなぐるなど見えたまふこと度重なりにけり。あな心うや、げに身を棄ててや往にけむと、うつし心ならずおぼえたまふをりをりもあれば、……（葵）

六条御息所は、「……つくづくと考えてみると我が身一つのつらさを嘆く事以外に、人の不幸を願う心なんて持ってはいない。けれども、思い悩んだ果てに、魂が身を離れて彷徨い出てしまう、そんなこともあるのかしら」とお考えになる時もありました。また、「この年月、あらゆることを考え尽くし思い悩んできたけれど、今になって、こんなふうに心が砕けてしまうなんて。あのつまらない出来事（葵祭の車争い）のあった日、あの方は、私のことを無視し目にも入らないもののように振る舞っていた。あの御禊の日以来、私の心は一つ事を思い詰めて騒ぎ立てて落ち着かない」そんなふうに不安に思っておられるせいでしょうか。一寸うたた寝などした折、あの姫君とおぼしき人が、ずいぶんときれいにして住んでいる所へ出かけていって、あれこれと探し回り、普段の自分らしくもなく、猛々しく恐ろしいほど一途に何かをやってやろうという気持ちが溢れてきて、姫君を捉えて激しく揺さぶったりしている、そんな場面をご覧になることが、度重なるようになりました。それで御息所は、「ああ、つらい。よく言われているように、魂だけがこの身を棄てて出て行ってしまったんだ」と、自分の心といっても現実のことと思われないので……。

（出産を控えた葵の上に、物の怪が取りつき、源氏の前で姿を現す場面。加持が苦しいと、僧を含め人払いをさせ、二人だけで対面した葵の上が、六条御息所に変化する。源氏は、葵の上を病ゆえの心弱りとしきりに慰める。それを受けて）

「いで、あらずや。身の上のいと苦しきを、しばしやすめたまへと聞こえむとてなむ。かく参り来むともさらに思はぬを、もの思ふ人の魂はげにあくがるるものになむありける」となつかしげに言ひて、

なげきわび空に乱るるわが魂を結びとどめよしたがひのつま

とのたまふ声、けはひ、その人にもあらず変わりたまへり。いとあやしと思しめぐらすに、ただかの御息所なりけり。あさましう、人のとかく言ふを、よからぬ者どもの言ひ出づることと聞きにくく思してのたまひ消つを、目に見す見す、世にはかかることこそはありけれと、うとましうなりぬ。（葵）

「あ、いいえ、そういうことではございません。今、調伏されている私の身がとてもつらくて、しばらく御読経を止めて下さいと申し上げようと、つい。こんなふうにこちらに伺おうとは、すこしもおもっていなかったのに。ああ、物思いする人の魂は、やはり、その身を離れさまよいでてしまうものなのですね」となつかしそうに言って、

嘆いて嘆いて、嘆きのあまり宙をさまよう私の魂を、どうぞあなたの手で元に戻して下さい。この私の衣の裾を結び合わせて下さい。

こう歌を詠まれる声・雰囲気は、もはや葵の上その人とは思えぬほどお変わりになっています。「なんと不可思議なこと」とあれこれ考え合わせてみるに、まさにあの御息所だったのです。源氏の君は、なんということとあきれ果ててしまわれました。これまでは、人々が御息所についてするあれこれの噂を、不心得者が口にすることと、聞く耳持たぬと、打ち消してこられた

のです。けれども、今目の前にこの変化を見て、「世の中には、こんな事が確かにあったのだ」と思うと、御息所のこともうとましくなってしまったのです。

（葵の上が、無事男子を出産したとの知らせを受け）

かの御息所は、かかる御ありさまを聞きたまひても、ただならず。かねてはいとあやふく聞こえしを、たひらかにもはた、とうち思しけり。あやしう、我にもあらぬ御心地を思しつづくるに、御衣などもただ芥子の香にしみかへりたる、あやしさに、御泔（ゆする）参り御衣着かへなどしたまひて試みたまへど、なほ同じやうにのみあれば、わが身ながらだにうとましう思さるるに、まして人の言ひ思はむことなど、人にのたまうべきことならねば、心ひとつに思し嘆くに、いとど御心変わりもまさりゆく。（葵）

あの御息所は、葵の上が無事男子を出産されたとお聞きになるにつけ、やはり心穏やかではいられない。「前には、命も危ういとの噂だったのに、なんと無事に出産とは」とつい考え込まれてしまうこともありました。そんな心の闇、自分でさえないような不可解な気持ちを、ああでもないこうでもないと考えておられると、着ている物にも、確かに護摩に使う芥子の香がすっかりしみ込んでいます。「ああ、なぜ」と恐ろしさに、髪を洗われ着替えなどなさってはみたものの、移り香がとれることはありません。我が身のこととはいえ、まったく疎ましく思われます。まして、世間が噂し憶測することのつらさなどを、誰にもご相談できないのです。それで、ますます、ご自分の心の中だけで悩み嘆かれておられます。それゆえ、お心の状態は、ずいぶんとひどい状態にまで悪化してゆくようです。

『源氏物語』の舞台である宮廷に伺候する貴族は、国家という共同社会を、運営支配するために存在しています。ですから、この世界では、国家意識・法・宗教といった社会に流通する共同的な価値観を体現して生きることが優先されます。その現れが「有職故実」（宗教的・法的儀礼に於ける作法を始め、生活習慣から習俗を含み共同体維持に必要な全ての共同的観念）に精通し実践できる能力というわけです。この時、一番邪魔になるのが、家族をはじめとする、個人的関係やその事情なのです。社会の中で共同体が共有する価値観に従って、より公平により理性的（宗教的・法的）に振る舞う時、家族意識は邪魔です。

こうして維持されてゆく社会は、人を育てる上で、大きな矛盾を抱えることになります。この貴族社会に生きるためには、家族による「血統」の継承が必要です。しかし、公卿として振る舞う時、そこから生まれた家族意識を、打ち消すことのできる人間でなくてはなりません。そのためには、「家族を家族とも思わない」―人を人とも思わない人間を育てる必要があるのです。家族（実母）から離して、家族以外の者の手で「我が子」ではなく「支配者」として育てる必要があるのです。

権力闘争が同族―親子兄弟の殺し合いにまでなる理由はここにあるのです。血統が異なれば、初めから争いに参加できません。家族愛に包まれ互いを思いやっていたのでは、権力の座は空席になってしまいます。この問題を人倫に反しても解決するには、母なし子を育てる必要があるのです（そう言えば、寺山修司に「母のない子になったなら、誰にも愛を語れない」という歌がありました）。無意識の底に、人工的な存在理由、「支配者として、貴族として生きる」を埋め込まなくてはならないのです。かくして彼は、「苛斂誅求の非情な支配者」となるか、「穏和にして慈愛に満ちた王」となるのです。いずれにせよ、彼等は、当たり前の人間の情緒も観念も超えたところに生きていることに変わりありません。

『源氏物語』は、こうした政治の世界や権力抗争を直接描いているわけではありません。しかし、作者はそれを無視したわけでも、それに無知であったわけでもありません。背景を為す世界として、それが見え隠れに描かれる場面があります。源氏の実母が後宮でいじめられる場面、右大臣家との争いを背景に、源氏が朧月夜との密通の果てに京を追われる事件、柏木が源氏の正妻女三宮との不倫の結果、源氏の権威の前に衰弱死する場面などに典型的に見られます。主人公・光源氏は、こうした現実社会を背景に時代の価値観を最高に体現する者として描かれます。

しかし個人生活から見た源氏は、マザーコンプレックスを抱いて、その見えざる手に引かれ彷徨い、ついにその内に死ぬ者として描かれます。物語は、あくまでその内的生活を描くことをテーマとしたのです。「幾多の女性遍歴」「華やかな風流生活」いずれも私生活を支える主要なテーマです。しかし、風流を極めるに当たっては、彼の口から理念が語られ、それが意識的に（世に生きる鎧として）実践されます。『帚木』『朝顔』での女性論、紫の上の教育、『絵合』での学問と芸術についての論議など、まるで評論集のようです。風流―「色好み」は、『伊勢物語』がそうであったように、無意識になされた、政治に対するデカダンスの表現と言うこともできそうです。

支配者となるべく、位人臣を極めるまでの熾烈な権力闘争と、無節操とも言えそうな女性遍歴の組み合わせは、「英雄色を好む」と言うには、あまりにも多くの苦痛に満ちています。彼の「色好み」は、欲望を超えてマザーコンプレックスという運命に誘われた「苦行」だからです。そんな中で、たった一つ、彼は擬制的家族のためのユートピアとして六条院を残します。しかし、彼の祈りにも似たこの擬制的家族の中でさえ、母を獲得することはできませんでした。源氏の「母を求めて三千里」、マザーコンプレックスの物語は、まさに浄土の再現のようなこの六条院で、紫の上を衰弱死させることによって、見果てぬ夢に終わります。

藤壺中宮は、父帝の一周忌に出家して、ようやく源氏の自分に対する執着を、純化することができました。当時出家することは、この世に生きたまま社会的に、つまり人としては、「死ぬこと」を意味しました。出家の後に、男として女として生きることは、強いタブーだったのです。ですから、源氏は、衰弱してゆく紫の上の出家したいという願いを受け容れることができなかったのです。紫の上は、死ぬまで源氏のこの狂気から逃れることはできなかったのです。源氏は、少女の時に略奪し「我が思うように」生涯をかけて育ててきた紫の上に、「理想の女」と「見果てぬ母」を求め続けました。源氏が意識していたのは「女」でしょうが、紫の上が感じていたのは「母」だったように思います。

成長するに従ってこの矛盾に苦しんだのは、彼女でした。最後の場面で、紫の上は「母」を受け容れ、そのために彼女は死んでゆくことになるのです。

（臨終間際の紫の上を、彼女の育てた明石中宮が見舞いに訪れている。そこへ源氏もやってくる）

風すごく吹き出たる夕暮れに、前栽見たまふとて、脇息によりゐたまへるを、院渡りて見たてまつりたまひて、「今日は、いとよく起きゐたまふめるは。このお前にては、こよなく御心もはればれしげなめりかし」と聞こへたまふ。かばかりの隙あるをもいとうれしと思ひ聞こへたまへる御気色を見たまふも心苦しく、つひにいかに思し騒がんと思ふに、あはれなれば、

おくと見るほどぞはかなきともすれば風にみだるる萩のうは露　（御法）

風が激しく吹き始めた夕暮れに、紫の上は、前栽をご覧になりたいと、たまたま脇息に身を寄せて起きておられました。そこへ院（源氏）がおいでになり、このご様子をご覧になると、「今日は、とても御気分が良いのですね。そんなふうに起きていらっしゃるのは。この中宮の前にいると、心から御気分もはればれとされるようですね」と声をかけられます。この程度ちょ

っと気分が良さそうだからと言って、これほど嬉しそうに話される院のご様子をご覧になるのも、紫の上はかえって心苦しくて、「私が死んでしまったら、どれほど思い嘆くことかしら」と考えるとお気の毒になって、

萩の上に露が宿ったと安心して見ていても、この露は、吹く風に乱されて、またすぐに散ってしまうものなのですよ。そんなにお喜びにならないで、つらくなります。

それはまた、日本の家族が表舞台から、母を退かせることに成功した象徴でもあると共に、「母に捧げる挽歌」としての王朝文化の終焉を告げるものでした。物語は、「母の死」とそれを代償するかのように「出家」が語られ、「光源氏の物語」は終わります。もっとも、彼はこの病理のような「母」を巡る物語に対して、救済となる「乳母の物語」を持つことができました。

（重病に伏し出家した乳母を見舞う場面である。一族の揃う中に源氏が訪れる）
「日ごろおこたりがたくものせらるるを、やすからず嘆きわたりつるに、かく世を離るるさまにものしたまへば、いとあはれに口惜しうなん。命長くて、なほ位高くなど見なしたまへ。……」（中略）

かたほなるをだに、乳母やうの思ふべき人はあさましうまほに見なすものを、ましていと面だたしう、なづさひ仕うまつりけん身もいたはしう、かたじけなく思ほゆべかめれば、すずろに涙がちなり（中略　感激して涙に暮れる母親を見て、子供たちは、出家の身にもかかわらず、未練の涙を源氏に見せていると冷淡である）。

君はいとあはれと思ほして、「いはけなかりけるほどに、思ふべき人々の、うち捨ててものしたまひにけるなごり、はぐくむ人あまたあるやうなりしかど、親しく思ひむつぶる筋は、またなくなん思ほえし。人となりて後は、限りあれば、朝夕にしもえ見たてまつらず、心のままにとぶらひ参うづることはなけれど、なほ久しう対面せぬ時は心細くおぼゆるを、さらぬ別れはなくもがなとなん」……

（夕顔）

「このところずっとお加減が悪く、なかなか良くならないと聞いて、心配し嘆いておりました。今日お目にかかって見ると、世捨て人の姿となってしまわれて、何と悲しく残念なことでしょう。長生きをして、私がもっと高い位に昇ることなど見届けて下さい。……」（中略）

欠点のある子供でさえ、乳母のような、その子を大切に思っている人は、子供をあきれるほど完全だと思い込むものです。まして、源氏の君にお仕えしたことを思えばとても誇らしく、乳母の尼は、お側でお世話申し上げた我が身さえ大切なものに思えてきます。それが畏れ多いことなのだと思うと、わけもなく涙があふれてしまうようです。（中略）

源氏はそんな乳母がかわいそうになり、「幼少の頃に、私を思い世話してくれるはずの人が次々亡くなって、一人残されてしまいました。育ててくれる人は、たくさんいたようですが、心から慣れ親しんでなつくということでは、あなただけだと思っていました。でも成人してからは、制約もあって、朝に夕にとお目にかかることはありませんでした。このところは、思いのままにお見舞いしたり、お訪ねしたりといったこともなくなったのですが、あまり長くお目にかからないと、やはりなぜか心細くなってくるのです。ですから、『さらぬ別れ』（親との死別を悲しむ在原業平の歌）とおなじ気持ちでいるのですよ」……

作者がこの物語を加えたということの中に、貴族社会の優性遺伝を見ることができます。それによって狂気を抱えながらも源氏は、「光」として生き、時代は「王朝文化」の花を開くことができたのですから。息子・孫たちの物語は、「匂」と「薫」の物語として暮景の中で語られます。狂気に翻弄され、内閉してゆく者たちの物語です。放蕩もデカダンスも創造を生むことはありません。それに翻弄されるところから、思想が生まれることもないのです。時代は、現世の否定と、死の受容に傾いてゆき、「浄土教」的な教えに救済を求めるようになっていきました。

⑥　回復の可能性

少し長く『源氏物語』に寄り道したのは、そこに描かれた母なし子の物語が、我々の現在に重なり合っていることを示したかったからです。我々の経済能力は、貴族のように不労所得ではないにせよ、彼等のように生きる必要を超えて豊かです。子育ては、理念の上でも生活の上でも、母の手を離れ整備が進んでいます。それは、ここで取り上げている乳幼児の段階にまで進んできています。しかし、平安時代の貴族とは異なる点があります。まず、彼等が〈乳母〉という徹底した代替システムを準備していたのに対し、我々のそれは継ぎ接ぎだらけで、とてもシステムとは呼べない代物だという点です。

「乳母システム」は、事実上後の時代の「家父長的家族」を擬制するほどに徹底したものです（身分的関係を内包しつつ家族的エロスを共有して成立している）。さらに、そのシステムは、支配者育成という明確な理念を持っていました。それは子育て理念だっただけでなく、身分制という形で社会に根拠を持っていました。このシステムで育てられた子供は、出来の如何に関わらず到達点に差はあっても、この理念を実現することができました。ですから、このシステムが揺らぐこともなく、子供は強力な鎧を手にすることができたのです。ですから彼等は、自然な心の動きとして、貴族以外の人間を人間と見ることはなかったのです。それを近代的な意味で非人間的だと考えると、この時代もその文化も全く理解できないことになります。紫式部だけでなく彼等は、徹底した人間理解をもとに王朝文化を創り上げたのですから。

我々の現在もまた、生まれた子を単なる「赤ん坊」として受け入れる社会ではありません。しかし、その理念が、貴族社会のように社会に無条件の根拠を持つことはありません。例えば、少し前なら「良い学校を出て良い企業に就職をすれば、幸せになれる」という考えが社会的にも有効でした。大人たちは、それを信じて子育てができました。「良い子になれ」は、「親や先生の言うことをよく聞く」「よく勉強をして良い成績を取る」ということでしょう。しかし、今やこの考え自体怪しいだけでなく、何が「良い」のかさえ簡単に判断できる状況にありません。こうした考えが有効だったのは、日本中が貧しく経済的な上昇と安定が幸せに直結していると信じられ、事実そうであった時代だったからです。人生の幸せを得るには、産業社会の中で学歴が有効だったからです。

しかし、今や経済的安定は、子供たちにとって山や川がそこにあるように、単に環境条件の一つに過ぎません。それに向かって努力し獲得するものではありません。親の世代にとっては努力の結果だったとしても、生まれた子供にとっては「自然条件」の一つです。意識できるようになると子供がまず遭遇するのは、「人為と自然」についてのこのギャップです。社会は実現してしまった状況を、無自覚に子供に与え続けてきました。その結果、「この環境は大人たちの努力という人為によって支えられている」のだと、今さら子供を説得できなくなっているのです。

一方、時代が転換して行く中で、社会は子供の個人的努力に保証を与える余裕を失っています。学校生活での努力は、まだ、子供たちにもよい成績をもたらしより評価の高い学校への進学となって報われることが解ります。しかし、そこから社会に出て行こうとする時、社会は、出身学校や学歴によって若者を無条件に受け容れることはなくなってきているのです。若年層の失業率の高さが全てを物語っています。

子供から見れば「受容」ではなく「排除」が前提の社会が生まれつつあるのです。子供がこのギャップを社会的欺瞞と見るのは当然でしょう。親にとっても不安に違いありません。しかし親は、そうだからこそ一層この考えにすがり付きギャップは拡大するばかりです。そんな「強迫観念」だけが社会に浮き彫りとなっています。子供たちのトラブルは全てこの不安が転移したものです。そんなことを子供に要求していないと言う親も、「私の子供として育てばいい」と言い切ることは難しそうです。ましして「一人の人間として恥ずかしくなく育て」という近代的理念を振り払えそうにありません。

意識と半意識とをつなぐ乳児の心の世界は、母性からの離脱によって意識世界へと転換して行きます。少し抽象化していえば、「母性による絶対受容空間」から「父性による相互的作為空間」へと乳児の世界が転換することを意味します。しかし、この段階の母子関係では、母が子を徹底して管理している状態、父性的関係にあります。それでも自然状態にあれば、この矛盾した母子関係が、子供を排除することはありません。受胎以降の体内コミュニケーションを前提に、胎児が母体に受容されたことを前提に成り立っているからです。一番怖いのも、一番優しくて大好きなのも「お母さん」ということになるのです。授乳の持つ意味はここにあります。ですから、この時期の母子関係から受容性が失われてしまえば、父性的支配だけが関係を占めることになります。それでもなお、子供の心的世界が破綻しないためには、社会の在り方を含めた強力な受容システムが必要です。個人の準備する鎧ではなく、かつて「身分制—乳母システム」がそうであったように、社会全体を包む鎧です。そうでなければ、この「原言語段階」の破壊を回復・代償することはできそうにありません。

2 乳幼児期（0.5〜1歳）

① 前言語段階Ⅰ（心的過程）

「三つ子の魂百までも」ということわざがあります。こうした「ことわざ」では、年齢が全て「数え年」なので、「満年齢」と比べ1〜2歳のズレがあります。ここで少し横道にそれますが、「数え年」と「満年齢」について考えておきましょう。今普通に用いられている「満年齢」は、生まれた時を「ゼロ歳」としてこれを基準に、毎年誕生日が来ると1歳ずつ加算していく考え方です。「人がこの世に生まれてから実際に過ごした年月」を現すと言う意味では、合理的な考え方と言えるでしょう。また、「誕生日」が、一人一人の人生にとって大切な日となるという点でも、現代の個人主義的な考えに合っています。一方「数え年」は、生まれた時を「1歳」とし、誕生の日時に関わりなく12月31日に「年取り」（いわば家族全員の誕生会のようなもの）と称して祝い、その年に生まれた者は皆一つ歳を加えるやり方です（12月生まれの子供は、1月には2歳になります）。明治以前に「満年齢」という考え方は、ほとんど用いられていません。戦前までは、公的な法律に従うような場面では「満年齢」、私的な習俗に従うような場面では「数え年」が用いられていました。戦後は次第に「満年齢」に一本化してきたようです。

二つの考え方の違いを見ると、なかなかおもしろいことが分かるのですが、ここではこれまでの説明に関わる点についてだけ、触れておきたいと思います。二つの考え方の違いはまず、事の始まりを「0」と考えるか「1」と考えるかという、「順序付け」の起点についての違いです。しかし、重要なことは、生まれた子供を「0」とするか「1」とするかです。欧米のキリスト教（ユダヤ教なども）では、人間は人間として生まれるのではなく、生まれてから「キリスト教によって人間となる」と考えられてきました。「0歳児」という考えはその反映です。また、生まれた子は、「神と共に彼自身の人生を生きる」ことで成長する（キリスト教徒となる）と考え、個人主義思想を育てました。生きることはまず「内側へ向かう、内面的なこと」と考える思想です。それで、「自分にとっての人生の区切り目」として「誕生日」が特別な日となったのです。一方日本では、生まれた子供は既に人として生きている、というより全てのものが自然の一部として生きていると考えて来たので、季節の周期に合わせた一年の区切りが、人にとっても人生の節目となったのです。それは、「私の人生」というより稲作農耕を中心として作られた、社会生活の全てを規制する考えでもありました。人は、個人であるより自然のサイクルと社会的な位置づけによって生きていたと言えるでしょう。ですから、このことわざで「三つ子」いうのは、1～1.5歳の子供、片言を話せるようになったばかりの子供を指していることになります。このことわざが伝えようとしていることは、言葉の獲得時期に人の内面（魂）がある完成を迎え、その後外面がどの様に変わろうと内面は変わらない（変えられない）ということのようです。

さて、言葉の習得がどの様に為されるのか、その過程を追ってみましょう。結婚式のスピーチに立って、緊張の余り「言葉が出ない」というような経験を除けば、我々が普段の生活場面で、発話を意識することなどまずありません。呼吸や口の動きを意識しなくても、言葉は自動的に口をついて出ます。しかし、話すことは、呼吸や息遣いを整えた上で、声帯・喉・口腔・唇といった諸器官を微妙に調整して働かせた結果なのです。普段瞬時に行っているこの動作は、幼児期の訓練によって獲得されたものです。言葉自体は抽象的なものですが、発語は、話すことであれ書くことであれ、身体的な動作を含めた心身相関による総合的な表現行為なのです（言語を考える場合、言語が身体的な表現行為であるという視点は大変重要です）。ですから、言語を獲得するためには、心と体の状態が、共に「言語段階」にまで進む必要があります。

まず心について考えてみましょう。机の上に鉛筆があります。「鉛筆という認識」（意識のレベル）は、意識が物と同じように扱うことができるほどに、抽象化され分節されて成立していることを意味しています。現実の鉛筆は様々な形や状態にあって、二つと同じ物はありません。しかし、意識は、そうした実際の物の中から、ある共通した形や性質（属性）を取り出して、「鉛筆という概念」を作り出します。その働きが抽象化という作用です。ただし、鉛筆という概念はそれだけで成立するわけではありません。単なる共通部分という認識ではないのです。共通部分を認識するという作用は、その抽象化の過程でその物の「本質」とでもいうべき認識に至ります。それは、この過程の逆、つまりある物を「鉛筆」として認識する場合を考えてみれば分かります。現実にある鉛筆は二つと同じでないばかりか、共通部分を瞬時に識別できる状態にあるとは限りません。それでも我々はそれを鉛筆と認識することができます（もちろん、誤認も含めてですが）。このような意識作用ができるようになった時、幼児の心は物の本質認識となる〈概念〉世界へ拡張されたと考えられます。つまり、言語として表出することができるまでになった「意識―概念」の成立です。

概念が成立しただけでは、物を認識したというだけで言葉にはなりません。「鉛筆！」と言葉にして現すには、「表現しよう」という意志なり欲求がなければなりません。当然、幼児にも欲求はあります。しかし、泣くことをやめ、笑うだけでなく、言葉を発するには、概念と共に、〈意志〉を形成しなくてはなりません。概念のように欲求や情動を手にとって見える意志にまで形作らなくてはなりません。しかし、意志が作られるには、概念形成とは異なる今一つの心的過程の成熟が必要です。意志は、物を認識することとは直接関係のないところから生まれます。自分が一つの生命体として生きていることを、自分がどう受け入れ了解しているかという、内的な心の過程が生み出すものです。そこは、これまでに述べてきた〈生命力〉の支配する場です。

この場で、「自分はここにいる」ということが無条件に受け入れられ、意識以前の乳児の心がそれを十分に了解した時、彼の中に生命力が生まれ、生物的欲求は、生きようという「原初の意志」となるのです。人間にとって生命力は、天与の本能ではなく母子関係の上に獲得される心的な存在了解なのです。それがなければ、幼児は、「おっぱいを飲ませろ」という意志どころか「空腹感」さえ持てないのです。心に起こる欲求は、外部にある物を認識するのと違い、「自分がそう感じているからそうなんだ」というところにしか根拠がありません。確かめようがないのです。ですから、この思いがリアルな物となる—手に取るように分かるほどに強度をもつためには、「あなたがそう感じることは、それだけでいいのだ」という保証が必要です。それがそのまま受け入れられるかどうかと関係なく必要なことなのです。それがあれば、彼は自分のこの思いを何処までも肯定することができます。欲求・欲望は「意志」となり〈物語〉となるまで強められて表出されるのです。まだ分節されない意志は、「生命の物語」〈神話や民話のような〉として、心の枠組みとなります。

幼児期に大病をした結果、視力・聴力共に失ったヘレン・ケラーという人がいます。『奇跡の人』という伝記を基にした舞台や映画でも有名ですから、見た人もいるのではないでしょうか。まさに「奇跡」としか言いようのない彼女の人生の中で、彼女がサリバン先生という優れた家庭教師に出会い、言葉を獲得して行く過程が最も感動的です。二人がそのために苦闘する場面を見て、我々は人間にとって言葉がいかに重要なものであるのかを考えさせられます。言葉という表現世界を持たなければ、人は、人間としてどころか動物としての生活さえ持てないことがよく分かります。

彼女は、目が見えない・耳が聞こえないので、荒れた「動物のような」生活態度をとっているのではありません。見えなくても聞こえなくても彼女は、様々な情報を理解しそこに何かを感じ取ろうとしています。人は、直に外界と関わるだけでなく、同時に「世界」という構造化された外界と関わることで生きています。言語段階に達した心が生み出した世界です。しかし、彼女の世界は、無秩序な刺激と情報の混合物に過ぎません。刺激を情報として了解することも、それによって引き起こされた自分の心の動きも理解しようがないのです。雑多な刺激にランダムな反応をする以外できることはないのです。「理解できない刺激」、「取り出せない心」を抱えて彼女は、荒れるばかりです。

そんな格闘の中で、ポンプから溢れ出た水に彼女の手が触れた時、転機が訪れます。彼女の口から、「WATER」と不明瞭ながら言葉が迸ります。その時サリバン先生は、彼女の手のひらに「WATER」と何度も何度も綴りを書きます。ヘレンが言葉を獲得した瞬間です。彼女が病気になったのは、2歳を過ぎてからでした。その頃彼女は、片言ながら言葉を話していました。この時、言葉を回復できたのは、その言語体験があったからでした。これを契機に、彼女の感情や意志は明確な形で表現されるようになり、情報は「文字」の形で交換できるようになったのです。

実験などできないので、確実ではありませんが、言語の習得期に当たる2～3歳頃までに、言語体験を持たなければ、人間は完全な形の言語世界を持てないと考えられています。つまり、意識それ自体を交換するコミュニケーションの場を持てなくなるのです。母親が繰り返し繰り返し飽きることなく子供に話しかけ、発語を促すこの時期は、言葉の習得よりも、意識と心とが明確な形を作り、外部世界と適切なコミュニケーションを行えるようになるための重要な時期なのです。

②　前言語段階Ⅱ（身体過程）

さて、身体の準備です。幼児は、心的過程が言語段階に進むにつれて、発語に向けた身体の訓練を始めます。自然な呼吸の延長で声を出しても、「泣き・笑い・叫び」といった動物的な音にしかなりません。発語するには、呼吸と違って、極めて人為的に呼吸器を操る必要があります。発声器は生まれながらに備わっていますが、「発語器」はそうではありません。呼吸器を作り替えねばなりません。生まれて半年くらい経つと、幼児は、唇や唇の間に舌を挟んで「ぶるぶる」とつばでも吐くようなまねをし始めます。そんな仕草も発語に向けた練習なのです。また、泣くことも重要な訓練になります。何より無意識に為される呼吸と違って、泣く時には、呼吸を意識的にコントロールしなくてはならないからです。心肺機能を高めるという点でも、泣くことは必要なのです。

やがて、「オンギャーフンギャー」の泣き声は、「ギャーギャー」「ワァーアー」になり、時にイントネーションが現れ、自分で自分の声を聞いているように見えることも出てきます。声が「泣き声」から分節され始めているのです。自分に話しかける母親をじっと見つめたり、それに合わせて口をぱくぱくさせるようになります。母音では、「あ・う」が易しく「え・い・お」は難しい、子音では「N・W」は易しく「K・T」は難しいので始めの音声は、「あわわ」言葉になり、母との対話がはじまります。

対話といっても、ここで交換されるものは、言葉による意味と意志ではありません。対話そのもの、あるいは対話の確認を通じての「関係の確認」といったものです。幼児は、これまでの体と体を直接触れて行うコミュニケーションから、言葉によるコミュニケーションへと離陸しなければなりません。その時一番重要なことは、彼が、音声という間接的—抽象的なものによっても、同じコミュニケーションができるのだということを十分理解することです。それには身体コミュニケーションの場と同じ強度で、音声コミュニケーションの場が成立しなくてはなりません。「あわわ言葉」は、母という身体と子という身体が作り出した相関の場から、その相関を「関係そのものとして」抽象していく段階にあたります。母子二人だけにしか分からない何かが交換されます。強弱・イントネーションを主とした「あわわ言葉」、微妙な息遣いと表情によるコミュニケーションを通じて、「あわわ」は、「うまうま」「まんま」「ママ」といった言葉へと分節を始めます。

発語によって、「息遣い」が呼吸法から発声法へと切り替わって行くに従って、自分の心も、ぼんやりとした気分や雰囲気ではなく、明確な感情や意志として捉えられるようになります。言葉が発せられた時まず了解できるのは、先に説明したように、共通の意識である概念をもとにした「意味」です。しかし言葉には、感情や意志が「意味の強度」とでもいう形でくっ付いています。話し始めたばかりの子供にとって、「まんま」と発することはできても、それ以上に、意味と感情を分節することはできません。「文」を構成することがまだできないからです。

意味を伝える言語は、外界の対象を認知できるに従って、どんどん拡大して行きます。しかし、心(感情や意志)は、それと同じように拡大するわけでも、明確な輪郭を持っているわけでもありません。漸く離陸し始めた発声法には、息遣いに込められた心身状態つまり、母子相関の場に色濃く引きずられた心が、分節されずに籠もっています。少し後の例ですが、弟や妹が生まれたとたんに、幼児言葉へ戻ってしまう子がいます。母親との直接的・身体的関係が突然変化したために、「不安・不満・嫉妬」のような彼には分からない感情が殺到し、パニックに陥った結果です。彼には、今自分の心に起こっていることがうまく捉えられないのです。それで、息遣いレベル―赤ちゃん言葉に戻ってしまったのです。単に甘えているとか、退行と考えるのではなく、不可能な表現対象―心の状態に出会っているのだと考えるべきです。

言葉を話す時の息遣いは、呼吸が基になっている表現方法です。呼吸は、心配事があったり緊張を強いられると浅く早くなります。うまく酸素を取り入れられなくなれば、さらに早くなります（パニック状態まで進むと過呼吸症を引き起こします）。逆に、ゆったりと落ち着いていれば、深くゆっくりしたリズムになります。幼児は、発語しようとすればまず自分の心と体の状態をコントロールし、その上で呼吸をコントロールしなければならないのです。大人になっても、興奮のあまり息せき切って何かを話そうとする時、呼吸が乱れうまくしゃべれないという経験は、誰でも覚えのあることでしょう。この時期の幼児は常にその状態にあると考えられます。もはや内部にとどめておけないほどになった「意識と心」が出口を求め、発語に向かって殺到しているのです。

母親は、「あわわ」という幼児の発語に繰り返し頷いて彼の心を引き取り、そうすることで自然と彼の心の表出を手助けしているのです。彼の体も心も、この過程を通じて母体から離れることができるようになるのであって、まだ、自立できる段階ではありません。つまり彼の発語は、心身の状態が直に表出されたものといえます。それは、母子相関が生み出した、幼児の心身状態そのものなのです。

3　幼児期（1〜3歳）

①　発語

子育ての中で、子供が初めて言葉を発した瞬間ほど、印象深いものはないでしょう。ヘレン・ケラーの場合のように、言葉を獲得することは、人間としての第一歩を踏み出したというだけではありません。彼が一個の生命体として生きて行くことができるようになった一歩でもあるわけです。人間は、生理的にだけ生きることのできない生物です。人間の生理機構は、自然の中で生命を維持して行くには、余りに脆弱です。動物のように自然条件を自動的に調節して生きていく能力に欠けています。進化の過程で、身体が心—意識活動に強く結びついてしまったために、身体だけが自在に活動することができなくなっているのです。人間が生きて行くには、「生きている現実」と「生きようとして生きている心」とが、同時に成り立たなくてはなりません。そして、生きようとして生きる心は、言葉が成立する場—「関係意識の場」が自然のように存在を始めた時、ようやく成長を始めるのです。

言葉を獲得することは、人間が関係に於いて生きる段階に達したことを意味しています。心が身体に付随した神経回路の脈動に過ぎなかった段階を超え、それ自体の場を獲得したことを意味しています。人間は、あるがままの自然の上に、関係場に構築された自然世界を重ね合わせて生きるようになるのです。手のひらに握りしめた「石」は、「いし」と言おうが「STONE」と言おうが「石」に変わりはありません。しかし、日本語として伝えようと思えば、「い・し」と言う以外にありません。手のひらの石は、「いし」と認識しなければ、握りしめた「私の感触」以外何の意味もありませんが、「石」と認識した瞬間から単なる自然物ではなく「人間にとっての石」(構築された世界の中の石)となります。そこから「投げる」「打ち付ける」「鑑賞する」といった「人間的な対応」が引き出されてくるのです。

このように一人の人間は、自然に向かうベクトルと関係に向かうベクトルとの交点に生きています。石という言葉は、自然の石を指し示すと同時に、人間関係に於いて「いし」と発音される何かを指しています。後者は、自然の石と直接の関係を持ちません。私が人間関係に対して「石」と言うべき了解を持ったことを示しているだけだからです。幼児が「まんま」のような言葉を発した時、それが具体的な何かを指しているのか、ある状況やそれに対する気分の表出なのか、確定することはできそうにありません。この段階では、具体的な物や事を言葉に置き換えて行く「命名」という作業は、まだ始まったばかりです。まして、言葉を発しようとする意識は、母子関係の中に埋もれています。まだ、関係そのものとして認識されるほどに抽象化されていません。結果として、彼はまだ、言葉を発する確かな場を持っていないのです。いわば辛うじて叫んだと言う段階です。

従って、受け取る側は、「まんまという叫び声」を「そう、おっぱいが飲みたいの」「もっとおかゆが食べたいの」などと、翻訳してやらなくてはならないのです。事実、あわわ言葉を超えると母親たちは、自然と言葉を分節して―翻訳して話しかけるようになるのです。「まんま」と聞いて黙って哺乳ビンをくわえさせるようであれば、幼児の関係意識は、関係として自立することができなくて、いつまでも母子関係の直接性を超えることができないままとなってしまいます。叫びに過ぎないような片言の内に、分節―分解すれば幾重にも折り重なった表現が埋もれています。それを誤解や親の思い込みも含めて、読み解く対話が重要なのです。言葉を教え込むためではありません。彼の発した言葉が、間違いなく受け取られたということを伝えることが必要なのです。

これまでのテーマに即して言えば、言葉を獲得するまでが生命力の原型を作る場だとすれば、ここは、その生命力を「人間化」する場だと言えます。繰り返しになりますが、幼児はここで、生命力が身体を離れ、また身体へ戻るその往復運動を繰り返すことによって、人間として生きる基本的な場を獲得するのです。贅沢を言えば、この時期2年間くらい、ゆっくりと子供に付き合うことができれば、基本的な子育ては終わったと言ってよいでしょう。幼児は、「自分の不定型な叫びが人間社会に通用し、自分が一人の人間として生きている」ことを、(母)親を壁とするピンポンによって学ぶのです。自分が構築した「架空世界」(言語世界)が、自然のように無条件に存在することを知るのです。乳房を求めてむしゃぶりつくことと、「パイパイ」「うまうま」ということが同じ事態に対応することを学ぶのです。

② 言語の習得―想像力

単語一つを辛うじて発語する段階では、言葉はまだ物からも心からも自由ではありません。目の前にお椀に入った離乳食がなければ、食べたいと思わなければ「まんま」と発語することはできません。お椀を見るだけで、食べたくなくても「まんま」と言うようになれば、「まんま」は「文」に分節されるまで、言葉として自立するまであと一歩です。ペットや家畜と共に生活している人は、彼等が人の言葉や心を理解していると言います。チンパンジーの飼育でも同じような報告があります。それらには、この段階の幼児と同じかそれ以上の感応能力を示す動物の事例が報告されています。物や人の心も含めて状況に直接対応すると言う限りで、動物にも言語的な能力があることになります。しかし、彼等は、直接的な場面を離れて言語を扱う―理解することはできません。当たり前ですが、言葉による対話はできません。

言葉は、物に名を与える時物に付いていますが、名を発した瞬間に物を離れます。物から言葉へは直接的な回路を保てますが、言葉から物へはその回路はありません。言葉は発せられた後、言葉の世界の中でだけ存在します。物への回路は、「想像力」による復元によって「仮想」されるだけです。ちょうど、雨音から外の風景を想像してみるのに似ています。先に触れたように、この時期の幼児には、目の前から消えた母親の顔は、文字通り突然消失したものと理解されます。続いて物陰から現れた母親を見ると、無からいきなり母親が出現したように見えるわけです。「いないいないバー」でキャッキャと笑い声をあげることになります。消える前の母親と消えた後の母親を、連続した一つの事象として了解することができないからです。連続性は、想像力に依ってしか生まれません。連続していることを変化と断絶を超えて了解するのは、想像力があるからです。推測、抽象といった働きもその一環です。言語はこの想像力によって、物を想像し自分の心を仮想できるようになると、「単語」から「文」へと分節されるようになります。言葉が言葉との関係の中で、存在するようになるのです。「うまうま」にイントネーションやニュアンスとして付随していたものが、「乳が欲しい」なのか「それは食べ物だ」なのかに分節されるのです。

人間は、言語段階に進化した生き物です。子供は、人間社会にある限り必ず言語を習得します。しかし、言語世界はどれほど拡張され高度化しても、想像力を伴わなければ「砂上の楼閣」「蜃気楼」にすぎません。子供が言語を習得して行く過程は、同時に想像力を獲得する過程でもあります。しかし、言語の習得と想像力の形成は、平行して進むわけではありません。言語は、現実とは独立した固有の世界です。一旦ここに回路が開かれれば、言語世界は自立的に拡張して行きます。これに対して想像力は、現実に生きその体験を言葉として表現し、その表現をまた現実に戻すという過程で生み出されてくるものなのです。そして、この往復運動が言葉に現実よりも現実らしいリアリティーを与えるのです。この過程が不十分であれば、想像力は、歯止めを失って暴走することになります。

言語能力に優れているので、大変高度な表現をする、しかし、表現されたものは、精緻に書き込まれすぎて、どこが現実感のないものになってしまうといった例を、先に挙げた三島由紀夫の同じ作品に見ることができます。後ろの方に挙げてある、夏目漱石の文章と比べてみると、何でもない場面の描写であるために、かえって二人の小説家としての差異がよく解ると思います。

もう少し想像力に踏み込んでみます。目の前に「リンゴ」を見ながらリンゴを想像することはできません。同時に、目の前にリンゴを見たことがなければ「リンゴを想像する」ことはできません。「現実のリンゴ」と「想像のリンゴ」という矛盾が、言葉という架空の存在に「現実感―リアリティー」を与える源泉なのです。幼児にとって「いないいないバー」は、その最も初源の体験です。「物と名」（名詞）の習得段階までは、大人にとっても比較的意識して対処しやすいと言えましょう。しかし、「事と言葉」（動詞や形容詞）の段階に進むと、事を現す語の習得だけでなく、「語から文」への分節作用の習得も必要となります。語が文へと分節されなければ、事の表現は完成しないからです。それに必要な現実と言葉とを結びつける想像力を育てるには、「生身をさらして生きる体験」―味噌汁をひっくり返して火傷を負うようなーを多様に繰り返させることが必要なのですが、これ自体大変困難な作業ですし、終わりもありません。

手を叩いて、「叩くー痛い」を了解させるのは、かなり難しい作業です。一連の動作の中で幼児が了解できるのは、まだ「手」だけだからです。継いで「叩く」という動作に移ります。しかし、「痛い」という心の動きを理解するには、かなり時間を要します。かといってそのためだけに、叩いたりつねったりというわけにもいかないでしょう。それどころか、子供に痛い経験などさせないよう、気を配って育てる方が人情に適っています。親が自分の手をつねって「痛い痛い」と言えば、子供はまねして「痛い痛い」と言うでしょう。「痛い」という言葉は習得しても、痛い現実は知らないままになってしまいます。以前に、三々五々下校する小学1～2年生位の子供たちが、「今日のテスト、5点で絶望した」などと話しているのを聞いて、驚いたことがあります。10歳にも満たない子供の「絶望」とはどんなものか、リアリティーはなくとも、言葉は通用し、意味だけは一人で歩き出します。そして、意味に触発される想像力は、リアリティーを持たないために、単なる空想となって幻想世界だけを肥大させることになってしまいます。

言葉（意識）はそうしようと思えば、現実からの回路を一切断ち切って、言葉だけで完結した世界を作り出すことができます。そうした世界であっても、それを読み聞く者は、想像力によってリアリティーを得たと感じることができます。人間にとって、「実際の現実」も「想像の現実」も同じになることがあるからです。しかし、いくらそう感じたからと言って、この二つは同じ物ではありません。言葉（の意味）だけで想像された世界は、言ってみれば、色も匂いもないモノトーンの世界です。

格別の知識がなければ、行ったことのないアラブの砂漠は、見渡す限り何処までも単調に砂が拡がっているだけの荒涼とした世界に見えます。しかし、砂漠は、多くの生命と人間の生活を抱え込んだ生きた世界です。行けば分かるというものでもありませんが、想像を働かせる余地のないことについて、我々は、「好き嫌い」「きれいきたない」のような、単純な感情を抱く以外理解できることはありません。「リアリティー」を持てないので、それ以上に心が動かないのです。

あるいはまた、昨今、幼児や老人のような弱い者に加えられる残虐な暴力事件が、頻発するようになりました。我々はその度、「こんな事件を起こした奴は皆死刑にしてしまえ」と感じます。しかし、これらは全て、我々と同じ人間が引き起こしたことです。感情的な反発や否定は、無意識に露呈した人間の暗黒部分に対する「恐怖」がもたらしたものです。普通に生きている限り、人がこれほどに無惨な心を持つことはありません。そのために我々の想像の糸は切れて、こうした犯罪に至る人の心を、その過程を想像することができないのです。反発だけが強調されてしまうのです。実は、事件を引き起こした者も、自分のやったことに届く想像力を持っていないのです。ですから、どんなにひどい行為だとしても、彼にとってはリアリティーがないのです。体から流れ出る血も、蛇口から出る水も同じなのです。人間がキャベツや虫けらと全く同じ物に見えてしまうのです。〈狂気〉と言えば狂気ですが、言葉の上に作られた世界が、想像力を伴わずに了解されること自体が狂気なのです。言語世界を獲得することは、この狂気に至る可能性を持つことでもあります。

このように、現に生きている世界の上に、これと同じリアリティーを持つ言語世界を構築するには、「想像力」という太い根が必要なのです。そして、想像力を育てる源泉がやはり生命力なのです。言語段階に達した幼児の「生命力」は、「現実・体験世界」と「命名・表現世界」とを十分に行き来することで、想像力へと形を変えて行きます。この力は、狂気を呼び込むこともあります。しかし、人が生物として生きる生命力が形を変えた姿でもあります。この力は、人が人として生きる想像力に換わることで、人の生きる可能性を現実的な制約を超えて拡大することができるのです。空は飛べない人間が、空を飛べるようになるのです。

幼児が言葉を獲得しようと苦闘している時、彼の心では、生命力が想像力へとメタモルフォーゼを始めていたのです。「三つ子の魂百までも」ということわざは、人の心の基本的な形―想像力の傾きが、この時期に決まってしまうことを指しています。この段階を過ぎると、人は「直の現実そのままに」生きることはできなくなります。現実は、「言葉に掬い上げられ、想像力によって再び地上に降りる」という回路を通してのみ、人間にとっての現実になります。遅れそうになって駅へ急いでいる時、知り合いに会ったとしても気付くことはなくなります。そこにある現実は、心の回路を通らない限り「現実」となることはなくなったからです。人は生きるその時々の心の状態に縛られて、見たい・見ようとする現実しか見ることができなくなるのです。それればかりか、そこにはないけれども見たい物を見ることさえできるのです。

このように毎日を生きる上で我々は、毎瞬間数え切れない認識と選択を、無意識の内に、自動的に繰り返しています。そして、「現実―認識（言語）―想像―判断―行動（現実）」の繰り返しと、その集積によって、個性といわれる人に固有の世界が育っていきます。「無意識に、自動的に」なされるからこそ、人間にとって運命の代名詞である「個性」が生まれるのです。その自動回路の形成期が、この段階なのです。例えば、何かにつまづいて転びそうになった時、我々はとっさに手をつこうとします。一見動物的な反射運動に見えますが、この回路が生み出し自動的に為された選択的な運動なのです。身体的な反射運動ではないのです。つまり、人間は、幼児期に転ぶ体験とそれへの対応行動を繰り返しておかなければ、手をつくことができないのです。その時の判断行動として、手をつこうとしても間に合いません。幼児なら擦りむくこともない出来事で、骨を折るようなことにもなりかねません。実際、小学校の事故報告では、転んで顔面を打つ例が増えているのです。こんな程度の身体行動でさえ、大きくなって身につけようとすれば、リトルリーグのバッターと同じ練習が必要になります。

③　心の原型

このような身体行動の例であれば、分かり易いと思いますが、内面的な行動―心的反応については、なかなか見えません。例えば食べ物の好き嫌いがあります。「とんねるずの食わず嫌い王決定戦」を見ていると、人の好き嫌いには、実に様々の形態があることに改めて驚きます。わたしの好物、それも好んで食べる「レバー」を嫌う人は多いようです。同じレバーでも、生はよいが、加熱したものはだめ。もちろん、その逆もある、といったところです。またその理由についても、考えさせられることが多くあります。「見た目」、「匂い」「食感」「味」という直接的な理由から、食べる状況、食後具合が悪くなったことがあるといったような過去の体験、それぞれが育った食生活環境、と何でもありです。

食品に限らず「好き嫌い」は、人の行動を無意識に規制している最も基本的な原理です。そして、好き嫌いは、心の深層からやってくる感情の一つで、心の状態ではありますが、少し特殊な心の動きとして現れたものです。感情は、気分や雰囲気と違って、「レバーは嫌い」「キムタクが好き」のように「何かについての感情」として現れます。しかし、「レバーは臭い」「キムタクはかっこいい」のように、対象についての認識や理解とは異なります。何かを意識が捕らえる時、普通の状況であれば、その対象に向かう心は観察的・客観的な動きとなり、「これは何だ」から「これはレバーだ。キムタクだ」という認識に進み、「臭い。かっこいい」で終わります。これに続いて、「嫌い。好き」という感情が評価として引き出されることもありますが、最後の段階は、必ずやってくるというものでもありません。

しかし、状況が切迫していて、すぐ行動しなければならない時は、様子が少し変わってきます。焼き肉屋でいきなりレバーを出されて、「さあ、食べろ」と言われれば、「レバーは嫌い」と叫ぶことになります。コンサート会場で舞台にキムタクが現れれば、「キャー、キムタク大好き」と絶叫することになります。つまり感情は、対象を瞬時に判断し自分との関係を決めなければならない時、「認識―判断―評価（感情付けする）―行動」という通常の意識活動を、ショートカットして現れたものです。なぜこのような働きが、心の中に生まれるのでしょうか。日々の生活の中では、対象を認知した瞬間に行動を起こさなければ、自分の生命（存在）が危うくなるような場合があるからです。正面からボールが飛んできた。その時、「これは何だ」と考えていたのでは当たってしまいます。「手を挙げて掴む」「横によける」、それも間に合わなければ「目をつむる」、いずれかの行動をとらなくてはなりません（目をつむることができず、角膜を傷つける子供が現れるようになりました）。この時、重要なことは、飛んでくる物が何であるかを判断することより、自分がそれに対してどう行動するかです。その行動を引き出すのが、簡略化された対象認識として現れる〈感情〉なのです。

感情を基にした行動は、「何で食べないの。レバーは栄養があって体に良いし、おいしいんだから」、「嫌いな物は嫌いなの。理屈じゃないの」というやり取りに続いて、「ゴチャゴチャ言わずに食べなさい」「ゥエーン」で終わることになります。まさに、感情は理屈（認識）ではありません。対象に対する直接的な「生命反応」で、母子相関によって刷り込まれた心の形式からやって来るものなのです。ですから、どの様な物や事に、どの様な感情を抱くかと言うことは、選択できることではなく、その様にやってくるものを、そうと受容するしかないのです。少し厳密に言えば〈感情〉とは、本来は対象の属性（物が持っている性質）に過ぎないものが、自分の認識判断のような仮象として現れたものです。ですから、感情を抱いた者は、自分の行動が明確な認識に基づいてなされていると確信しているわけです。「飛んでくるボール」について何かを知るより、自分に当たりそうな「危険」な存在だととらえ、「危ない」と避けることの方が重要です。判断するより避けねばなりません。同じようにレバーは、なぜか自分にとって「危険」と受け取られているのです。キムタクは「好ましい」になります。

レバー好きとレバー嫌いが話し合っても、永久に平行線です。好きな者にとって好きである理由は、嫌いな者の嫌う理由だからです。どちらの理由（認識）も、本来の認識活動の結果成立したものではないので、互いを説得する根拠にならないのです。どちらにとっても唯一の理由は、「それがレバーだから」にあるからです。恋愛の鉄則ですが、本当に好きな人については、好きな理由を説明することができません。欠点を100挙げたとしても、「君が君だから好き」（ちょっとした殺し文句？）「蓼食う虫も好き好き」です。

このように、〈存在しない対象認識〉と、〈未熟な価値判断〉の上に成り立つのが〈感情〉なのです。「環境世界に身をさらして生きていくには、状況の正確な認識よりも、それへの対応が優先する」。人類は、そんな時代を発生以来長きに渡って生きてきたのです。ですから、〈心が生命活動に同致する〉その場所に「感情という防衛反応」は発生したのです。同じように、この段階で発現し始めた幼児の心にとって、世界は「何である」かより次々と「対応」しなければならない「何か」なのです。彼は、まだ対象を正確に捉えることができません。まして認識することなどできようもありません。認知即対応の世界を生きているのです。幼児は何でも口に運びます。そこが彼の生命活動に直結し、物を認知する最も確かな場所だからです。最も鋭敏で正確な情報を得ることができる場所だからです。

そして、繰り返される「認知即行動」というこの対応回路が、人の心の基本的な形を強化していきます。対象を捉えた瞬間に、行動とセットになった感情が作られる、そんな心の領域です。言語段階が確立すれば、人の行動は、「世界を意識的に捕らえ自分の心を顧みて適切な行動をとる」という形へ移行してしまいます。感情による行動がなくなるわけではありませんが、その回路の持つ基本的・自動的な反応パターンは、心の深層に埋め込まれて、意識で捕らえることのできる範囲の外へ出てしまいます。「なぜか好き、嫌い」という感情だけが残ることになります。意識して対処することができない、理屈ではどうにもならない、〈性格〉とするか〈運命〉とするしかないのです。

もちろん、感情はそれとして、意識的な訓練によって新しい反応経路を造ることは可能です。「子供の頃大嫌いで食べられなかったニンジンが、大人になったら結構気にせず食べられるようになった」などという経験は珍しくありません。時速150キロで飛んでくる硬球を打ち返すには、ボールの認知とバットを振り出すまでに瞬きほどの時間もありません。大人になってこの回路を獲得するには、文字通り血のにじむ訓練が必要です。見ることと打つことが、一瞬のうちに重ならなくてはなりません。そうした修練の結果だけを見ている我々には、いとも軽々と投げ打っているように見えるのです。人がごく普通に生きている姿も、これと同じだと考えれば、感情によって作られた世界がどんなものか理解できると思います。

④　関係としての人間

さて、母子相関によって成り立っていた幼児の世界、母と世界との関係がそのまま幼児と世界との関係であった段階は終わり、幼児の心は、自己の感情世界を武器に世界と直に関わる段階へと進みます。つまり、母子関係という一対一の直接的な関係から生まれた〈関係意識〉が、子供と世界との関係へと拡大して行くわけです。母子関係の傾き（母の関係意識が持っていた傾き）は、ここでも心的な遺伝のように幼児の関係意識の傾き、彼の個性として受け継がれることになります。

もっとも、この過程は、母の好き嫌いがそのまま子供に転写されるといった単純な過程ではありません。個々の感情と直接関係するものではなく、世界をどの様に受容しこれと関わるかを規定している、心の枠組みを作る過程と考えるべきでしょう。猿の群れの研究者は、何十匹もの個体をそれぞれ識別できるといいます。我々はそれが猿だということは分かっても、個体を識別することなどできそうにありません。我々は猿だと分かればそれ以上の認識（情報・知識）を必要としないからです。動物園などで遠く眺めるだけで近づく事がないからです。日常の生活で、猿と関わる距離はそれ以上になりません。猿は特別な例ですが、生活場面は、多くの物が認知即行動という感情的対応によって、それにふさわしいと判断された距離に置かれて出来上がっています。我々が無意識以前に獲得した「世界像」だといえます。我々は知らず知らずの内に、「風景はこうなっている。人はこういうものだ」と考え、「世界はこういうものだ」と認識しているわけです。

そして、この世界像の内で重要なものは、自然や動植物、建築物や物についての認識ではなく、人間と人間関係についての基本イメージ（像）にあります。最近では、電車の中で化粧する若い女性をよく見かけるようになりました。改めて話題になることもなくなりましたが、我々オジン世代には、いまだ違和感があります。洋の東西を問わず、人前で化粧をするのは娼婦と決まっていました。女の化粧は、性の象徴だからです。他人に対して性をむき出しにするのは、人に「自分は性そのものである」と宣言することを意味します。性を売り物にしている娼婦にとっては、これも大切な宣伝活動ですが、もちろん、電車の彼女たちにそんなつもりはありません。どころか、チカン、視姦と性についは敏感です（もっとも、自己主張の延長として、性を主張するという傾向が強いという側面もありましょうが）。

では、彼女たちの心は、どこにあるのでしょうか。化粧することは、まず「性の主張」でした。女であるという表現（化粧）は、男と対になった関係を前提として、自分を表現することです。性表現ではなく自己主張だと考えることもできますが、他人には、その自己主張があくまで「性という場」での表現と理解されることには、どうやら無頓着のようです。家庭での自室か洗面台が、電車の中に移動してきたようなものです。もしここで、彼女たちが、自分の振るまいが性表現だと言うことに気付いていないとすれば、彼女たちの目の前から電車の車内という認識も、そこには不特定の他人がいることも消えてしまったと考えるしかありません。周りに犬や猫がいるからといって、怖がることはあっても、恥ずかしがる人間はいません。彼女たちにとって他人は、犬や猫と同じ存在、同じ関わりしかない存在だと考えるしかなさそうです。実際、もし注意でもしようものなら、「るっせーなー、おっさん。おめーにゃ関係ねえーだろうが」とでも逆ギレされそうです。

そして、このセリフの中に本質が現れています。親の躾や学校の教育が問題になりますが、無関係ではないにせよ、問題はそこにはありません。彼等は、そのレベルでならよく理解しわきまえていいます。躾や知識として知っていても、彼等は、それに従って行動する根拠（必然性）をもっていないのです。もちろん、大人社会への批判や反抗としてやっているわけでもないのです。彼等は、自分の日常意識のままに振る舞っているに過ぎません。本質は、彼等の人間関係について抱く認識が、極めて狭いことにあるのです。自分が関わりありと考える人間、親しみや好感を抱く人間が、「彼等にとっての人間」であって、それ以外は、人間ではないのです。もちろん、物の識別としては、関わりのない人間も「人間」だと認識していますが、自分と同じ「切れば血の出る人間」、実際に生きている人間としては、認識できないのです。先に紹介した「源氏物語」の世界が再現されているようなものです。貴族は、トイレではなく、使用人・従者の前で、排尿も排便もします。彼等を同じ人間と見ていないからです。

彼等にこうした人間観や関係意識をもたらしたものは、幼児のこの段階までに「母親が自分をどう受容し、どんな距離感を持って扱ったか」にあります。「手が掛かって煩わしい」「忙しい。気持ちが落ち着かない。だから、授乳、おしめ、子守に無制限に関わっていられない」「亭主が浮気してて、それを考えるとこの子まで憎らしくなる」と、母親が取る子への距離は、微妙に揺れ動きます。同じように子供の心も、母に向かって根拠を作れないまま揺れ動くことになります。根拠のない人への距離感に従って、世界（環境世界）と関わるとすれば、人前であろうとなかろうと、そこには私しかいない、関係はないということになるしかありません。

母親だけでなく、世界全体が互いに人間だと認識し合う幅が狭くなっているのです。子供たちが、ホームレスを襲撃する事件は珍しくありません。些細なことで仲違いをしても、友達でなくなるどころか、虫けらのようにいじめられることになります。「ゴキブリや害虫なら殺してもよい」という認識は、「彼は自分にとって、ゴキブリのように害になっている。だから彼は自分にとって人間ではなくゴキブリだ。つまり、ゴキブリのように殺してもよい」と敷衍されていきます。ゴキブリと人間の違いは、生物上の違いではなく、関係の違いなのです。しかし、このことは、学習しなければ身に付くことはありません。その最も根源的な学習の場が、この段階にあります。人間理解を狭めてしまえば、それに応じて自分が人間として生きる可能域をも狭めてしまうことになります。自分にとって、親しく関わっている人間（家族）以外は全て、「人間の形を持った未知の生き物」となってしまいます。逆に、親しくしている人間の「親しさ」を確認する場がないために、どれほど親しくしていても、その「親しさ」に十分な現実感を持てなくなっていると言っても同じです。彼は、「もっと親しく、もっと、もっと」という強迫観念から逃れられなくなってしまいます。いずれにしても、彼は家を離れることができないことになります。

⑤ 関係の初源

自分で歩き片言ながら話し始めるこの時期は、先に考えたように、母子関係が全てであった世界から、直接体験を通じて自分固有の世界認識を形成して行く時期に当たっています。母との間でなら「あわわ言葉」で事足りていました。父や婆とでは不十分、爺や年上の兄弟となれば困難、それ以外の人間とでは不可能でしょう。つまり、この段階は、受容されることがそのまま理解される関係から、受容されても理解させる関係へ、さらに、受容される以前に理解させる関係へと世界が拡大して行く時期なのです。関係だけを取り出せば、無条件受容の一心同体、受容されるが相互理解の必要な関係、相互理解があって受容される関係と拡大して行くことになります。

では、幼児は、見ることのできないこの「関係」なるものを、どう理解して行くのでしょうか。物に働きかける事と人に働きかける事とは、リアクション（相手の対応）が決定的に異なります。何かに働きかけてそのリアクションを受けることは、単にその対象を知るというだけではありません。反射―リアクションによって、「その物にとっての自分」という形で、自分を知ることにもなるのです。「水のつもりで手を入れたら、熱いお湯で火傷をした」といった体験をすることで、自分の体は、熱い物（熱）に弱く傷つく物だということを知るのです。相手が人である場合、そのリアクションは、物としての反応と同時に「人として」の反応が返ってきます。しかし、この時期では、幼児にその違いはまだ了解されません。ぬいぐるみの熊、生きた熊、人が真似している熊、どれも同じ「熊」です。人形も生身の人も同じ「人」、あるいは「人形」です。

この段階の幼児は、母と同義語であった自分以外の世界を、世界そのものへと剥離しようとしています。言い換えれば、母から自分を分離しようとしているのです。母という世界―母というフィルターを通した世界にある限り「火傷する」ことなどありえません。同時に、熱とそれに焼かれる自分の体を知ることもありません。このことは、人についてもっと顕著です。もし幼児に「人間」という認識があるとしたら、それは「母」と同じ物を指すはずです。そして、その人間という認識は、自分といえない「自分」の延長を意味します。そもそも、自分は母の延長上にあるからです。これは人間という理解を持たないことと同じですし、自分などないことになります。「自分が何かを感じることは、世界がそうあることと同じ」「自分が何かを望めば、世界は、すぐにそのように変化する」幼児はこんな世界を離れようとしているのです。

物からのリアクションは、それが「火傷」のように激しいものであっても、全て目に見え、現実的で直接確かめることができるものです。これに対して、人からのリアクションは、それだけで終わりません。その典型が「言葉」です。他人から掛けられる言葉によって、幼児の世界に「関係」が本格的に姿を現すことになります。言葉は、物や事を離れ、まるで物や事のように、いや、それ以上に自在に流通して行く何かです。その言葉にリアリティーを与えるのが想像力であり、自在な流通を可能にするのが「関係」の存在なのです。想像力は、人が現実に生きている場に、直接関わることで生み出されたものでした。言葉の自在な性質は、人が人と共に生きていることを〈関係〉として意識した時、その場に向かって生きようとすることから生み出されます。

母子関係は、子供にとって関係ではなく世界という存在です。ですから、母子の間の言葉は、物からも事からも十分に離れているわけではありません。言葉はまだ、関係の場に飛翔する必要がないのです。しかし、外からやってくる言葉は、この関係の場に乗ってやって来ます。「まぁ、かわいいわねぇ。ぼく、いくちゅ」こう言われた時に、幼児は、話しかけられた言葉の意味や表現の内容を理解することはできなくても、言葉そのものに直に直面し、「言葉という形で現れた関係」に触れているのです。話し声となった音声は、笑い声や泣き声といった音声ではなく、音韻となった音声です。身体が反射的に発した声ではありません。音韻（話し声）を音韻として了解した時、幼児は、「約束事としての声」を了解しているのです。「かわいい」の現していることが不明だとしても、声ではない「か・わ・い・い」という音韻に込められた、この約束事の世界へ移行せよと促されているのです。母との対話では、露わにならなかった「約定としての言語」が、姿を現したのです。

言葉を操ることは、語彙や文章化の能力に依存しているわけではありません。それは、結果に於いて手にする人間的な技術の一つにすぎません。言語世界への移行は、人間という存在を、関係として了解することができるかどうかに懸かっています（いくら言葉を知っていても、関係を意識できない時、人は言葉によるコミュニケーションを拒否します）。関係は、物のような存在物ではありません。かといって、思考や感情のような心の動きでもありません。つまり、目の前にいる人間（を認知すること）でもなければ、彼について抱く感情や考えでもありません。関係は、自分とも相手とも、その感情や思考とも直接関係しないそれ独自の存在なのです。まるで自分が存在するように、人が存在するように存在します。

例えば、「かわいい」という音韻は、私や相手の存在や考えに左右されません。他の誰とも関係なく「かわいい」と発音されるのです。いつかどこかで、誰かが決めたというものでもありません。長い人類史、民族の歴史の中で定まり変化してきたものです。言葉は、この「定まったもの」という場所に存在しているのです。熱湯に触れて自身の体を知るように、言葉に触れて関係として存在し生きる自分を知ることになるのです。関係をそれと意識して取り出すことができるようになれば、先に考えた、三層に重なっている関係世界のそれぞれを、自分に与えられた生きる条件として了解できるようになります。「私は私」「私は男（女）」「私は日本人」といったように。言葉が人間の関係意識の上に成り立っているのだと言うことを示している例があります。若者や、職能集団が仲間内だけで通用する言葉を使うことがあります。彼等は、それによって言葉に付随している関係を限定しようとしているのです。

言葉を話している（聞いている）私は、そう気付くことはなくても、関係として存在しているのです。この関係場は、赤の他人と作る関係場の一つですが、「関係の表現」が言葉そのものとなる、最も基礎的原初的な関係場です。関係によって生じる互いの役割や位置付けに当たるものが、「同じ言葉を話す者同士」という規定だけの関係です。原理的に言えば、人類の全歴史上の人間と作る関係の場です（世界中の全言語は、一つの母語から派生した「方言」だと考えられます）。そして、「同じ言語を母語としている」関係は、人間が作る関係の中で今のところ最大のものです。

これに対して、「同じ会社の人間」といった関係は、それぞれの会社の事情に従って作られた、「約束事」に依ってできています。「就業規則」や「労働組合規約」等が代表的なものでしょう。これによって会社での人間関係が決まり行動が規制されます。それが会社での人間関係ということになります。その中には当然、社員同士の親疎や好悪の感情、それに基づく交友関係が含まれます。けれども、社員として働く仕事の場面では、そうした関係は二義的な意味しか持ちません。会社は友情の場ではないからです。このように意識して作られる約束事は、ほとんどの場合文書（言語）で現されます。会社組織が大きくなれば、文書化は不可欠で、組織を円滑に機能させるのに、大変重要なポイントとなります。他人同士が最終的に関係を確認するのは、言葉による以外ないからです。

しかし、幼児のこの段階での言葉は、関係場が確立していないので、想像力が向かうべき方向を持てません。言葉（というより音韻）に触発されても、想像力は、ランダムな連想か空想にたどり着くだけです。外国語に接した時、言葉の意味は分からないけれど、何かのイメージがやってくるのに似ています。「ジングルベー・ジングルベー、ジングルオーザエー」と歌う子供のように、言葉からは、音韻とある楽しさのイメージだけが受容されています。そして、この了解の地点で我々は、最も基礎的な「関係」に入って行きます。幼児は、「口まね」「オウム返し」を繰り返して、約束事―関係の世界へゆっくりと移行してゆくのです。

⑥ 関係の伸展

片言は、関係場を確かなものとするに従って「文」の形を採り始め、幼児は、言葉を言葉として了解するようになります。「うまうま」が、食べ物とそれに関わる全てをぼんやりと指し示していた段階を終え、「ごはん」「さかな」「りんご」、「たべる」「いらない」と次第に指示の輪郭を明確にし分節して行きます。同時に生活場面では、「空腹だから食べる」、「そこにあるから食べる」のような直接的・反射的行動から、「食事時間だから食べる」、「好きだから食べる」のように「食べること」が、自分との関係として確立していきます。そして、「食べる」ということ―生きるのに必要だから食べるという食生活の側面は、「食べる」という言葉が確立するのに合わせ、次第に摂食行動の背景に退いて、その直接性が再び現れることはありません。食生活は、生命活動の一環から離れ、人間関係を受容する度合いに応じた行動へと変容して行くのです。言い方を変えれば、彼は、「食物」を食べる生き物ではなく、「人間関係」を食べる者となるのです。

「人間関係を食べる」という言い方は、少しなじまないかもしれませんが、人間にとって摂食行動は、動物のように単純な生存活動ではないことを現しているのです。人間の食行動は、乳児期の授乳に始まり、それ以降も母親かそれに換わる誰かの与える「食物」を無条件に受け入れることで成り立っています。「自分の手で自分にあった食べ物を手に入れて食べる」という行動は、人間の場合、よほど特殊な極限状況を想定しない限り成り立ちません。人間関係（家族にせよ社会的な関係にせよ）を媒介にしてしか、食生活は成り立たないのです。いわゆる自給自足生活にしても、食べられる物の判定、栽培植物の選定（種の入手）と栽培方法、狩猟や採集どれをとっても、人間関係（言葉―知識）を抜きにしては成り立たないものです。

食生活は、子供の人間関係についての意識形成にとって極めて重要です。思春期までの食生活は、無意識の家族意識（関係意識の基本である対になった親和的関係意識）の反映です。家族の関係意識それ自体は、手にとって見ることができないのですが、食生活という形で現れてきます。子供にとってこの目に見える〈食の形〉が、人間関係なのです。大人にとっては、食生活を生存のためと考え行動してもよいのですが、子供には、その考えを受け入れる場所がないのです。年齢が下がれば下がるほど、食生活は、食べることではなく、関係の受容という意味になります。時に忙しさに紛れ「間に合わせの食事」で済ますことがあってもよいのですが、それが日常の食生活スタイルとなった時、子供の関係意識の形成は、大きな変容を受けることになります。関係意識は、その基盤を持たないままに、言い換えれば、言葉の上に成立する何かでしかなくなってしまうのです。

2～3歳頃になると、幼児は、かなり自在に言葉を話すようになります。身の回りに起こることや人との関わりについて、これを意識的に捕らえ言葉によって表現できるようになります。自分の感情や欲求についても同様に見えます。母親をはじめとして周りの人間にとって幼児も、「言葉によるコミュニケーションができる存在」となったように見えるわけです。「言葉で事足りる」存在になったわけです。しかし、ここには大きな誤解があるのです。「想像力」についての項でも述べましたが、幼児が事や物について、かなり自在に言葉を操ることができるように見えるとしても、そこには、大人と同じような想像力が働いていていません。

言葉は、言葉との繋がりでいくらでも新しい概念を獲得していくことができます。ですから、一度言語空間を確立すれば、短期間の内に言語能力は拡大することができるのです。けれども、想像力を持った言葉とするには、意識的、知識的な体験ではなく、感情や意志を伴った〈心的な体験〉が必要なのです。「事や物」は、目で見・手で触れることができるので、意識すれば分節（それと取り出すこと）できます。これに対して、見ることも触れることもできない自分の「心の状態」は、繰り返しか、強い体験によって生まれる感情のような形でしか分節できないのです。幼児は、形にならない感情や欲求を抱いて泣き続けます。この時、すぐに抱き上げてあやされたりすれば、その形にならない心の状態は、「おっぱいくれ」「尻が冷たい」「遊んでくれ」どれにも分節されず、心の基層に漂うことになってしまうのです。

少年犯罪の低年齢化と凶悪化が言われて久しくなります。事態はより深刻化することはあっても、改善される気配はありません。事件を法律問題や異常心理の問題として考えている限り、解決への糸口さえ見つけることはできないでしょう。問題は、子供たちが自分の心を十分に分節―それと取り出し段階付ける機会を得ないまま育ち、想像力のない言葉を操らなくてはならなくなっていることにあるからです。授業中にメールをしている女子生徒に注意をすると、「友達という言葉」について、「友達なら、メールの返事は10分以内」という返事が返ってきました。彼女の中で「友達」は「全てかゼロか」に追い詰められています。100人の「メル友」にかこまれた孤独です。

同じように、「嫌い」という言葉があります。「気に障る」「気に入らない」「嫌いだ」「憎らしい」「恨む」「殺してやりたい」「殺す」。嫌いだといってもそこには、段階―感情の強度があるはずです。また、「自分の悪口を言ったから嫌い」といっても、それによって受ける心の状態は一様ではないはずです。まず、誰が言ったのか、「親」「親友」「恋人」「友達」「クラスメート」「教師」「自分も嫌いな奴」等々。言われた状況は、「自分が不用意に相手の悪口を言ったお返し」「いたずらをして叱られるなかで」「皆でふざけていて、冗談で」「二人きりの時、忠告として」「愛情の表現として」等々。実際の「嫌い」という感情は、これらが複雑に重なり合ってやって来ます。次の瞬間には忘れてしまう程度から、夜眠れないほど悶々とする思いまで様々であるはずです。

しかし、犯罪となってしまった事例では、「嫌い」がそのまま「殺す」ことになり、「辛い」がそのまま「死ぬ」ことになっているのです。ここでは、「事・物・人」との関わりが、具体的・現実的な関係とならず、言葉と言葉の関係の中で了解されています。そこには、関係の段階も心―感情や意志の段階も存在していません。心が大変小さく硬直した状態にあるからです。言葉を繋ぐ想像力が働かないために、言葉は、感情の動きに触発されて「空想」から「妄想」へと歯止めなく暴走を始めます。その過程で、始めに抱いた些細な感情は、現実感を失った巨大なエネルギーとなって暴発することになります。言葉の世界へ移行しようとするこの段階で、心の分節と、関係の分節（外部世界と具体的にどのように、どの程度関わるか）が、十分に訓練されなかった結果と言えます。「事に於いて失敗し、物によって怪我をし、人によって傷つけられる」この過程が不十分だったわけです。

当然、彼等が意志や目的を持って「行動」しようとする場合にも、段階はないことになります。受験生の担任を初めてした時のことです。どちらかといえばのんびり屋でさして受験に熱心でなかった生徒の一人が、直前になっていわゆる有名私学の受験希望を出してきました。全く合格の可能性はありません。本人はそれでも良いからと言うので手続きをしました。さて、合格発表が済んで一週間経っても連絡がありません。連絡を取ってみると不合格の後部屋に籠もって未だ出てこないという話でした。後で本人と話してさらに驚きました。彼は、入学以来ずっとその大学に行くつもりだったのです。入試説明会や情報・資料の類には、事欠かなかったはずなのに、彼の中でそれらは、全て通り過ぎてしまったのです。自分の希望と入学実現とが、何の脈絡もなく結び付けられていたのです。彼は、不合格という現実を受け止めるどころか、理解することもできなかったのです。彼にとっては、意志すること、希望や目的を持つことと、それを実現することとの間に「過程」が存在していなかったのです。笑い話のようですが、彼は、物事に過程が存在していることを理解していなかったのです。その程度に差はあっても、その後こうした生徒は当たり前になりました。

子供たちが意志や感情を抱いた時には、既にそれらが実現している社会がそこにあります。チョコレートが食べたいと思った時には、何十種類もの商品が目の前に並んでいます。しかもそのどれを選ぼうと、何の抵抗もなく手に入れることができるのです。自分の欲望が形を採る前に既に実現してしまっているのです。いわば生活上は、死後の社会を生きるのと同じことになっているのです。何を感じ何を望んだとしても、それらは既に実現して目の前に差し出されているのです。このところ相次ぐ子供の事件に際して、異口同音に「理解できない」といった発言ばかりが目に付きます。理解できないのは当然でしょう。子供たちは、我々がこんな風に無自覚に作ってしまった「結果だけが集積する社会」「欲望が無意識の内に実現してしまっている社会」に生きているからです。彼等には、社会的に存在している全ての物にその過程が存在していません。そのため、自分の心とその表現（欲望の実現といった）に、段階や過程を想定することができなくなっているのです。

もう一つ例を挙げます。高校生になっても、水道水を飲めない子がいます。体が弱いとか、「生水を飲むな」と親に止められているからではありません。生まれてから一度も飲んだことがないだけでなく、水道水は、飲み水以外に使うという生活習慣が身に付いているからです。彼は、「飲み水は冷蔵庫のペットボトルから。だから自動販売機のない所には住めない」と言います。我々も、トイレを流れる水を飲むことはないでしょうが、水については、もう少し幅の広い認識を持っています。子供たちの周りからは、「水」をとってさえ段階が消失しているのです。生きることに段階が消失していると言ってよいでしょう。これでは、想像力は生まれません。子供たちは、「飲み水＝ペットボトル、生活用水＝水道水」と、言葉の上、知識の上で判断できても、具体的・現実的に存在しているそれぞれの水を、「飲める、飲めない」と判断することができなくなっているのです。「水についての判断」は、知的能力の問題ではなく、身体行動に付随する生命活動（見た目・匂い・味などによる判断）として起こるはずです。しかし、それが失われているので、彼等の行動は、言葉の上での判断（知的判断）がそのまま行為となって現れてしまうのです。

ヴァーチャルリアリティー（仮想現実）と言うこととは少し違います。それは、本来人間の想像力の結果であり、想像力を強く刺激する物の一つに過ぎません。ですから、子供たちの過激な行動は、アニメやテレビで見たことに刺激され、現実感を喪失した（ヴァーチャルリアリティー）結果、そのまま実行されたものだと理解すべきではありません。子供にとって仮想現実が何かは、子供たちの「ごっこ遊び」を見れば分かります。悪漢役の友達は、やっつけられれば「倒れて死にます」。生きている友達が、そこで死んだと考えることで、「遊び」が成立しています。実際に死ぬことは必要でないだけでなく、実際に死なないから仮想現実なのです。彼等がそれを取り違えることはありません。

過激な映像と過激な現実とを、同一視するなどと言うことは、戦場の真っ直中で〈狂気〉か〈錯乱〉状態にでも陥らない限り起こりえないのです。彼等にとっても、現実の殺人は現実の殺人なのです。ただ、現実に存在する物や実際に起こった出来事を、事態に対応して自分に関わらせて受け止める段階的な回路がないために、事態は彼をすり抜けて、「現実の殺人」として了解されることがないだけです。つまり、「私は彼を殺した」という事実は、「私は彼を殺した」という言葉の上での事実でしかないのです。その言葉だけが殺人という現実として、彼の心に受容されるのです。言葉になった段階でしか、現実を受容できないのです。人を憎んでしまうことが事実なら、人を殺したことも事実にすぎません。憎むことには自分の心が付いています。殺すこと、殺された人について行くはずの心は、憎んだ瞬間に切れています。憎悪を超えて付いて行くべき心の段階を持たないからです。ここに介在すべき善悪や倫理感も、切れてしまった対象に向けては、何の意味も持ちません。結果がいかに悲惨だとしても、それを理解する心が極限まで縮退させられているのです。

誰であれ、言葉によって現されたことを、「意味」としてだけ受け止めれば、事態が作り出している具体的な関係は消失し、結果という事実だけが残ります。言い換えれば、生きることの全てが「結果として」だけ受容されることになるのです。子供たちを取り巻く世界がそうなっているのです。「お前を愛している」ということは、言葉でなければ「誕生日の贈り物」「クリスマスのプレゼント」としてしか了解されていないのです。子供には、「愛してるという心」から「愛してる」という言葉へ、「贈り物」への過程が見えないのです。愛されたいという心が、段階をたどって言葉や物にたどり着くということがないのです。「欲しいと言った物」がそこに出現しているだけのことです。子供にとってさえ、果たしてそれが欲しかった物なのかどうか、もはやはっきりしなくなっているのです。バブルの頃若者の間で、「バレンタインデー・イタメシ・シティーホテル・ティファニーリング」がブームになったことがあります。男の子はその日のために「1年かけてバイトをする」なんてこともありました。「結納の品々を取りそろえて婚約する」ことに比べて、愛しているということが、些末な儀礼になり、豪華になり、関係を貧しくしていることがよく分かると思います。

人が現実に生きて行く時、自分にとって重要なことはその「過程」です。しかし、自分以外の人間にとって必要なことは、「結果」だけです。これが埋められなければ、人は、この間で引き裂かれ分裂してしまいます。それを避ける防衛反応として、子供は、自分をできるだけ小さくして、自分を結果から遠ざけようとします。私の行動は、「私の行動であって私の行動でない」と思える場所まで引き籠もってしまうのです。

このギャップを埋め、自分の行動をその過程に於いても結果に於いても、過不足無く受容し認めてくれる存在が一つだけあります。親です。子供は、親が自分の行動を結果ではなくその過程で評価していると感じることができれば、彼は、行動の一コマ一コマを、自分のものとして受け入れることができるのです。それによって「ボクは今ここでこんな行動をしている」という現実感を持ち、自分の心が様々な感情や欲求を生み出す場面に遭遇することができるのです。人は何の根拠もなしに自分を認めることなどできないのです。子供は、親に受容され評価された反映として、初めて自分を認めることができるのです。自分を認められない限り、心は育ちません。

心を育て損なえば、人との関係は、舞台の書き割りに従って動くロボット同士の関係に見えます。言葉の意味はそのままひとっ飛びに現実―行動となってしまいます。言葉の上では、「悪口＝嫌い＝恨む＝殺す」という流れが、連想クイズのように短絡してしまいます。そして、自分を持てず生きることに現実感を喪失してしまえば、彼にとっての現実は、言葉遊びの連想クイズになってしまいます。まして、生活環境が高度に整備された今の社会では、環境によって生きることが脅かされ、嫌でも現実に引き戻されると言うようなこともなくなってしまいました。このままでは、彼の空中遊泳が終わることはないのです。

こうした状況を考えると、幼児が言葉を自在に話すようになった時、彼は、地上を離れてしまう危険性が最も高くなっていると考えなければなりません。しかし、現在の子育てでは、彼を地上にとどめることより（いつまでもぐずり、手の掛かる聞き分けのない子の状態）、より早くより高度に言語能力（知的能力）を獲得させるのを優先しています（ゼロ歳児からのお受験！幼児英会話教室）この圧力と、環境から段階が失われていること（水の例）が合わさって、子供たちは早熟（早く大人の言うことを聞き分け、良い子になる）を強いられています。恐らく、少子化も、社会全体が子供（という段階）の排除—早熟化を無意識に進めている結果だと思われます。子供の関係意識は、言葉の上に限定される結果、日常の誰彼を飛び越えて、世界人類という段階まで一気に拡大してしまいます。関係意識の拡散です。彼は全ての人間と関わりを持ち、同時に誰とも関わりを持たない者になっていくのです。

⑦　直接性の喪失と幼児期の完成

いずれにしても、幼児期に終わりがやってきます。そして、我々は二度とこの時期を振り返ることができなくなります。2～3歳以前は心の深層に埋め込まれ、これ以降に学び取られた知識と抱いた感情や欲求によって、幾重にも覆われてしまいます。この時期に形成された「想像力の傾き」と対象（物・事・人）に対する「距離感―関係意識」は、本質的に変わることはなく、一生を通じて「性格の核」となります。例えば「人見知り」ということがあります。人に対する距離感が現れたものです。食べ物の「好き嫌い」のようなものも、家族の人間関係が、食べることについての基本的な距離感として現れたものです。家族関係に入らない人間を、「人」と認識できるようになった時の心の「障り」・違和感が、人見知りであり、家族関係の「濃度」が食べ物の好き嫌いと言われるものです。ですから、人見知りも好き嫌いも当然起こります。それ自体問題行動というわけではありません。けれども、人見知りが激しく最後まで母親の影から出られない、泣き出してしまうとなれば、この障りは、この子供にとって一定の性格、人と関わる時の「遅れ」を生むことになるのではないかと考えられます。「人なつっこい」と言われる子供の場合と比べてみれば、違いは分かると思います。もちろん、良い悪いの問題ではありません。性格の傾きです。

このように、3歳頃までには、一人の人間として生きる上で絶対必要な「性格の核」が形成されます。「性格」は、人の心の枠組みであると同時に、環境に対していちいち意識して考えなくても、自動的に対処できる適応能力です。それは、言葉によって手に入れることができるものではありません。体と心を直接「物・事・人」にさらすことによって得られるものです。この核の形成が、幼児期の終わりであり完成であると言えます。二度と振り返ることができなくなる理由は、この時期に「言語という世界」を獲得することにあります。〈性格〉は、世界と直接関わりそれへの対応を繰り返す内に、心の形として生まれて来るものです。ここには、言葉となる前の段階で行われた全ての生命反応が含まれています。しかし、言語的世界を確立すると、こうした生命活動の全ては、言葉に依って知識として処理されるようになります。言い換えれば、言葉にならない言葉にできないものは、心の障りに過ぎないものとして捨てられることになります。明確に識別できない物や事は、「わかんない」何かとして捨てられ、感情や欲求として取り出せない心は、押さえ込まれることになります。そのためにこの段階を越えると、この時の自分は復元することができなくなるのです。生きることからその直接性が、失われるのです。

人が人間として生きるとは、この直接性を失ってなお生きるということです。生命体としては実に矛盾したことです。矛盾にも関わらずそれができるのは、この時期までに作られた心の「強度」にあります。人間的な意味での「生命力―性格」の強さです。これを基に、我々は言葉の世界（関係と想像力によって作られた世界）を生きて行くのです。生きる直接性を失う代わりに、空を飛び、海に潜り、宇宙空間にまで飛び出して生きる事ができる可能性を手に入れたのです。そして、この生命力が十分に強ければ、人間として生きる世界で失敗し挫折しても、ゼロ地点からの立ち上げが可能になるのです。

第4章　少年（少女）期（3～10歳）

1　ギャングエイジ（3～7歳）―七つまでは神の子―

①　運動する身体イメージの拡張

「七つまでは神の子」という言葉があります。先に述べたように、ここでいう「七つ」は、満年齢で5～5.5歳を指しています。生まれた子供は、5歳位まで自然の内にあるのだという考えです（七五三も同じ考えから生まれたものでしょう）。この言葉は、親や周りの者が子供に干渉するにしても、5歳を過ぎてからが望ましい、あるいは、それまではそうした干渉もあまり効果がないか、あっても悪影響だというほどの意味でしょうか。また5歳という年齢について言えば、「習い事は6歳から」（満で4～4.5歳といわれ、義務教育も7歳から始まります。5～7歳頃には、子供の成長の上で何か節目があるようです）。

この頃は、俗に「ギャングエイジ」と言われ、子供は、自己主張を強くするだけでなく、活動も活発になります。3歳を過ぎると、子供の身体能力と言語能力（知的能力）は、急速度で成長を始めます。身体それ自体の成長は、乳幼児期や思春期後半に比べれば穏やかですが、能力的な充実は、この時期が最も顕著です。この時期は、「身心をフル稼働させること」を目指す成長の過程に当たっています。

この時期の心身能力がどう拡大して行くかを、まず、ボール遊びで考えてみます。少し大きめのボールを子供に向かって転がしてやり、掴んだり蹴ったりを教えると、これは比較的すぐに覚えできるようになります。しかし、これを投げて捕らせようとすると、そんなに簡単にはいきません。まずは、手を挙げることもなく顔で受けることになります。飛んでくるボールを捕らえることは、大変難しく訓練に依らなければできるようにはなりません。大人は無意識に反応しますが、子供にとっては、条件反射のように自然にできることではないのです。「自分に向かって飛んでくる物体」に直面することと自体初めてのことです。彼は、まず視覚上で正しく認識することから始めなければなりません。次に、やってくる物の材質・スピードに合わせ「よける」「掴む」避けられなければ「眼を閉じてぶつかる」どれかを選択しなければなりません。どの行動も自然な反射運動ではなく、意識的な認識と判断に伴う運動です。体を動かすことに習熟しなければ、何の対応もできないままでボールに当たってしまいます。ボールとその状態を知るには、何度も顔でボールを受けることになります。その上ボールに合わせて動くには、自分の体がそのように動くイメージが必要です。ボールに当たるだけではそのイメージは生まれません。教える必要があります。飛んでくるボールに「手を挙げ」、ボールのスピードに「合わせて掴む」といった身体のイメージは、今の日常生活には存在しないからです。教えられ繰り返し失敗しながら、意識的に獲得されるものです。

小学校に入学後、身体能力を測る通過儀礼のようなものとして、鉄棒での「逆上がり」やマット運動での「跳び箱」があります。大人にとっては、単なる運動能力テストに見えますが、子供にとってはそうではありません。これらも、普通の生活場面では現れない身体感覚を必要としているからです。

まず「逆上がり」です。この運動は、鉄棒にぶら下がって地面に足がついていない状態から始まります（始めは足をつけて練習するので、これは完成型です）。ここから体を一回回転させて鉄棒の上に出る運動です。身体能力としては、自分の体重を支えられるだけの握力・腕力と、下半身を胸に引きつけることができる腹筋の力がいります。よほどの運動嫌いか肥満でもない限り、足をつけてやる程度の筋力は付いているはずです。しかし、これを簡単にこなす子供は、そう多くありません。小学校での体操の授業に「逆上がりで苦労した。頑張って成功させた」という思い出を持っている人は多いのではないでしょうか。失敗のプロセスを追ってみましょう。「しっかりと鉄棒を握る。腕に力を入れ反動を付けて足を振り上げる」この時の姿勢を見て見ましょう。「腕を伸ばして突っ張り、頭を後ろにそらし胸を張るようにして（逆エビスタイル）、足を振り上げながら腕で体を引き上げようと」しているはずです。腕を曲げ、頭を鉄棒の上に置くようにして足を引き上げれば、後は少しの体重移動で成功です。しかし、「中空にある鉄棒に巻き付くように体を丸める」という身体イメージは、日常にないものです。「体を支えるほど腕に力を入れる」運動は、「頭をそらし胸を張る」運動に連動しています。この身体イメージを作り替えなければ、「逆上がり」はできません。

「跳び箱」も、新しい身体イメージを作るという点で同じです。床かスプリングボードを踏み切って、体を前に投げ出し倒れ込む前に軽く跳び箱に手を着けば（叩く）、飛び越すことができます。地面に向かって「体を投げ出す」（倒れ込む）というイメージが持てないと、跳び箱に身を投げ出すことができず、跳び箱を跳ぶ前に手を出し跳び箱の上に手をついて突っ張ってしまうことになります。腕がつっかえ棒になっているのですから、体は前に出ません。体の倒れるイメージがもっと乏しければ、跳び箱の前で立ち往生ということになります。この場合は、「転ぶことのできない子」で、転べば手を出せず顔を打ってしまうことになります。

詳しくなり過ぎたかもしれませんが、この時期に形成される「運動する身体イメージ」は、人の「動き」を生涯にわたって規制し、無意識の内に心と体の動きに枠をはめてしまうものです。その結果は、「人相」や「体型」となるだけでなく、なにげない体の動きや立ち姿、その人の「雰囲気」となって現れます。我々が人の体について持っているイメージは、「五体」「五臓六腑」のような、また鏡に映った姿のようなものではありません。それは生きたイメージ・動くイメージではないからです。言ってみれば、死体の写真や解剖図のようなものです。身体イメージは、体が様々な形やレヴェルで運動することが重ね合わされてできた、動きの集合体のようなものです。同じ人体でも死体に違和感や恐れを抱くのは、「死」ということ以外に、死体がこの運動する人体イメージに合わないからです。また、鏡に写った自分の顔に違和感を抱くとすれば、その顔に動く体—生きている体のイメージを見出せないからです。あるいはそこにズレを感じるからです。本当は、モデルの写真のような美醜が問題なのではありません。

もう一つ重要な身体イメージとして、人の体についての「接触感」があります。人の体に触ったり触られたりしてできる感覚が作る、身体のイメージです。これはまず母親との間で作られますが、その限定と限界を越えて、赤の他人に直接触る感覚として拡張する必要があります。自分が自分の体に触ってできるイメージと、人に触られてできるイメージは違います。そのズレや違和感の始めが「くすぐったい」という感覚です。触られることを意識的に受け入れ、触られる身体の感覚が持てるようになると、「くすぐったさ」はなくなります。この感覚は、他人と関係を作ろうとする時、相手を自分や家族と同じ人間だと認識する、最も確実な根拠となるイメージです。また、それが他人と作る関係の「ゼロ地点」—距離ゼロの関係として、人間関係の根底（最終的に人は信じることができる）を作ります。これがどうできるか見てみましょう。

例えば、「取っ組み合う」というのがあります。母親に抱かれた身体感覚の拡張に当たりますが、そこに至る心理的な背景と、相手が同世代であるという点で、その感覚は大きく異なります。抱きつけば抱きしめることができます。押せば倒すことになります。いずれも大人を相手ではありえません。さらに、取っ組み合った感触、加えた力と反発、加えられる力の感覚、「けんか」に発展して「殴る殴られる」「蹴る蹴られる」、これらも、大人との間や日常にはあり得ない感覚です。殴られたことがなければ、その心理的肉体的痛さは分かりません。けれども、同時に殴ることがなければ、「被害感としての身体イメージ」（傷つく私）ができるだけで、「殴る—殴られる」という動きが重なった身体イメージが生まれることはありません。つまり、行動選択の一つとして「殴る—殴られる」という行為が、正しく—過不足なく行えるように組み込まれることがないのです。この段階では、「殴る」と言うより「叩く」に近いでしょうが、この体験は絶対必要です。

料理をしたことがなくても、料理のイメージを持つことはできます。食事の体験に言葉—レシピを合わせれば、「肉ジャガ」なんて簡単に作れそうです。しかし、「砂糖とみりんは甘い。塩と醤油はからい」と知っているだけでは、その様々な組み合わせの中から、自分や家族にとって最適な組み合わせを選ぶことはできません。まず、それぞれの持つ味の特性を、具体的に知らなければなりません。殴ることが良いことだろうと悪いことだろうと、「腹が立って手が出る」ことは、人間にとって避けられないことです。正しく殴り殴られるには、この段階でやっておく必要があるのです。心理的にも肉体的にも全身を挙げて互いに取っ組み合うことは、互いの身体イメージを極限まで拡大します。5歳の子供が力一杯殴っても蹴っても、鼻血を出させれば上出来でしょう。しかし、中学生がそれをやれば、重傷を負わせることになり、高校生なら致命傷を与えることにもなるでしょう。今起こっている思春期の暴力が犯罪にまで発展してしまう理由の一つがここにあります。彼等には、当然あるはずの身体イメージが抜けてしまっているのです。「甘く」しようと入れすぎた砂糖のように、「頭に来たから殴った」だけの行為が、結果として殺傷沙汰になってしまうのです。

　また、全身でぶつかったことで生まれたイメージには、はっきりとした心理的背景があります。そのためここで得られたイメージは、感情や欲求の表現という点でも明確です。心身が過不足なく結びついています。「腹が立ったんで思い切り蹴った」のように。この「思い切り」体を動かすという点が重要なのです。それがなければ、人としての自己像も人の体の限界イメージも具体的に知ることはできません。少年の犯罪、中でも殺人に至るような場合は、悲惨としかいいようがないのですが、前段で触れたようにこれは、大人と同じ意味で殺人なのではありません。人体に対する「限界イメージ」

を持たないか、身体イメージそのものを持っていないために、心の動きだけがリアルな現実（初心者にとっての料理レシピのように）となり、それがそのまま行動となって現れてしまうのです。ですからその行動は、必要な程度に対して、必ず「過剰」か「過少」なものになります。しかも、大人として変わらない体力で表出されるのです。致命的な事態を引き起こすのは当然です。つまり、身体のイメージがないということは、それに伴う心もないということです。こうした子供は、「腹が立った。憎らしいと思った」ことが、身体の行動イメージと結びついていないために、「軽く叩く。倒れるまで殴る。動かなくなるまで蹴る」といった行動の段階が作れません。つまり、「叩く」ことも「蹴り殺す」ことも一直線に繋がった、差異も段階もない行動になってしまうのです。

この時期に、どんな子供でも、トンボの羽をむしったり、その尻にぺんぺん草を刺して飛ばせたり、蛙の解剖をしたりと、残酷ないたずらをします。その一方で、縁日に行けば、ひよこやうさぎをねだって、大概世話に失敗して墓を作って泣くようなこともやるのです。大人にとっての正常と異常は、そのまま子供に当てはめることができません。異常と見える行動のほとんどは、心が直接表出されたものだからです。この段階では、心は自分にとっても表出されて初めて分かるものです。心とその行動が、正常な逸脱でとどまるか、過剰や過少な逸脱となるかは、それが自然に表出できるか否かに懸かっています。自然な表出を妨げるものは、本質的には母親との関係がどの程度の距離で築かれているかに依ります。距離が過剰や過少であれば、それを回復しようとして起こす行動も、大きく逸脱することになります。しかし、多くの場合、それを妨げているのは、社会のシステムと倫理的（道徳的）

強制の度合いです。

例えば、「万引き」について考えてみましょう。我々の子供の頃の田舎には、コンビニどころか駄菓子屋さえありませんでした。それで、近くの河原に泳ぎに行く道々、周りの畑からトマトやキュウリを失敬して、川の水で冷やしてよく食べたものです。「万引き」「窃盗」といえばそうですが、子供がおやつ代わりに食べることぐらいは、目くじら立てずに見逃していたのでしょう（もっとも、商品性の高いイチゴやスイカに手を出してきつく怒られたという記憶はありますが）。しかし、今これをコンビニでやれば、親が呼びつけられ、時に警察へ突き出されるということになります。中学生にもなってやるのは、明らかに「逸脱」でしょうが、小学生それも低学年であれば、緩やかにそこから離脱させる方法を考えるべきでしょう。

「万引きは悪いこと」だと教えることと、「万引きをさせないこと」とは違います。「万引き」というのは、この段階の子供にとっては、普通の行動です。「欲しい・興味を引かれた」と思うことと、「それを手に入れる」こととは、一連の行動で、思うことが媒介なしに表出してしまうのです。まだこの二つを分離、再結合させる社会の仕組みが了解されていないだけでなく、意識的に取り出すこともできていないからです。二つを直接媒介しているのは「お金」ですが、本質的には社会システムで、お金はそれを象徴しているだけです。考えたり感じたりすることを、過不足なく行動に移すには、この社会性という媒介項を理解する必要があります。しかし、これは言葉の習得と同じように、「今自分の心に起こっていること」からも「自分の実際の行動」からも離れることです。「現実を離れてなお自分の行動である」と実感できなければ、この媒介に従った行動は、現実感を失ったものになってしまいます。「良いことだからやる」「悪いことだからやらない」ということが、言葉の上だけの「善悪」となってしまいます。ものの善悪を知っていることと、実際の自分の行動とは何の関わりもないものになります。

子供のこうした心理と行動は、異常といえば異常ですが、彼等の精神が異常を来していたり、狂気に陥っているわけではないのです。単に段階を踏んでいないために、遅れて現れた「幼児期の遅延行動」に過ぎません。ですから、少年非行について、その異常性を問題にしても何も得るものはありません。あえて言えば、母親を筆頭に、全てが異常なのです。そのような「運動する身体イメージ」を作り出している、「現在という場」に異常があるからです。子供は、周りを大人に取り巻かれ、転んで傷ついたり、不用意に何かを飲み込んで腹をこわしたりといった、自分の体がむき出しのまま生きるような環境にありません。兄弟でもまれ、近所の子供と取っ組み合い、泣かし泣かされといった体験からは、さらに遠く隔てられています。「暴力はいけない」などという戯言のせいで、いつしか、怒る心さえ押し込められてしまっています。遠く隔ててしか成り立たなくなった人間関係の中で、抑えられた感情は、ポスターに刺すピンのように、人形と同じにしか見えない人間に向かって爆発してしまうのです。

今の子供たちは、幼児期のほとんどを、健康に配慮し安全を第一に、美しく正しい言葉しか話されなくなった世界に生きています。いや、「飼われている」というべきでしょう。彼等は、幼稚園・小学校に入って初めて、世界が自分のためにあるのではないこと、それほど快適ではないことを知るのです。しかし、そこで抱かれた怒りも悲しみも、この世界では、決して見せてはいけないものなのです。押し殺しているうちに自分にとってさえ、この気分が何なのか分からなくなってしまいます。彼等も、「切れる」という形で噴出して初めてその存在を知るのです。世界はたった一つの一枚岩であったはずが、どうにも繋げようのないものになって行きます。2歳以前と2歳以後、家と学校、教室と放課後。彼等から見れば、集団生活に入った途端、私的な世界と公的な世界が生まれ、その間で世界は、実態を失い分裂を始めるのです。今は、小学校に入学したばかりの子供が、幼稚園の時代を懐かしく思い還りたいという時代なのです。

その分裂を辛うじてとどめているのが「言葉」です。早熟であるということは、事態を言葉に換えることができる、言葉が受け止められれば、事態を了解したことになるということです。「みんな友達。相手のことを考えて仲良くしよう」「けんかや暴力はいけません」「先生の言うことを良く聞いて、しっかりと勉強しましょう」「隣のさっちゃんに負けないように、もっと勉強しなさい」。「友達」「けんか」「先生」「勉強」、どれもこれまでの生活では、実際に遭遇したことのないものです。しかし、言葉なら知っています。そこで現実がどうであれ、言葉の上で作られた世界には破綻がないように、子供たちは、「良い子」であり続けます。彼等は、目の前の「友達」ではなく、「友達」という言葉で現される相手と関わることになります。先に紹介したメール少女のように、彼等には、身体イメージを必要としない「友達という言葉」があるだけです。想像力を欠いたまま、言葉の世界という「精神が肉体である」ような世界に生きるしかないのです。だから、こうした子供たちは、言葉だけとれば驚くほどの「早熟」なのです。そこから直線的に行動すれば、当然あるはずの母子相関からもたらされた無意識の身体イメージさえ越えて、過激な行動になってしまうのです。

この時期に取っ組み合いであれ、殴り合いのけんかであれ、「万引き」のようないたずらであれ、十分に体験することが必要なのです。体と心が相関する「身体イメージ」は、そうした直接的な身体のぶつかり合い以外からは生まれません。

② 関係の拡大

もう少し「友達」にこだわってみましょう。「互いに好ましく大切に思う」「相手のために何でもしてやりたい」「何でも話せ頼りになる」「苦楽を共にして、いつも支え合って生きる」。前に触れましたが、友達にも段階があります。しかし、友達という言葉には段階がありません。友達といえば、「言葉で説明される全てを備えている者」と考えてしまいます。具体的に友達が友達となるには、様々な過程があります。友達だからこそ、葛藤も対立もあります。好きで楽しいばかりではありません。それを共有し乗り越えることができるからこそ、友達なのです。憎らしく思うことも、対立することも友達だからできることです。友達でなければ、憎んでも対立しても、すぐに関係が途絶えてしまいます。ですから、何らかの理由で、関係を壊せない場合には、憎むことも対立することも避けなければなりません。出せない気持や考えは、押さえ込むしかありません。大人なら、そうした状況に日々対応して生きていけます。関係は、層になっていて、一つの関係が全てではないことを知っており、このストレスを回復するための場を作ることができるからです（もっとも最近では、仕事をするように「家族して」、そのままつぶれてしまうお父さんも多いようですが）。しかし、この段階の子供は、関係を多様化し、それぞれを直接関わらない独自の関係として扱うことができません。例えば、「クラスメイト」「近所の幼なじみ」「塾仲間」「部活仲間」「同性異性の友達」「親友」それぞれと、関わりつつも切り離して付き合い、その核に、家族と親友がいるという具合にならないのです。そのため、家族という最終の場へ還ることができなければ、まともな友達が一人もいなければ、一気につぶれてしまうのです。

不安定な距離感で人と関わるしかなくなった子供たちの集団は、大人（教師）からは、仲良しグループで友達なんだと見えていても、「いじめ」の温床だったりします。友達として近くにいるから起こる葛藤が、敵同士のように解消されず、悪意を育ててしまうのです。友達という言葉に拘束されながらその内実を作れず、離れることも近づくこともできず、立ち往生しているのです。遊び仲間に事欠かず、人当たりが良く、友達もたくさんいそうに見える子が「友達がいない。親友ができない」と相談に来ます。「悩みや、自分の本当の気持ちが出せない」と嘆きます。「今たくさんいる友達に話してみれば」と言えば、「友達だから、そんなことは話せない」という答えが返ってきます。人と関わることについて、何かが180°変わってしまっています。友達だからこそ話せる、話さなければいけないことが、話せない、話さないことになったのです。ここから友達ができるはずありません。

友達だから約束をし、時に約束を破ってしまうこともあるわけです。しかし、このような関係では、「友達なのに約束を破った」と、たちまち悪者として排斥されることになります。関係の齟齬が、そのまま他人同士の関係のように倫理（善悪）に転化してしまいます。確かに「約束を破ること」は、悪いことだといってもよいでしょう。社会生活は、様々な約束事でなりたっていて、皆がそれを守ることで安心して暮らしてゆけるからです。しかし、友達関係は、社会的な関係ではありません。互いにわがままが言え、それを許し合う、受け入れ合うから友達のはずです。それができない関係は、いわば、会員制のクラブのようなもので、始めから「排除」が前提となっている関係です。排除が何によって行われるかですが、子供が誰かを排除する根拠は、善悪ではありません。子供は、関係を感情と直接的な功利性（けんかが強くて守ってくれる。ゲームや宿題を教えてくれる）。からしか作れません。それ以外に理由があるとすれば、全て、教師か親の強制によるものです。ですから、子供の作る関係は、基本的に受容することが前提のはずです。友達が友達にならないのは、子供の関係が親や教師の持ち込む社会性によって、過剰に犯されているためです。

そのために子供たちは、ルール破りに敏感に反応して、違反者を排斥するのです。しかもこの排斥には、言葉の上で作られた倫理的な優位性があります。排斥は容赦なく過酷に行われることになります。「私が勝手に行うのではなく、正義が行われる」わけですから、集団による排斥となるのも当然です。いじめの始まりです。皆必死で関係を破らないように、友達同士だからこそ他の人間以上に気を遣い、「良い子」であろうとしています。我々は、「子供が子供に対して良い子であろうとする」奇妙な子供社会を作り出してしまったのです。時に善悪や倫理を越えても関われるからこそ「子供時代の友達」であるはずが、最も遠い他人に適用すべき、「倫理」に依ってしか関われなくなっているのです。余りに狭苦しい関係ではないでしょうか。ですから、友達という関係に於いても、その関係を過不足なく作ることができず、まるで犯罪者に向かう警察権力のように、無制限に人の心に踏み込む一方で、他人より遠い害虫にでもするような無惨な対応をしてしまうことになります。こうしたいじめのような関係は、言葉だけが根拠であるために、年齢が低く集団化を強制される度合いが高いほど発生し、過酷な行動になります。

③　関係の狭窄

少年（少女）の犯罪が低年齢化し、11歳の小学生が殺人を犯す所までやって来ました。自殺の例は既にあります。性が関わる問題は、思春期の始まるところで考えてみることにして、ここでは、「殺人」や「自殺」そのものについて、考えてみましょう。これを結果から逆に考えてみましょう。殺人も自殺も人間関係が、二者択一の場面、二人（あるいは分裂した二つの自分）が生きるために、「同時に同じ場所を占めよう」として起こります。それぞれが持った関係が衝突した結果です。それが滅多に起こらないのは、人は様々な回路を持って生きているからです。衝突しそうになれば、回路をずらすことができるからです。ずらしても、生きることが可能だと考えていればできることです。「試験に失敗した」「いじめられた」。遺書として残されたこうした言葉に、意味はありません。たまたま当人にもそれが理由であるように思えるというだけです。本当は、それを生きようとする自分（試験を成功させる。いじめをはねのける）と、それを避けようとする自分（勉強やめる。みんなから逃げる）が、同じ線上に存在しているからです。人を殺すにせよ自殺するにせよ、彼が生死をたやすく越えてしまうのは、「私は勉強をすることで生きている」「私は友達と一緒にいることで生きている」「私はクラブをすることで生きている」のように、「私は○○をすることで生きている」に何を当てはめても、それが全て同じ線上に並んでしまう（ように思える）ことが理由なのです。「勉強はそれなりにやる」「うまく行かない関係からは、適当に離れている」というような、適当な関わりができなくなっているのです。

つまり、彼には、生きる回路が一つしかなくなっているのです。そもそも、子供は、面に拡がって生きるしかないのですから、直線的に生きる回路などできるはずがありません。回路の設定は、彼以外からやってきたものです。そして、この段階で回路が固定されてしまうことは、彼が人間として生きる以前に、一つの生命体として、既に生きていないことを意味します（三島由紀夫の例）。人間関係を自分との関わりで作っていこうとし始めたばかりの時に、親との関係（価値観）の中に徹底して抱え込まれてしまうからです。他人の人生を生きるわけですから、生きる上で自分固有の対応ができにくいことになります。彼は、おとなしく優しい、聞き分けの良い子でしょう。周りに、問題があると気付かれることもないはずです。これでは、よほど全てが順調でない限り、きっかけが何であっても、彼の人生は破綻し生き続けることは難しくなります。

なぜ、親はこの時、これほど強く子供に干渉してしまうのでしょうか。もちろん、子供のためを思い、子供の将来を確かなものにしようと考えて、無意識に振る舞った結果のことです。しかし、それが子供を押し殺してしまうほどに〈過剰〉になってしまうのはなぜでしょう。この背景には、親の不安があります。意識して取り出せそうなことは、家庭や社会の現状とその将来に対する不安からきたものでしょう。そのため「子供だけはしっかり育てなくては。育ってくれなくては」という思いが脅迫感となって、親にのしかかっているはずです。しかし、バブルははじけてもなお未曾有の繁栄の中にある社会に生きて、親が子に対してなぜこれほどに不安に駆られ、強迫神経症に陥らなければならないのでしょうか。

親の「不安」は、社会についてのものでも、子供の将来についてのものでもないからです。冷静に子供の将来の社会生活や経済事情を考えてみましょう。彼等の7～8割は、死ぬまでまともな仕事に就かなくても十分生きて行けるはずです。親が定年を迎え2度目の勤めを終え、年金生活に入る60代後半まで、子供の二人位の生活は十分保証できるはずです。年金生活といっても、それまでの蓄えを考えれば親が死ぬまで大丈夫でしょう。さらに、両親共が死んでしまったとしても、60代になった子供は、親の蓄えに生命保険を加え、家を売却可能な資産と考えれば、安泰な老後を送ることができそうです。笑い話でも絵空事でもありません。

我々が生きている社会は、こんなことが可能な社会なのです。特別な資産家や金持ちでなくても、働き者の親の世代が作り出した社会の持つ経済的な力なのです。この力については、働くことについての古い倫理観「働かざる者食うべからず」などが通用しなくなるほどに強力なものです。生きることが経済力と結びついて考えられた時代は、終わったのです。ただ、この時代を作り出した親の世代は、自分たちの達成したものを受け止め、ここから新しい価値観を作って行く余裕を持っていません。恐らくは、「貧しさからの脱出を目指してひたすら働いてきた」という実感しかないからだと思います。目の前に拡がった社会が、その時できることをただ積み重ねてきた結果であって、作ろうとした社会だという確信が持てないからです。今や、「何をやろうと社会に根を張って生きる」などという制約はなくなってしまったのです。実際に社会全体が、この経済力に寄りかかっているのです。残酷な仕打ちによってでもリストラをし、若者をフリーターとして使い捨てるような会社の株価が、上昇する社会が出来上がっているのです。

ですから、生活に対する不安ではなく、社会が欲望を剥き出しに互いを傷つけ合う場になったのではないかという無意識の不安が、子育ての場に集中して現れるのです。「親はなくとも子は育つ」「捨て育ち」、貧しさ故に、諦めと開き直りで社会に託したかつての親たちの悲しみや子への思いが、今、その健康さを失って、子への過剰な干渉となって現れています。日本の豊かさは、自由と余裕を生まず、なぜ相互不信と社会不安に駆られた子供への過剰な思い入れとなってしまったのでしょうか。恐らく、現在の豊かさを作り出した原動力が、貧しさからの脱出という、素朴な向上心にはなかったからです。

さらに言えば、自分の子供時代が、貧しさ故に本当に不幸であったのか、物を手に入れられず、事が実現しないことは本当に不幸なことであったのか、考えることを拒否しているからです。物や事を自由に獲得し実現できることは、できないことより良いことです。しかし、それは「〜よりいい」というだけのことです。そのこと自体本当に良いことなのか、それを「与えられること」が子供にとってどんな意味を持つのかについて、何も語っていません。子供にとって、「ショウウインドウに飾ってあるかっこいいセーターが欲しい」と思うことと、それを手に入れることとは、同じでもなければ一直線で繋がっていることでもありません。繋がっているとしても、実現しないことが前提です（だだをこねることは、事の実現によって解消されるのではない）。親がことさら強調しなければ、不幸でも何でもありません。

こんな時、子供の殺し文句に「○○ちゃんも○○ちゃんもみんな持ってる」というのがあります。これは、子供の「みんなと同じでありたい」という思いの表現のように見えますが、そうではありません。そこには、「みんなと同じ物を持ちたい」と同時に、「みんなと違う私だけの物を持ちたい」という思いが分離できずに含まれているのです。まず、その心を取りだしてやることが必要なのです。それには、親自身が「私だけの物が何か、私だけの物を持つことが自分にとって何を意味するのか」考えていなければできないことです。買い与える親はきっと「私も子供の頃、あんなセーターが欲しかったけれど、貧しくて買ってもらえなかった。だから、子供には同じ思いをさせたくない」と考えるでしょう。そのために頑張ってきたという思いもあるでしょう。しかし、そこには、無意識の内にすり替えられた「嘘—錯覚」があります。

それは、「もし、お金がなくて買ってやれないとしたら」と考えればすぐ分かることです。買えなければ、我慢させるか、買わない理由を子供に話し納得させなければなりません。「買って」というのは、子供の自己主張の始まりですから、簡単に納得させることはできないでしょう。「おもちゃ売り場で、ひっくり返って泣く子」の出来上がりです。「買えない」以上煩わしくても、親はそれに付き合わなくてはなりません。また、買わない換わりに我慢させる代償に、何かを与えなければなりません。お金がない以上、別の物を買うこともできません。与えられる物は、「手間暇掛けること」しかありません。それが、編み直しのセーターであっても、ただ泣く子を抱きしめて泣くのに付き合うだけでもいいのです。

この時、親の気持ちは、「買ってやれないけれど、今できる限りのことはやった」という納得と、「余裕ができれば、いずれ」という子供の気持ちに対する負債の思いとが、錯綜していることになります。子供には、「なんだか誤魔化された。けどまあいいか。でも、いつかは」という不足感と同時に「憧れ」が生まれることになります。思いは、親にも子にも残ります。この「不十分さ」と「不透明感」が家族という関係の存在する根拠なのです。これは、家族以外では、関係を破綻させる理由にしかならないからです。

さて、この過程と、「子供が欲しがる―金はある―買ってやれる―買う―共に満足」という過程を比べてみれば、親と子供の関わりが、「お金」をバイパス代わりに使ってショートカットされていることが分かるはずです。つまり、親の「買ってやりたい」という思いにも、「買ってもらってうれしい」という子供の思いにも嘘はないでしょう。けれども結果として、こんな風に物を買うことは、親子でなくてもできることです。「我が子の喜ぶ顔が見たい」といいながら、お金さえあれば誰でもしてやれることをやったのと同じ結果になっています。子供から見れば、「あれが欲しい」という思いつきが、欲望になる前に実現してしまうことになります。「何かを求める」ことがどういうことか、知ることもなく、「自分の求めた物」に取り囲まれて生きることになります。

今や、親子関係は、「欲しい。したい。うれしい。満足」という、互いの「影絵のような欲望」の交換と充足の場でしかないのです。前の例では、子供の欲望に立ち向かっているのは、「親」という立場以外ありません。しかし、後の例では、親でなくても、「じじばば」「おじおば」「赤の他人」誰であっても可能です。「親子の場」からお金を盾にして、まず親が逃げ出し、次に子供がいなくなってしまったのです。後には、「家族する」ために集まった大人と子供がいるだけです。

④ 不安の根源

子供への過剰な干渉を呼び起こす親は、「社会の現状や子供の将来を思えば不安を感じる」と言います。しかし、その背後に、「子育ての初めに子供への対応が不十分であった」という思いが隠されていることは、気付いていないようです。単純化してしまえば、妊娠出産の時期に、母親の気持ちの中に、ゆったりと落ち着いて子供に向き合うゆとりがなかったということです。意識的に無意識的に、「母親が子供を拒否した」時期があったということです。その原因が、夫婦をはじめとする人間関係にあったのか、生活上の不如意にあったのか、個人的な問題だったのか、いずれにしても、妊娠してから子供が言葉を話し始めるまでのどこかで、そうした時期を過ごしたと考えられます。泣く子は黙ってあやすしかありませんが、話し始めた子供なら全ては、言葉によって与えることができそうです。言葉を理解するようになった子供になら、言い聞かし躾けて、親の意図を実現して行くことができそうです。不十分な対応をした時期を取り戻す事もできそうです。しかし、無意識の段階で、親の不安を刷り込まれた子供は、言葉の世界へ強制的に移行させせられることによって、生命の基盤に二重の脆弱さを抱え込むことになります。

この親の心理を最もよく現す言葉に、「あなたのためよ」があります。しかし、この親の常套句は、子供が最も嫌う言葉です。どんな子供でも「親に嫌われたくない」と思っています。まして、記憶の始まるずっと以前に嫌われたことがあり、その時生命の危機に陥った経験が刷り込まれて入ればなおさらです（言語段階以前に親に拒否されると言うことは、そのまま死を意味します）。この言葉は、こうした子供の愛情を逆手に取った殺し文句です。しかも、親は、「子供のため」という自己犠牲を倫理的な壁としているので、子供に何をしても自分が傷つくことがないのです（「幼児虐待」を引き起こす心理的メカニズムが、ここにあります）。かつて、子供を拒否したことは、この言葉によって救済されるのです。この圧倒的な圧力の前では、この段階の子供は、黙って従うしかありません。親の目に子供は、飴細工の飴のように、親の思い通りに扱えるもののように思えるのです。つまらない会社が、社の意向に添わない従業員を、「君のためだよ。新天地で頑張り給え」と言ってリストラ

（左遷・首切り）するのと同じです。

本格的に言葉を話すようになると、子供は、「自分だけの直接的な生活とそこで感じる心」から、心だけを、行為だけを分離させることが普通になっていきます。言葉に盛り込まれるのは、私の心・私の行動と言い切れません。誰にとっても当てはまる心であり行為として取り出されたものだからです。この落差が、分裂することなく、自分に結び付けられていれば、子供は、言葉に現実感を持ち、自分のこととして、受け入れることができます。

「叩くことは悪いことである」という言葉を否定する人はいないでしょう。しかし、善悪とは別に、言葉以前にそれが起こってしまうのが現実です。まして、状況への適応力の整わない子供の段階では、手が出てしまうことを避けられません。この段階の子供に言葉の上で、実際に自分が叩いたり叩かれたりした経験を否定しても、この論理を了解させることはできません。叩くという表現によって、自分や相手の何かが「解放され」、何かが「交換される」ことは事実です。ですから、子供にとっては、まず、これを生活上の実感として認められることが必要なのです。肯定的に根拠を与え、同時にそれを否定する根拠も与えなければなりません。叩いた時の自分の開放感が親に承認されることと、叩かれた相手の痛みを通じて受け取るその心とを、その場で重ねて理解する必要があります。そうすれば、伝わってくる相手の心が、自分の行動を否定する根拠となることが、彼にも自然に過不足なく了解することができます。叩き叩かれること（暴力）が、善悪を越えて存在する場所、言い換えれば、人間が言葉を現実として生きている場所を受け入れることができるようになります。

つまり、現実に叩くという行為は起こってしまうが、同時に「叩くことは悪いことである」という倫理も成り立っていることを知るのです。でなければ、「叩くことは悪いことである」という倫理は、現実に起こる行動から乖離して、言葉だけのことになってしまいます。大人が駐車禁止場所と知っていて車を止めるのは、ちょっとズルをしたという程度のことでしょう。倫理的に緩んでいるといっても、行動と彼の倫理観が乖離しているわけではありません。そのまま何処までも違法行為を高じていくことはありません。しかし、子供が早い段階でこの乖離を刷り込んでしまうと、両者は、全く関わりのないものとなってしまいます。彼の行動に、倫理的な歯止めの掛かる可能性が希薄になってしまいます。自分の行動が、自分の心に意味となって返ってくることがありません。行動は、状況への反射に過ぎず、感情の表出が意味を作るべき相手を見出せないまま、いわば、状況に感情を投げ出しただけというようなことになるのです。

言語以前の乳胎児期に、母親の不安を刷り込まれた子供は、母親がその不安を言葉によって解消しようとするために、決定的に現実感を喪失することになります。この段階ではまだ露わになってきませんが、思春期に入り性分化が始まると、性を自己認識に取り入れる際のトラブルとなって噴出することになります。

2　ヰタ・セクスアリス（7～10歳）―性に目覚める頃

①　性の萌芽

言葉を本格的に習得するということに加え、もう一つ重要な問題として、「性」への関心の高まりがあります。性分化は、思春期に本格化するのですが、その前に、この段階で「性に対する目覚め」が始まります。今のような情報過多の時代にあっては、その傾向がどんどん低年齢化しています。そこで〈性〉について、その発育過程を少し詰めて考えてみましょう。人間にとって〈性〉が何であるかについては、始めの項で詳しく述べましたので、ここでは、成長して行く子供にとってそれがどの様に分節（分化）されてくるのか、について見てみます。

性は心の動きとしてみれば、「対になった関係」から生まれる意識世界の状態を指しています。こう考えた場合、「性」という概念は、男女間の性愛に限ったものではなく、「親和的な感情」によって作られる関係全てを包む概念になります。乳胎児にとっては、母親との関係とそこから生まれるものが全てですから、最も本質的な意味で、母子関係は「性的関係」だということになります。関係をそれと意識できるようになるのは、児童期に入るこの段階になってからですから、言葉以前の乳児期では、この関係は、子供が住んでいる世界から受け取る、「快不快」の感覚、感情以前の「親和性」（好ましいと感じること）として現れるものと考えられます。ですから、人に対する〈親和性〉は、最も拡張された〈性意識〉の姿だと考えられるのです。「乳房を吸う感覚」「乳房に触り掴む感覚」「母の体臭と抱かれる身体感覚」「母乳の味と臭い」「母の顔と身体の映像」「母の声」、こういったものを通じて交換される親和的な感覚と、そこから生まれる快不快の感覚が性的な心を生み出す源泉となります。いわば母の体に「まみれる」ことで、一人の人間として生きていく根拠となる「性の意識」を刷り込まれることになります。

例えば、何かの事情で母親（その代行者）が忙しかったり精神的に余裕がなかったりといった場合、子供は、「乳を与えられ、おしめを替えてもらい、寝かしつけられる」といった世話を受けるとしても、その中身は事務的機能的に処理されて、「親和感情」が交換されるだけのゆとりを与えられないことになります。子供は泣く度に、「速やかに乳を与えられ、おしめを替えられ、抱かれ」はするものの、全ては「これでいいんでしょ」「早く泣きやんで良い子にしてて」というメッセージを受け取ることになるのです。子供は、十分な親和性を獲得する前に、事態に対処することを迫られ、男であったり女であったりする前に、一人の人間となることを強いられて、「早熟という病」を刷り込まれることになります。「私は人間である」という意識は、男であるか女であるかが、確立した後にやってくる極めて抽象度の高いものです。そこで初めて、「良い子」も「賢いこと」も、人間能力の一つとして意味を持つことができます。始めに人間となってしまうと、以後、「人間」と、「人間が生きていること」に現実感を持てなくなるのです。

さて、乳幼児が乳首を吸っている授乳の姿は、性愛における女性性に重なります。また、彼が生活上の全てを母によって支配され、世話を受けて生きることを見れば、生きることに於いても、基本的に受容的で女性性に重ねることができます。つまり、子供は男の子も女の子も全て、始めの性意識としては、「女性性」を刷り込まれることが分かります。「世界を受け入れ、受け入れられる」事を前提として作る関係についての意識であり、この段階ですから意識されることなく心の底に埋め込まれはしますが、自己認識の始めとなります。言葉にすれば、「私は、今生きている私そのものである」という自己了解です。

そして、その自己了解を前提に、少年期（学童期）に入り性についての意識が芽生えた時、その最初に向かう相手（母）が、同性であるか異性であるかの違いによって、心のかたちが、男か女として分節されて行きます。母にとっても子にとっても無意識の内に、言語以前の内的なコミュニケーションによって展開するこのドラマは、思春期の性分化に大きな意味を持つことになります。

さて、無意識の女性性が、男・女に分節して行く過程を見てみましょう。まず、男の子が、人に親和性を向ける時、その最初の対象は、「母という異性」になります。ですから、相手に向かう心が「男に分節される」としても、それは、自然の性に基づいた結果と同じで、ことさらに女性に向かうと意識する必要がありません。そのため男の子では、この移行が自然に行われます。ただし、その時、意識されるわけではありませんが、相手の中に必ず〈母の像〉を見ていることになります。また、男の子が自然な対関係の意識（親和性）を持つためには、必ず女という対象が必要になります。極論すれば、男は人間関係上、女に付随する存在と言うこともできましょう。

女の子の場合は、「母という同性」に向かうわけですから、性の意識であるにもかかわらず、「自分自身」に向かう意識に重なってしまうことになります。そして、女であるとは、「母となる可能性を持つ者」あるいは「子との関係を含む者である母」を意味するわけですから、女性であることの持つ親和性は、自分自身に向かう心であると同時に、可能性としての子に向かう心であるということになります。女の子が女性性を分節する時には、いわば、「既に選択されている関係」を選択する事と同じ経路を経ることになります。つまり、女は、男（相手）とは無関係に対関係の意識を内包して、人に向かうことになるのです。それで女性性は、外見上無条件の受容性を持つようにみえるのです。

女にとって、実際の男に向かうということは「何か意味不明のものを受け入れる」か、「何であれ無条件に受け入れてしまうか」そのどちらかであるという心理的な飛び越しが必要になります。そのため女は、男（人）に向かう時、徹底した受容か、徹底した排除に引き裂かれる傾向を潜在させていると言えます。また、女の女性性は内包されている結果、女の子は、この段階よりかなり早い段階で、女という意識を獲得することになります。幼児期の女の子は、「大きくなったら、お父さんのお嫁さんになるの」などと言うことがありますが、男の子が「お母さんのお婿さんになる」と言うのは、あまり聞きません。女の性意識の早熟性を示すものです。

子供の性意識が、対人関係の「快不快」という段階から、人に対する親和性へと分節されるこの段階では、その親和性に明確な対象を与える必要があります。性の意識を意識して取り出すには、つまり、親和的になって行く自分の心を、人間関係の中で意味あるものに構成するには、「女性モデル」「男性モデル」のように、その心をぶつけて確認するものが必要なのです。モデルは、男の子にとっても女の子にとっても、一次的には母親・父親ですが、この段階では、それを離れてモデルを持つことが必要です。親への親和性は、意識して作られるものではないので、ここでは、いわば空気のように背景に退いていなければならないのです。この分離展開の過程がうまくいかなければ、ここでも対人関係に齟齬を来すことになってしまいます。

まだ分化されていない子供の親和性は、同性に対しても異性に対しても同じように向けられ、男女混合の「遊び仲間」が形成されます。しかし、母親だけに向けられてきた親和性（愛情）が、次第にそこから離脱を始める学齢期になると、同性だけの集団へと移行して行きます。これは、「同性愛的」な親和性によって作られたものです。母親から離れる時、心理上は、一時的に「母親から愛されない（愛さない）子供」という状態が生じます。これが子供に「自己愛―ナルシシズム」をもたらし、その転化として「同性愛的」な執着が仲間に対して生まれるからです。男の子は、昔は当たり前であった「ガキ大将仲間」（長じて「番長グループ」）などの緊密な集団を作ります。なぜ男の子だけがこういったグループを形成するのでしょうか。「親和性（愛情）の喪失」という状態は、いずれにせよ子供をナルシシズムへと導くことになるのですが、そこから受け取る心的飢餓感の強度は、対関係によって男を分節するしかない男の子にとって、より深刻だからです。つまり、「女に対する男」という立場は、ナルシシズムから同性愛という離陸過程を経て、ようやく確立されるものだからです。

この過程に何らかの障害が起こると、心的な逸脱として「ナルシシズム」や「同性愛」がそのまま残り、これに倫理的な抑圧が加えられると、心的な異常や病をもたらすことになります。思春期の対人行動の異常は、ほぼこの段階のつまづきから生じて来ると考えられます。男の自然な形成に「ガキ大将仲間」が必要なのですが、その果たす役割を方法化して—教育的に、大人が与えることはできません。今思春期前半で少年たちの逸脱行為が激増しています。少年たちは、「ガキ大将仲間」を失ったけれど、これに代わる場を与えられていません。そのために、「男になりきれない。つまりは、人間にもなりきれない」状態で漂っているのだと考えれば、彼等の今を理解することができるのではないでしょうか。

性についての心的な分節と平行して、まだ性徴が現れる段階ではありませんが、身体の成長が進み、性に関する情報の増加もあって、身体的な性差や性行為そのものへの関心が高まってきます。しかし、この段階で親和性として現れる性的な感情は、性についての「関心」や「興味」にとどまっていて、「性欲」のように明確な欲望として自覚されるわけではありません。ある種の「快感」への欲望だと考えるとしても、この段階の性意識は、母子コミュニケーションによってもたらされる親和性を、分節しようとするところに生まれる快感に過ぎません。授乳に始まる摂食と排泄に付随する快感、身体が触れあっている所に生じる皮膚感覚の快感といったもので、大人が考える「性行為」の物まね・疑似体験を意識したものではありません。「口唇による快感」「肛門による快感」「触覚的な快感」に対して抱くものです。ですから、本当はこの過程に大人が介入することは望ましいことではないのです。なぜなら、この意識に「教育的に」働きかけることは、不可能であるだけでなく、これらの欲望に対して「解放」ではなく「抑圧」とならざるを得ないからです。これも昔ならこのガキ大将グループの周辺で、同性間・異性間の「お医者さんごっこ」で済んでいました。親の目を離れ少し淫靡な雰囲気のうちに解消されていたことです。この段階で通過・解消できなければ、これもまた、性行為に於ける逸脱・異常となって、改めて現れることになります。

思春期に入ったばかりの中学生が起こした殺人や暴行といった対人犯罪について、その犯罪の進行過程を、まるで大人の行為と同じように「性犯罪」として見ようとする見解が溢れています。しかし、彼が4～5年前、小学校の低学年でやっていれば、暴行や殺人などには至らない、単なる「お医者さんごっこ」だったという見解は聞かれません。当然なぜそれが、抑圧されたかについても考えが及んでいるとは思えません。親の愛情不足だとか、躾が厳しかったからだとか、当たり障りのない一般論でなければ、親を倫理的に追い詰めるものばかりです。「子供は親や学校に対し不満や反発を持っていた」と公表されると、鬼の首でも取ったような、親や学校非難の論調が幅をきかします。小学生のそれも女の子の無惨な犯罪については、さすがにその図式を当てはめることもできず、教師の対応や学校管理、果てはインターネットのメールにまで八つ当たりめいた非難を加える体たらくです。この時期の子供の性意識は、大人の目から見れば、「近親相姦」「同性愛」「スカトロジー」「サドマゾ」と分節されない性の奔流が溢れています。もっとも、性に限らず、意識が形を為していないという点では、心の状態の全てが、入眠幻覚か狂気の世界に似ているともいえます。

② 子供という自己認識

性意識が分節されるようになると、親和性を尺度として周りの人間を自分に関係づけ、同時に自分が何者かを了解できるようになります。単純化すれば、漠然とではあっても「社会」を認識し、自分がそこでは「子供というものである」ことを認識し始めるのです。この時この認識の形成を促すものが、「性別モデル」なのです。兄弟や身近な年長者がこれに当たります。「お兄ちゃんのように、お姉ちゃんのようになりたい」というのがそれです。ただし、彼等がモデルとしてその位置を占めることができるか否かは、彼等の容貌や人となりに左右されるものではありません。「子供がそこで子供として扱われる関係にあること」が、前提となります。ただし、ここで「子供として」という時、「大人に比べて半人前として扱う」ということではありません。「段階を認めて、しかしその限りで一人前に扱う」という意味です。また、その限界を無視して、「一人前として扱う」ことでもありません。

例えば、親は、兄弟関係を裁いていく時、子供たちの関係を無意識の内に位置づけているはずです。「あなたは、お兄（姉）ちゃんなんだから」「弟（妹）なんだから」「男（女）なんだから」等々。兄弟げんかを裁く時は、この位置づけに従って、年長者をより強く叱り、下の者は、無謀な挑戦をたしなめることになります。年長者に「我慢」を強い、下の者には「分をわきまえさせる」のです。この図式を子供から見ると、年長者は親の圧力からの「風よけ」となり、下の者は分を越えなければわがままができることになります。しかし、この関係は、親によって繰り返し承認・補強されなければなりません。つまり、兄弟には、それぞれの立場に付随する「権利と義務」のあることを教えられる必要があります。「同じことをしても、悪いことなら兄はより多く、時に兄だけが叱られる」しかし、「兄には、お菓子を選ぶ最初の権利をあたえる」といったことです。それによって、兄は、親からの制約でより多く抱え込んだストレスを、「立場の承認」と引き替えに解消し、「兄としての自己認識」に根拠を得ることができます。また、弟は、日頃の気楽さに代償がいることを知るのです。同じ扱いをして欲しければ、「お兄ちゃんのようになる」しかありません。

「兄弟だから平等に扱われるべきだ」というのは、法律上の問題か、親の愛情について言えることであって、「親が兄弟を生活の中でどう待遇するか」というレヴェルにまで持ち込むべきものではありません。社会性のない子供の集団に秩序を与えるのは、「年齢と体力の差」以外にないからです。年齢と体力が生み出す差異は、この時期の子供にとって関係を作る最も自然な根拠です。この差異は、子供にもすぐその場で確認できるものです。了解できるだけでなく、それが自分の意志によってどうにかなるものではないことも分かります。

とは言っても、年少の子供にとって、兄とはいえ、力ずくでねじ伏せられることは、大人と同じように悔しいことに変わりないでしょう。しかし、それは、人間に空が飛べないのと同じで、黙って受け入れるしかないことです。自然の条件を受け入れるのと同じように、この克服できない事態は、子供の中に自分を認識する契機を作り出します。つまり、「自然秩序のように存在する」段階の社会性を知り、自分もまた、その秩序の中にあることを知るのです。半分は悔しさや惨めさとなって残ります。しかし、この否定的な感情は、大人のように能力の限界・可能性の喪失といった自己否定的な認識に展開して行くものではありません。自分の「今という段階」に対する認識をもたらすだけのものです。「ボク（ワタシ）は、まだ子供なんだ」という自意識です。そして、半分は、今の敗北を認めるところから生まれる「明日のボク（ワタシ）」についての感情です。「いつか自分もそうなりたい。なってやる」という憧れや意志と、「強さや年齢に対する畏敬」の心を生むことになるのです。この関係意識の段階が「子供という段階の社会」を生むのです。「あなたはまだ子供なんだから」という親の言葉ではなく、実体を伴ってやって来る「自分は子供なんだ」という認識の始まりです。ですから、「兄弟みんな平等」などという考えは、子供が自立する契機を取り上げることにしかなりません。

この点で、幼稚園や小学校に進んで同世代間で経験するけんかや対立とは、根本的に違っています。なぜならそこは、彼等が「子供段階の社会」として生みだしたものではなく、もっと高度な社会の要請に従って作られたものだからです。この社会（学校社会）では、社会の秩序を作り出す根拠が違います。「校則」に象徴される法的理念的なルール、「学力・成績」といった経済社会の価値観が支配する場所だからです。そのため、子供の間の差異や対立は、人間に必ず生まれる自然の差異や、その結果起こる対立ではなくなってしまうからです。つまり、けんかにしても、その原因も結果も、子供たちがその場で了解することができなくなってしまうからです。「ルールや価値観」といった抽象物になってしまっているからです。

子供が、自分を子供であると認識している限り、そしてより重要なことは、それが親によって受け入れられている限り、「失敗・挫折・敗北」が子供に自己否定の感情を生むことはありません。子供であるとは、「失敗する者である」と同義語のはずだからです。私は失われた何かについてのノスタルジーを語ろうとしているわけではありません。今の社会の中でも、子供社会を相対的に独立した存在として扱うことは可能だと考えています。というよりそうしなければ、子供たちが、程度を別にして必ず心に病の可能性を抱え込んで育つのを、防ぐ手だてはないと考えています。

③　家族からの離陸

「性別モデル」を壁として、自分が子供であると認識できるようになると、自分と「兄ちゃん・姉ちゃん」の向こうに、その他の大人たちが「大人」として顔を持ち始めます。同時に、「ボク（ワタシ）たちは子供である」という集団化への契機を手に入れることになります。逆説めいていますが、「父親・母親」は、この段階では、子供が子供であるという意識を持つための壁となることができません。もっとも、その事情は、父と母では異なっています。この頃まで父親は、子供にとって母子関係に介入してくる、社会的な存在の象徴のようなもので、いわば関係にとって異物のようなものです。「お兄ちゃん」というには、年齢とそれに対する身体的な距離が遠すぎて、子供は、他の大人の場合と同じように距離感を持つことができません。

もっとも今のように子供が少なく孤立している家族では、父親が「お兄ちゃん」の代替え物になってしまうようですが、その場合、子供の前に父親として登場することは、かなり困難な作業になります。結局、母親がその代わりをすることによって、家庭から母性を消失させるか、社会的壁としての父性を消失させることになっています。

父親は、子供が性別モデルを媒介にして子供という意識を作り、さらにそれを克服する思春期に入る頃、ようやく「父親」という特殊な人間―男性として受け入れられるのです。成長する子供の最終的な壁として登場するわけです。母親は、世界そのものですから、子供にとっては、一人の人間として存在していません。母親が人格を持つのは、早くて思春期の終わり、本質的に（特に男の子にとっては）生涯を通じて、母親に「一人の人間としての人格」を認めることはないといってもよいでしょう。

子供が遊び仲間のような子供たちの集団を作り、その向こうに「大人と大人の作る社会」をぼんやりとでも見ることができるようになった段階が、ほぼ学童期の始まりということになります。こうした社会性を獲得するということは、言葉によるコミュニケーションが生活を覆うことに耐え、そこで生起する自分の心と体験を、言葉に移し替えることができるようになったことを意味しています。社会性とは、関係を関係として扱うことができるようになったことであり、それはまた言葉によって過不足なく自分を現そうとすることでもあります。この段階の子供が、「おしゃべり」であり「なぜなぜ小僧」となる理由です。中学生の親が「子供がこの頃家でしゃべりません。小学校の頃は、学校から帰るとうるさいくらいに、一日の出来事を話してくれたのに」と嘆きます。思春期に入った子供の、親に対する距離感が変化したためではありません。言葉に対する距離感が彼にとって、社会性と自己表現との間、伝えたいことと伝わってしまうこととの間で、本格的にズレを生んでいるためです。そのために、言葉は彼の現実に対して、常に遅れを生みます。言葉は、話される前に話し終わっているか、話そうとした時心が進んでしまっているか、いずれにしても彼は、寡黙か沈黙せざるをえないのです。思春期に於ける一つの危機の形です。かといって、そこから何かを無理に引き出すことはできません。周りの大人は、ただそうした事態を「見守る」以外にできることはありません。

④　学校という神話あるいは錯誤

子供は、学校社会と平行して子供社会に生きることで、例えば、学校から帰れば遊び仲間のグループが待っているといった生活を送ることによって、学校社会での校則や成績といった社会性も、自分のこととして受容できるようになるのです。学校社会は、同世代だけで作る集団が基礎となっていますが、これは人が作る集団の中でも大変特殊な集団です。ですが、子供社会でできたモデルへの関係付けが、同世代の仲間と関係を作って行く時の指標となって、子供たちは、この集団へスムースに適応してゆくことができるのです。つまり、同世代に生まれる優劣や序列を、「コンプレックス」と共に「賛嘆や敬意」としても了解できるようになるのです。闘争心や克己心という自己表現に道を拓くことにもなります。

これに対し「学校で良い結果を得れば、将来良い生活が待っている」などという説得の言葉（価値観）が、子供の現実に届くことはありません。彼等は言葉の上では理解するでしょう。しかし、この説得は、子供にとって生活上のリアリティーが全くありません。「人生全体」のような時間的尺度を持っていないからです。「将来という時間」を自分の生きる時間として位置づけることができないからです。それで、彼等は、この時間を「先取りされた時間」として、いわば「現在を逆立ちさせた形」で生きるしかなくなるのです。「泣きたい時に笑う」ような生活です。これもまた彼等を早熟に駆り立てる要因となります。

今学校は、かつてのように子供社会を容認・包摂しながら、子供を徐々に社会化して行くだけの「ゆとり」を持てなくなっています。学校に必要なゆとりは、学習や社会秩序を教え込むために必要なのではありません。それはどんなに厳しく行われても、そのことは、子供の成長に特別な影響を与えることがないからです。ゆとりは、教える内容や教え方に必要なのではありません。学校・教師が、「子供に教えないこと」、「子供の勝手を許すこと」に耐えるために必要なものなのです。指導基準を複数持って、生徒という集団が全体として何者かになってゆくのを見守るための〈ゆとり〉と考えるべきなのです。

例えば、小学一年生の成長度から考えてみましょう。4月生まれの子供と3月生まれの子供では、生活年齢やそこから生まれる精神年齢に1年の差があります。この年齢での1年間は、子供の成長にとって極めて大きな意味を持ちます。同じ学年・同じクラスといっても、同一に扱うことのできないほどの差を持っています。ですから早くても小学校を終えるあたりまでは、同年齢・同じクラスといっても、年齢差のある複式学級のような前提で扱う必要があるのです。つまり、クラス内で成長度によって生じている差異を、差異として認めて指導する必要があります。単純化すれば、先行する子供に教えられることと、後続する子供に教えられることとには、差異が生まれてくるはずです。逆に、子供によって「教えないこと、教えられないことが生じてくる」と言ってもよいでしょう。

子供の側から見れば、何かをする場合に同じクラスの仲間でも、教師から求められるものが違う、同じことをしても、その生徒に対する教師の評価・対応が違うことを知るのです。そうすることで、お兄ちゃん・お姉ちゃんと弟たちとが違う扱いを受けたように、ガキ大将とミソッカスやゴマメとでは扱いが違ったように、差異を差異のまま当然のこととして受け入れる心が生まれると言ってよいでしょう。これが、集団にとって本来の「ゆとり」となるのです。現場に立つ教師に必要なものは、こうした状態を維持してゆくための「ゆとり」なのです。しかし、学校は、差異を隠し、差異を打ち消すためにエネルギーを消費しつつ、これとは別の道を進んでいるようです。

人を集団として囲い込めば、学校のクラスに限らず差異に応じて〈段階〉が必ず生まれます。一人一人の差異に過ぎないものが集団として閉じられたために、段階を作り出しているのです。そして、学力に限らずこの段階という考えは、集団が「同一であると見なされる」と、直ちに「価値的な差―能力の優劣」に転化してしまいます。それはまた、人間の人格価値評価にまで繋がってしまいます。子供は、小学校に入学して始めて、平等という名の下に同一視される経験をします。平等に扱うことは、同一視することではありません。差異を認め、扱いを変えることが不平等というわけではありません。しかし、学校は「平等＝同一」という考えに縛られた結果、一方で学力による序列化をもたらし、一方でそこに生まれた能力差を打ち消そうとするジレンマに陥ってしまいました。学力の差が否定しようもないほど拡大すると、「能力別指導」と「個性の尊重」をセットにして差し出すといった体たらくです。

またまた横道にそれますが「差異」「同一」「平等」について、詳しく考えておきましょう。どんな条件を設定して人を集め集団を作ったところで、「同一集団」を作ることはできません。例えば、「手が二本ある人間」という条件で、街の通りから適当に人を集めてみましょう。この集団が、「手についで条件を満たした同一集団である」といえるでしょうか。どうもそれは難しそうです。分かり易い「手の長さ」「ついている筋肉量」のような条件だけ見ても、同じ手は一つもないでしょう。荷物を持つといった作業をさせてみれば、その差異はもっとはっきりしてきます。では、もっと厳密な条件を設定すればどうでしょうか。「血液型Aの人間」を集めて集団を作ってみましょう。この集団は、確かに「同一性」の高い集団であると言えそうです。しかし、この集団は集団としては、これ以上の意味を持てそうにありません。つまり、A型の人間を集めても、この集団を集団として扱う意味がないのです。A型の病人に輸血するというようなことを考えても、たちまちその同一性は崩れてしまいます。それぞれの身体条件によって採血可能な血液量に差が出てしまうからです。

つまり、同一性を実際に確保しようと条件を厳密にすればするほど、その集団は集団としての意味を失い、人の集まりとしての意味を失ってしまうのです。逆に条件を緩やかにすれば、集団は同一条件の下に集まっているとは言えなくなってしまいます。人の集団が何かの条件で同一であるとされるのは、「手が二本ある人間」「血液型Aの人間」のような、「言葉の上での同一性」としてしか成り立たないのです。言いかえれば、集団を、○○の上で同一であると「見なす」時だけ、同一性が成り立つということです。ですから、集団を同一で扱うということは、この集団が「実際に同一である」かそうでないかは、始めから問題ではないのです。

そして、同一ではないものを同一と見なして扱うわけですから、集団は大きな矛盾を抱え込むことになります。この矛盾は、実際に生み出される差異がどう処理されるのかを巡って、集団の一人一人にストレスとなってのしかかってくるのです。それを解決するために考えられたのが、近代思想である「平等」という考え方であり、差異を社会的な「優劣」とする価値観なのです。

しかし、ここでわたしたちが考えている集団は、子供の集団です。彼等は、社会集団を支えるこの思想と価値観を学び、それを受け入れることができるように教育されつつある段階にいます。それを生きているわけではありませんし、生きさせるべきでもありません。この思想は、人間の作る集団が必ず生み出してしまう矛盾を、欺瞞としてでなく二重性として生きていくための処方箋なのです。与え方を間違えると、欺瞞を押しつけて「大人は嘘つきだ」と言わせるか、「勉強できるから、ボクは偉い人間だ」という単細胞人間を造り出すことになってしまうのです。

さて、このように子供がさらされている学校状況は、残念ながら最も単純化した処方箋である「学力」を価値の中心とする序列社会なのです。その上学級活動、課外活動までもその評価に取り込まれています。もちろん、それが誤りだとばかりいえません。学校は、子供たちを集団で指導するために、結果として同一と見なすために、「学校は、学力―知的能力を訓練する場だ」と限定せざるをえない面があるからです。しかし、学校は、「学力偏重・知育偏重」、「学校は受験競争を激化させている」といった無責任・無意味な批判に、正面から反論することを避けるという怠慢な対応を繰り返してきました。そうした批判に対するアリバイ作りのために、「人間教育だ」とか「情操教育を重視して」といった言葉だけの「きれい事」を重ね、学習以外の子供たちの生活まで、評価によって縛り付ける結果となっています。もしそれを本当に重視するのであれば、ガキ大将グループを排除するのではなく、放課後はいち早く家に帰らせる等といった対応を取らず、大いにけんかもさせ、子供たちの無意識の表出を助長する位の対応が必要だったはずです。

⑤　いじめの構造―行きはよいよい帰りは怖い

学校は、社会から・家庭から子供たちが逃げ込んでくる場所であったはずです。学校は、「知識」という非生活的な非家庭的な、つまり「非日常的な価値」を効率よく子供たちに伝授する場所です。しかしそのために、子供が子供として生き振る舞うことを最大限に認める場所でもあります。そうすることで、学校を子供たちに受け入れさせることができたのです。

しかし、学校での全ての行為は、「成績」という評価に一元化してしまいました。繰り返しますが、生徒についての評価とは、学業成績だけでよいはずです。いわゆる素行評価といわれるような、人格に関わる面については、もともと教師の指導上の印象かメモ書き程度のものに過ぎません。評価として正確なものでないばかりか、もし正確ならば門外不出の文書とすべきものです。しかし、学業評価を隠すために、情操教育・人間教育などという指導はしても評価すべきでない分野まで、無制限に評価として公開されるものにしてしまいました。そのために、生徒は、ひたすら「明るく元気な良い子」を目指して邁進することになったのです。戦時下に「小国民」と言われたように。

その結果、校内での生徒の一つ一つの行動が、監視され評価されるようなキツイ状況を生み出しているのです。監視カメラで教師が行っているのではありません。学校は、生徒が相互監視をしているような状況になっているのです。「善行カード」「仲間褒め」といった偽善が奨励され、「一日の終わりの反省会」という公開の場で、ちょっとした「いたずらやズル」が不正行為として集団リンチのような個人攻撃を受けるのです。「褒めること」も「叱ること」も教師が行うのなら、それは、教育行為でしょう。生徒の手で行われているのです。それが教師によって奨励されているのです。これが教育の偽善や退廃でないとしたら、子供たちは救われないことになります。なぜなら、「いじめ」が必然的に生み出されるのはこうした状況だからです。

昔、「五人組」や「隣組」といった相互監視組織の中で、人々が窒息していった歴史を我々は持っています。そこでは、「非国民」とされた人物は、「村八分」という「シカト」を受けたのです。あの時と同じように、子供にとって学校は、「自分たちの意志と関わりなく、選択の余地なく押し込められる場所」になってしまいました。ここでも子供は子供を捨てて、社会的な価値観に早く順応する「良い子」であることを求められているのです。

それでも、学校で行われる評価が学業成績に限らず、全て「段階として評価」されるのであれば、それで子供が傷つくことはありません。子供とは、「何かに対していつもある段階に生きている者」だからです。しかしそれは、段階であって価値の優劣ではありません。「学校」が、それぞれの段階から少しでも段階を進める場所であるなら、その評価が学校を出ることはありません。この段階評価が、社会的な価値観に直結して受け取られることはないはずです。しかし、学校はこの点でも後退に後退を重ね、学校内評価がそのまま社会的評価となるに任せています。

所属生徒の学力の善し悪しが学校の善し悪しであり、そこで教える教師の善し悪しと考えられています。私立中学から大学まで、学力偏差値によって、学校と教師の価値までもが決められ、親や生徒ばかりか、学校も教師もこれに振り回されているのです。異様と言うほかありません。今や学校を廃止して全てを「学習塾」に委ねたほうが、子供の生活は平和になるのではないかとさえ思われます。少なくとも塾では、個人の生活や人格にまで踏み入って生徒を評価することがないからです。出るも入るも自由に選択することができるからです。わたしたちは、そこだけが、いじめ状況からの唯一の脱出口だと考えます。

学校の存在する根拠は、その権威を否定した時、社会にとって人の評価基準が失われるのではないかという点だけになりました。人物評価が必要な時、それを必要とする者が、その都度自前で評価を行うのは煩わしいことです。しかし、今人材を求める場合、学歴による序列に代えて、新しい評価基準を作ろうとする動きが始まっています。そして学校がどうなろうと、社会の趨勢はその方向へ向かっていくと思います。

⑥　学校崩壊─そして誰もいなくなった

結局、学校がその組織を維持して行く（親が子供を学校へやる）根拠は、「学歴付与と学力による選別」だけになってしまったのです。そうでなければ、体の良い「子捨て場」です。子供たちは、その評価を受け入れる代償に友達に会いに行くのです。子供は、自主的に学校へ行く理由を、そんなことにしか見出せなくなっています。学校は、社会によってそんな場所に追い詰められたと言ってもよいでしょう。個々の学校や教師の善し悪しと関わりなくそうなっています。学校も教師もそれを良いことだとは思っていないのでしょう。彼等は、その代償のように「学校が選別機関であること」を隠そうとしているのです。特に小学校レヴェルでは、子供たちの差異を極力消そうとしています。しかし、今必要なことは、あからさまに「学校は勉強する所であり、それによって子供たちを序列付けする所だ」と宣言して、全ての教育機関と同列に選択してもらうという場所へ後退してしまうことでしょう。いまの学校の態度は、子供にとって「二重の欺瞞を抱えて生きよ」と言っているようなものです。子供にとって大きなストレスにならないはずがありません。先に触れたように「良い子であれ」というストレスです。

学校の中で平穏に過ごそうと思えば、欺瞞に眼をつむり黙ってそれに従う「良い子」でなくてはなりません。教師に対し、親に対し、クラスメイトや友達に対してさえ「良い子」でなくてはなりません。しかし、親も教師も子供たちさえもが、互いに「良い子」を強いながら、その痛みが分からなくなっているのです。そして、子供たちがそれに耐えられなくなって起こした行動の一つが、「教室崩壊」なのです。最も肝心な授業が成り立たなくなったのです。学習に適応力のある子供の関心は、塾へ移ってしまい、適応力の乏しい子は、勉強そのものへの関心を失ってしまったのです。子供たちに必ず生まれる格差、現実に起こってしまっている格差を認め、そこから授業を立ち上げることを放棄した結果です。学校は、学力に差のある子供を一緒の教室で教えることができなくなったのです。

そのために、「教室での授業」が目的と焦点を失ってしまいました。教室への求心力は、「学習・学ぶこと」以外にありません。しかし、学校は、「格差を生まない。格差はない」という欺瞞によって、自縄自縛に陥ってしまったのです。その間に、学習指導の点でも、「能力別」「進度別」をあられもない形で実践する塾や予備校に追い越されてしまいました。教師の力量や教授力の不足が問題なのではありません。目的と焦点を失えば、いかに優秀な教師といえども教室を維持していくことはできません。これに眼をつむって、学校を維持しようと思えば、強制と懐柔という、教育にとっては更なる「欺瞞」に陥るか、「子供同士の相互監視」という退廃にまで行き着くことになるのです。それを避けようとするなら、「学校という塾」になるほかありません。

こうして学校の混乱は、小学校での学級崩壊にまで進んできたのです。学校制度は、戦後の社会構造が劇変して行く中で、大学から始まり、ほぼ10年サイクルで解体への道を歩んできました。'60～'70年代に「学生運動」という形で大学が、'70～'80年代に「学校紛争」という形で高校が、'80～'90年代に「荒れる中学」という形で中学校が、'90～'00年代に入ると「学級崩壊」という形で小学校までが解体しようとしています。これからの避難として始まった私立志向は、小学校にまで及ぶことになるでしょう。そして、そこまで進めば家庭の経済負担能力から見て、日本社会が改めて階層化されて行くことになるのではないでしょうか。

「私立志向」と言われる傾向は、社会が経済力を持ったというだけで説明できるものではありません。親たちが、学校という制度の限界を無意識の内に感じ取った結果です。私立学校は、「学校」であるより「教育サービス機関」という場所、塾と同じようにそのサービス内容に応じて自由に選択される場所に存在しています。もしこの流れが、無意識の教育改革にまで発展するとしたら、受験指導力・学歴ブランドといった価値観を私学が自ら越えて、その設立の原点に立ち返る―標榜するそれぞれの教育理念に従い、制度を超えてそれを実践できるようになった時ではないでしょうか。

⑦　共学という砂漠―男女7歳にして席を同じうせず

学童期に入れば子供たちは、「大人になる」ということが、単に成長するということではなく、「男になり女になる」ということだと気づき始めます。しかし、お兄ちゃんやお姉ちゃんは「大人モデル」であっても、今では「性別モデル」として機能する前に子供の前から失われています。子供社会は、小学校に入ると、クラスを中心とした同年齢共学集団へと解体させられてしまうからです。この集団は、平等と同一性を前提に人工的に、学校・教師が作り出したものです。当然ここでは、女であることと男であることの固有の価値が自覚される機会は少なくなってしまいます。

学校教育は、人間的な価値を学力へと一元化して来る過程で、この性差についても一元化してしまったのです。「男としての価値」「女としての価値」については、ほとんど触れられません。人間教育の名の下に、男女に共通する「人間としての価値」を教育することに取って代わられたのです。人が現実に生きている姿は、人間という普遍的な姿ではありません。個々に多様で具体的なものです。その多様な姿のなかで、極めて明確な差異を生み出しているのが性による差なのです。同一性を教えるのであれば、まず子供にとって切実なこの性差について、その持つ意味を十分に指摘することから始めるべきなのです。性教育と称して、性器の違いや生殖の説明をいくらしても、性としての人間を理解させることはできません。

この段階の子供にとっては、目の前にある互いの差異が問題なのです。差異をいかに受け入れ、いかに克服してゆくかを知ることが必要なのです。差異はないと「見なす」ことを学ぶのは、もっと後のことでよいのです。前時代の性別モデルは、「良妻賢母」「質実剛健」といったような具体性を持ち、良かれ悪しかれ子供たちの日常に届くだけの内容をもっていました。つまり、彼等の生活範囲で現れる男女の違いをこれによって説明し、互いをそれぞれの場所に於いて認め合うことを、学ばせることができたのです。

しかし、学校教育は、こうした女性像や男性像を、封建的思想だと打ち消すことに性急すぎました。そのため、ここに含まれた男女についての普遍的な意味を、じっくり考える機会を失ってしまいました。その結果、子供たちに具体的な性別モデルを与えることができなくなってしまったのです。後には、人間を「人間としてだけ理解すべし」という抽象的で、思想的に硬直した考えしか残らなかったのです。現実味のない言葉だけの人間観を、子供たちに押し付けることになったのです。学校教育は、新たなモデルを生み出す努力を放棄して、男女の違いを説明する基本的な価値観を失ったまま、「性教育」に逃げ込んだのでした。

子供たちは、そこで性についての興味と断片的な知識だけを蓄えて、思春期を迎えることになってしまったのです。その時、肉体変化によって生み出された「性欲」は、互いに向き合う親和性（愛情）も、敬意や憧れも知らないまま、方向を持たない欲望となって暴走を始めることになるのです。「女を知らない男」と「男を知らない女」は、自分が男であること、女であることさえ理解できません。二人は、凸と凹の性器を持った生き物としてしか振る舞えないことになります。

さて、男の子の集団を貫く価値基準は、第一に肉体的な「力強さ」でした。小学校の5、6年生まで含み、時に中学生が関わることもあるといった集団であれば、「力強さ」の持つ意味ははっきりしています。同時に集団の中で一定の位置を占めようと思えば、この力強さは自己抑制も伴う能力だということも分かります。ここで、「力と抑制」「男という自己認識と男という対他性（人に向かう根拠）」を知ることになるのです。差異が肯定され評価される集団であれば、男の子は自然に「男であること」を理解できるのですが、今のクラス集団では、それが自覚される機会も少なくなっています。

女子の場合は、男子の「力」という〈攻撃性〉に対し、「優しさ」のような〈受容性〉が集団の基軸になります（女は優しくあれと考えているわけではありません）。しかし、この心理的な迂回路は、身体的な直接性を持っていません。つまり、優しさのような表現は、行動として現れてもこの段階では、相手に対して明確な輪郭を持てません。そのために言葉がこれを補完することになります。女子は、他者に向かって自分を表現しようとする時、過剰に言葉を呼び込むことになります。男子に比べて女子が皆早熟である理由です。「夢見る乙女」の誕生です。また「女という自己認識」は「女という対他性」を必要としないので、数人の仲良し集団を出ることはなく、男の子のように大きな集団を作ることは希です。クラブ活動のような場合も、個人的繋がりを越えた集団意識が生まれにくいために、指導者は、全体をまとめるのに苦労することになります。

しかし、学校お仕着せのクラス集団では、男子女子ともこうした性意識を自然に獲得することは困難です。しかも今では、この集団は同一性が前提ですから、性差どころか個人差も認めません。教師がクラスを平等同一に扱うこともおかしいのですが、子供に互いに平等同一に関わり合えと言うのは、明らかに欺瞞の強制です。繰り返しになりますが、子供が現実にある互いの差異を人間の価値の差だと考えることなどありません。もしそうだとすれば、学校や親が一方で激しく生徒を選別している結果です。子供たちは、現実に起こっている差異を差異と見てはいけないと言われる一方で、他の子供に対して「差を付けること」を求められているのです。彼等は現実の差異を処理する方法を知らないまま成長することになります。つまり、自分が優位に立った場合には、傍若無人に振る舞い、劣位に立った場合にはたやすく潰れる子供になるのです。

男子高校での経験ですが、こうした集団の行動様式を見てみましょう。体育祭の出場者が決められてゆくプロセスによく現れています。クラス対抗で行われるので、ほとんどの場合運動能力の違いから、3年生のクラスが優勝と言うことになるのですが、下位を争うのも3年ということも珍しくありません。さて、何の指導もせずに彼等に自由に決めさせる過程を見ていて、ずいぶん驚かされました。希望者の殺到する種目は、まず100メートル走、次いで100メートル×4リレー、走り手のいないのが最高得点になる5キロマラソンでした。運動部のレギュラークラスや「ゴン太グループ」は、ほとんど100メートルしか走りません。運動に縁もゆかりもなさそうな「ひ弱くん」たちが、なぜか400メートル・800メートルやマラソンを走ることになります。100メートル走は、最も楽に体育祭をやり過ごす方法だったのです。なぜか強者のわがままに弱者の諦めが釣り合っているようです。一応希望者によるジャンケンという「民主的手続き」で決めたということで、マラソンを走ることになった生徒も含め特に不満はなさそうです。もちろん、盛り上がらない体育祭ということになります。

生徒に学校であれクラスであれ、集団に対する求心力が働かなくなっています。多くの学校で体育祭は、しかたなく頭を下げてやり過ごすだけのものになってしまいました。しかし、彼等は、単に体育祭が嫌で忌避しているわけではないのです。集団を形成し集団によって何かをやるということが分からなくなっているだけです。あるいは、競技種目という差異に向かって互いの差異を表現し合うということに慣れていないのです。クラスが勝利するには、種目に最もふさわしい者が出る必要があります。彼等は互いの能力状態なら実によく知っています。しかし、何かがその表出をとどめてしまうのです。

照れ、恥じらい、謙遜、そうした要素もありますが、それ以上に集団に向かって自分の差異（特異性）を示すこと、人のそれを指摘することが、忌避されているのです。集団の中で自己の特異な部分を不用意にさらすことは、自己表現として認められないだけでなく、異質分子として排斥される可能性があるのです。同じように、人についてそれを指摘することも、相手か自分が排斥される可能性を生むのです。「ここ、この日は無礼講」のような形で、彼等の日常意識を括りだしてやらない限り、体育祭は葬列と同じになってしまうのです。

こうした集団は、単に人が群れているだけで、駅の待合室と変わらないものになってゆきます。彼等だってチームスポーツをするように、集団を作って楽しみたいと考えているのですが、群れ以上の集団が作れなくなっているのです。社会性の喪失、それと対になる自立性の未成熟と言ってよいかもしれません。高校段階の話ですが、教員集団や学校組織に対して、生徒一人一人が自立した立場を持とうとしても、生徒集団自体が集団として自立していないために、一人一人が自立することなどとても無理なのです。自立と見えるのは、単に一人一人が孤立しているだけのことです。少し目立ったことをやれば、単なる規則破りの乱暴者か怠け者として処理されてしまうのです。生徒もそんな行動しかとれなくなっているのです。これが個人の内部に向かって現れると、不登校や引きこもりを引き起こす強力なきっかけになります。結局、学校のクラスという同年共学集団は、砂粒が集まってできる砂漠に似ていると言っていいでしょう。子供たちは、同じ相貌で男女差さえ消して生きることを強いられ、それをさらに純化して少年期を足早に過ぎてゆきます。

しかし、実際の生活場面で、思考や感情に男女の違いが生まれ、行動に差が出てくることに気づかざるを得ません。例えば男の子は、いきなり蛇口に口を付けて水を飲みますが、女の子はあまりやりません。男らしさや女らしさといった性別行動様式に従うようになったからとも言えます。しかし、根本的には認識と行動の仕方が、より男らしくより女らしく分節し始めているためです。水を飲もうとする時、男の認識は、それが「水である」と判断すればそこで止まってしまいます。ですからそのまま飲むという行動に直結して、蛇口に食らいつくようなことになるのです。これに対し女の子は、「その水はどんな水か。飲めるのか。飲んでおいしいのか。どう飲むのか」と思考を展開します。そのため行動は少し遅れを生み、手で受けて飲むとか、コップに入れてといった落ち着いた迂回的な行動になるのです。この思考の展開の仕方も、女子集団の形成と同じように、言葉を操る能力に差を生みます。

それまで男子と互角に取っ組み合っていた女の子は、力で負けるようになり取っ組み合いを止め、その代わり口で負かすようになります。負けた男の子は、悔しくて余計に手が出るようになります。そこでは、自然な行動変化と性別行動様式への同化とが同時進行しているのです。互いへの興味と反発が、分けられないままに同居していると言ってもいいでしょう。子供たちは、男同士・女同士と互いを排斥しながら、今では希薄になっていますが、それでもそれぞれの男を女を磨くために、同性集団に吸引されてゆきます。

第5章

思春期前期（11～15歳）

1　性分化―第二の誕生

①　第二次性徴―身体・生理過程

胎内の発生過程で分化した〈性〉は、まだそれだけでは「性の可能性」を獲得したという段階にとどまります。ここでの性分化によって始めて、人は現実の男か女つまり「成体」として成熟するのです。ですから人は、母体を離れ「人類として生まれる」第一次の出産と、思春期に「男か女へと変身（メタモルフォーゼ）する」第二次の出産とを経て、「人となる」と言うことができます。子供の体を「現実的な人体」、つまり性的な身体へと作り変えてゆく段階が、〈思春期〉なのです。「現実的な人体」とは、子孫を作る能力を持つ身体を意味します。身体の外見的な変化は、全てそれがうまくゆくために整えられる装置作りの過程と言えばよいでしょう。

性分化の基本は、「卵子の成熟と排卵」「精子の分化と射精」にあります。「初潮」と「精通」が、性的に成熟した証しです。生理的肉体的な過程に限ると、男子の性的な成熟は、女子に比べ極めて単純です。精巣が活性化し作られた精子が精嚢に一定量貯まると、陰茎の勃起・射精が促され、この過程は完了します。女子は、男子より早く第二次性分化が始まります。身長で120㎝を越える頃、肥満傾向にあればより早く「初潮」が訪れます。小学校高学年から中学に掛けての頃ですが、最近は体の成長が早く、性的成熟も早まる傾向にあります。卵子は、胎内で卵巣が分化する時点で既に作られていて、それがほぼ28日周期で成熟し排卵されるようになります。

しかし、女子の成熟とは、受胎が可能になったことを意味するわけですから、単に「卵子の成熟・排卵」という部分的過程で完了するわけではありません。女子は、体全体が「受胎準備体制」とそれが解消された「卵子成熟体制」という二重の身体体制を、ほぼ28日を周期として繰り返すことができるようになって、初めて性的に成熟したと言えるのです。男子には、骨格が太く大きくなり筋肉が増強されると言ったことを除けば、全身的な生理体制の変更というようなことは起こりません。それに対して女子は、この二重性のために生活上の基本的代謝システムさえ二重化して生きることになるのです。基礎体温の変動はその現れの一つです。どちらかを正常な状態と想定すれば、一方は異常か病的な状態ということになります。

つまり、女性は、性的に成熟すると、半分は、生理的に〈健康な病気〉とでもいうべき身体状況を生きることになるのです。敏感な女性には、この周期に合わせて食の嗜好が変わったり、軽い躁と鬱に気分が変化するのに気付く人もいるのではないでしょうか。こうした変動を調節して、日常生活を円滑に維持するために、女性には、男性と比べて心身状態を恒常的に維持する能力―ホメオスタシー能力が高度に備えられています。この能力はまた、妊娠期間中の心身状態の維持に大きく貢献し、胎児に安定した胎内状態を保証する元ともなるものです。女性が男性に比べ心身の苦痛によく耐え、環境変動や逆の単調さにも耐えられるのは、この身体システムに備わったホメオスタシー能力のためです。

昔は、女の子が初潮を迎えると、精巧に整えられ一人前の女となったこの証しに、感謝と敬意を込めて赤飯などを炊いて密やかに祝ったものです。今は、誕生日を気にする割に、それより遙かに意味のある、女としての出立を喜ぶことが少なくなっているように思います。ここにも、「人工の奢り」に連なる何かが隠れていそうです。この点について以下でさらに考えて見たいと思います。

② 第二次性徴―心的過程

性分化は、当然身体変化だけではありません。子供の頃の体験ですが、「ついこの間まで一緒に取っ組み合っていたお転婆が、この頃妙にしれっとしている。あいつどうしたんだろう」と不審に思ったことがあります。子供を急速に卒業していった女の子の印象が残っています。「初潮」は、男子の「精通」に比べて、女の子にとって遙かに衝撃的な体験です。先に触れましたが、病気と言ってよい程の身体変化を伴います。単に具合が悪いというより苦痛を伴い、一定の周期で繰り返し起こってきます。これは、明らかに「子供の体」からの断絶です。自分の体がまるで別物になったように感じられるはずです。この「新しい体」という事態は、簡単に受け入れることができるものではありません。人間に、根源的な自然性を突きつけるものだからです。ここでわたしたちは、「男も女も人間としては同じだ」という考えを徹底して疑ってみようと思います。「現実に生きているのは、男か女であって人間ではない。あるいは、人間などという生き物は、思考の中にしか存在しない」という考えに根拠を与えてみたいと思います。

剥き出しの自然に直面した時、人は誰でも恐怖を感じ不安に陥ります。今でも地震や台風に遭遇した時、我々は平静でいることはできません。身体という自然が最も激しくその存在を示す出来事、それが〈初潮〉なのです。ですから、かつては、密やかな畏敬の思いを込めて祝ったのです。我々は、その自然に対する畏敬の念を基に、改めて自然に立ち向かうことになります。「科学」に依る探求とそれによる技術で、剥き出しになった自然の脅威を遠避けようとします。しかし、遠避けているだけだという自戒を失った時、我々は、自然の前に再び屈服することになります。

どんな自然であれ自然に向き合う時、これを制御しようと考えるだけでは、いくら科学知識や技術を用いても制御しきることはできません。同じように、知識と技術を動員しても、男と女の自然な差異を無くすことはできません。初潮の始まった女の子に、「それは単なる体の機能が変わっただけだ」と説明しても、それで新しい体を自分の身体として受容させることはできません。生殖機能がどのようなものかについて、正確な認識を持つことは必要でしょう。しかし、人間の身体は、自分にとって「機能の集積体」というだけではありません。

身体は、それを生きている人間にとって、まずそこにある全体性として受容されているものです。環境と交渉してゆく過程で、次第に身体機能が「意味」として分節され、それが自分の身体に他ならないものだと了解した時（全体性に位置づけられた時）、機能（意味）は、初めて「身体の価値」として受容されるのです。しかし、意味以前の身体の直接性（そこにそのように在るものとして存在しているもの）が、全て機能に還元されるわけではありません。「病」のように身体の異常として現れるものは、依然として身体が「身体という全体性」の中にあることを示しています。身体が全体として生きているということは、自然の直接性を生きるということであると同時に、人間にとって身体が「心的世界」を持つということでもあります。少しこなれていない言い方になりましたが、人間にとって「私の体」とは、「私の心」と同じことを意味する段階があるということです。

女へと変容しつつある身体は、この全体性が丸ごと変容してしまうことを意味します。もちろん、手は、昨日と同じように機能し意味を持っています。しかし、その機能は全体が変容した今、その価値を変えてしまいました。自分の体であって自分の体ではなくなっているのです。男の場合、それは程度か強度の変化に過ぎません。いずれにしても、男は女に向かう以外に他者に向かう回路を持たないからです。全体性を失えば、女であることは、生殖上の役割を果たすことと、男の欲望の対象となるだけとなってしまいます。

学校の性教育は、性機能の説明を越えて、「女という全体性」、その意味や価値を説明しようとする努力をずいぶん前に放棄しました。社会的な、政治的な「性差別狩り」に遭遇することを恐れたからです。その結果、女性について・妊娠出産について、それが人間にとってどんな意味や価値があるかについて、教えることができなくなっているのです。女について語らないと言うことは、男についても何も語られていないということです。不幸なことに、性についての理解は、なくてもいいような解剖学的な知識や、「生むことは女性の権利」というような無意味な政治問題の周辺を徘徊しているばかりです。女性の身体を価値あるものとすることが、社会的に女性を制約することであるかのような議論が横行した結果、学校教育は、身体教育の分野で科学知識に逃げ込んで、性がもたらす心の問題には眼をつむってしまったのです。雄しべと雌しべの説明が、「赤ちゃんはコウノトリが運んでくる」と教えることより優れているとは思えません。

初潮を迎えた女の子は、生理学・解剖学の知識とは何の関わりなく、断絶的に女へと変身せざるを得ないのです。そして、それは、身体を意志や知識でどんなに制御しても、「老・病・死」を越えることができません。人間は、身体の衰えや異常の問題であると同時に、心（認識や思想を含んで）の問題でもあるからです。胎児が出産を契機に水中生物から陸上生物へと劇的に転換した時、生理機構は、「呼吸と受乳」という自力で生きる体制に移行しました。その時全ての乳児は、この心的トラウマを「生命力」に置き換えて生き延びたのです。生きることが「生理的に生きること」と「心的に生きること」に二重化されたのです。

ここで同じように、女の子は、生きることをもう一度繰り込み直す契機に遭遇しているのです。「排卵・月経」という現象は、単に生殖上の機能が発現したということではありません。女性としての心的世界を一気に形成する契機なのです。女の子はここで、自分の身体を「潜在的に他人を抱え込んだ体である」として受容しなければならないのです。つまり、彼女は、何をどう生きようと、「自分だけが生きている」という世界を失うのです。現実に「自分だけが生きている」ように生きたとしても、そこでは常に、他者を排除するという意識を持ち続けなくてはなりません。でなければ、女としては、神の妻である巫女のように、全ての他者を受け入れるという場所に立つしかないことになります。

もし、彼女が、男のように生きたとしても、男でも女でもない生き方にならざるをえません。男には意識以前の段階で、他者を受け入れるとか排除するという関係意識がありません。受け入れられることを前提にただ他者に向かうだけです。キャリアウーマンという言葉は、社会の中で男と同じように生きて有能であるが、男でもない女でもない、もちろん、人間でもない立場で仕事を続ける人を指しています。あえて言えば、「仕事のために作られた人間」というイメージと言えばいいでしょうか。これは、「うちのお父さんは仕事人間です」というのとは根本的に違います。男は、仕事人間であろうとなかろうと、それに類したところにしか存在しようがない生き物だからです。それが何を意味するかは、「子供をおぶって会議室に座る女性」をイメージすれば分かると思います。この違いを理解しなければ、働く女にまつわる悲喜劇はこれからも繰り返されることになります。「全ての職場に保育所を」「全ての仕事は子供連れで」です。

女子に比べて男子の場合、「夢精」のような形で「精通」を経験するのですが、これは、子供から大人への転換点となるには、余りに些末な体験です。それまでの快不快感覚に新しい快感システムが加わっただけです。それは、「精子の放出」という一点で成立するのですが、悲しいことに男が男を生きるのは、この快楽体験が実現する瞬間だけです。「放出できる。放出の可能性がある」というだけでは、男を生きていることになりません。単に人類に分類される生き物として生きているだけです。射精中であろうとそれ以外であろうと、男という格別の身体状況の変化はないからです。心理的に性的興奮の波と、これに付随する身体反応があるだけです。空腹になれば、メニューの写真を見ても唾がでるようなものです。ここからは、「男という心」などないと言ってもよいように思えます。事実ほとんどないと言ってもいいのです。しかしとは言うものの、男的な考え方や「男の世界」ということで現される、男固有の考え方や心的な傾向がありそうにも見えます。もう少しここを詰めてみましょう。

普通「男的な思考」と考えられていることは全て、例えば、「世に出て競争に勝ち抜いてゆく闘争心」といったものも、男として生きることから必然的に生み出されてきた心の形ではありません。生物的な生存競争の名残か、社会的な役割や生き方として整備されたものです。人類的な歴史と文化の中ですり込まれた考え方と言ってもいいでしょう。ボーボワールの主張には反しますが、「男は社会的にしか作られない」のです。例えば、「男は泣かない」という考えは近世に出て来たもので、鎌倉・戦国の豪傑は、豪快に泣き笑うことこそ男らしさの表現と考えていました。同じように、父という存在の仕方も、社会的な存在として作られたものです。男としての存在の結果は、夫になるだけです。生物学上父であるということは、男という存在の仕方にとって何の意味も持ちません。男の身体生理に、何の変化も生まないからです。子への愛情・血族への思いは、対関係が生む親和的心の現れで、男という心が生み出したものではありません。これに対して母という存在の仕方は、社会的な役割分担の結果ではありません。女としての存在から必然的に生み出されてくるものだからです。

なんだか、この先を進めると男は地上から消滅してしまいそうです。小さな可能性ですが、もし、

「男的な心」があるとすれば、「射精の瞬間にしか男として存在しない」という性的規定が生み出すものになるはずです。「瞬間にしか存在できない心」とはどんなものでしょうか。単純化してしまえば、「そんなものはない」ということになりそうです。とすれば、男は、性分化の結果、精子の生産とそれに付随するホルモンの促すままに、射精の機会を求めてほっつき歩く生き物というだけのことになりそうです。男の心とは、性欲の代名詞に過ぎなくなります。男とは瞬間にだけ存在する現象の一つになってしまいそうです。実際そんな程度かもしれません。

しかし、男の救出のためにもう少し厳密に言ってみましょう。存在確保の欲求が、性欲という形であってもなくても、「向かうという心」の形を採るわけですから、それは、「心的な攻撃性」となって現れるということは言えそうです。つまり、男は、対象に向かう時、自分の存在場所を獲得するために（女を手に入れる、自分を受け入れてもらうために）攻撃的な心の傾きを潜在させているということです。そして、これは、「意志や欲望」という形をとって相手に向かうわけですから、行動に常に「倫理」が介在することになります。女が女であることに道徳や社会的制約が生まれることはあるとしても、倫理は介在しません。

精通で成立した性的欲望は極めて強力なものです。これまでと違って女に向かった時、「やりたい」と思う気持ちを消すことができなくなってしまうのです。この強烈な欲望は、心的トラウマを生むと言っていいほどのものです。しかし、それでやったのでは、「やりたいからやった」になってしまいます。それでは自分が猿になったようなものです。そこで男は、まず自分に「やること」の意味を説明し、その価値を計る必要に迫られるのです。行動に倫理的説明がついて回ることになるのです。言い訳がましいのは昔から男と決まっています。ここで〈倫理〉と考えていることは、善悪の判断や道徳的な思想を指しているだけではなく、人が意志を持って行動に移る時、必然的に生み出される自己了解の形を指しています。

つまり、我々は、何気なくやってしまったことを、ふと我に返って「良いことをした。悪いことをした」と「反省する」ことがあります。これも倫理的な判断ですが、これは、社会で決められている戒律や約定に従った道徳的な判断です。人間の反省には、もう少し違う段階があります。例えば、腹が減ってパンを食べた後に、「なぜパンを食べたんだ」という反省がやって来たとしたら、その反省は、何に対して行われているのでしょうか。「空腹だから食事する」というのは反省を必要としないはずです。それは、人間の本性に従った行動だからです。しかし、我々は食事といえども、状況つまり関係を無視しては行えなくなっています。食べ物が人のものなら「ドロボー」と叫ばれることになります。テーブルマナーに反したら、「はしたない」と叱られるでしょう。食事制限中なら「意志薄弱」とばかにされそうです。

こうした反省は、最終的に「人（私）はなぜ食事をしなければならないのか」という地点に収斂します。そこから「私はこのように食事する」という判断が立ち上げられるわけですが、これが私にとってと同時に人間にとって「食べること」についての最終的な自己了解、〈倫理〉となります。今のところどんな問題にせよ、「人間にとって」という問に答えられる、〈普遍倫理〉が分かっているわけではありません（宗教を別にして）そのため今のところ、倫理は、「私がこれこれを行う」という実践の場を離れては存在できないのです。

さて、少なくとも男は、「俺はなぜやりたがるのか」という倫理を越えて、女に向かうことになるのです。つまり、男という性に固有の心があるとすれば、あまりにもやりたがったために、やろうと意志しなければやれなくなった心だと言えそうです。ただし、この過程が全て意識的・自覚的だというわけではありません。心の動きを規制する構造となったものということです。母子関係が自然であれば、女に向かう男の心は、その関わり方に於いて、「やりたいからやる」という自然の度合いを超えることはありません。かつて、母に抱かれて「やりたい」が過不足なく受け入れられていたわけですから。しかし、母子関係に過剰か過少を抱え込んでいれば、「やりたい心」は、自然の振幅と周期を保てません。つまり、より多く考えより多く意識的に性行動を行うことになります。意識して行うことは、必ず行動に逸脱を生みます。母子関係に障碍があった場合、それが助長されるのです。男の方に性行動の異常や狂気が、より多く現れる理由です。そして、理想的な母子関係が存在しない以上、多かれ少なかれ男は皆、性に関して「病気だ」と言っていいでしょう。

今一つ考えられるのは、「男の心なんてない」わけですから、男という心的な構造は、子供の心がそのまま延長されたものと考えることはできそうです。その度合いは、女に比べて圧倒的に高いということです。もっとも、「子供心を失わない」ということではありません。あくまで、子供の心の傾きが、再構成される契機がないために、そのまま重ねられてゆくということです。世界に向かう場合、蛇口に食らいつく例で考えたように、事態を、飛び石を踏んでゆくように了解する傾向にあるということです。心的な幼児性は、水平的に説明される物語よりも、垂直的に連想される物語を生きていることに現れます。男は、世界を俯瞰的に垂直方向に認識しようとする傾向にあるわけです。女子が、言葉によって人間関係をたどり、水平方向に世界認識を拡張してゆくのとはかなり異なります。男は、世界を構成することはできても、その説明能力に欠けているのです。

2　性分化と心的異常

①　不登校という学校状況

先に詳しく考えた所ですが、子供の心がどんな傾きを持って思春期を迎えるかは、全て母親（とその代理者）との関係に依存しています。この無意識の相関過程は、それ自体として取り出すことができません。思春期の子供の逸脱行動として現れた時、この傾きの程度によってそれと分かるだけです。ここでは、部分的にこれまで触れてきた、思春期の問題行動に全体としての考え方を示してみたいと思います。

まず子供の状況を知るために、「不登校」を取り上げてみましょう。子供の様々な適応不全は、症状―表現形態としては、不登校になるからです。学校へ行かない子供の問題は、'50年代までは、家庭の経済事情として考えられていました。日本がまだ貧困にあった時代には、義務教育の小・中学校段階でも、子供を学校へやれない家があったのです。まだ子供が家の労働力だったからです。そうした背景の中でこの時代の学校は、子供たちにとって勉強や集団生活になじむ教育の場所というより、救いと解放の場所として機能していたように思います。他にはない、子供のためだけに存在する場所だったからです。また、貧困からの唯一の脱出口と見えたからでした。その後経済発展に従って教育や学歴が重視されるようになると、この問題は、「怠学児・怠け者」問題として扱われるようになりました。子供が学校へ行くことを当然と考える時代になったのです。この時から、学校へ行かない子供は、「怠け者」、「悪者」として断罪されるようになってしまったのです。つまり、経済問題が道徳問題に変わったのです。

こうした考えに綻びが出るようになったのは20年ほど前からです。80年代後半になって、なんとなく休みがちと思っていた生徒が、ある日突然学校へ行くことを、強く「拒否」するという事態が起こるようになったからです。それまで「怠け者」「長欠生徒」として扱われてきた者とは、明らかに異なる対応です。それで彼等は、「登校を拒否している」生徒と考えられるようになったのです。「学校へ行かない」という「意志を持った」生徒だと考えたからです。それでその意志の誤りを正そうとして、「学校へ行かないことは悪いことである」「学校へ行かないことは将来不利益を被る」といった道徳的な立場から、また将来設計や人生論の観点からと、様々な説得が試みられたのです。

しかし、時代の価値観を色濃く反映したこれらの説得は、彼等には全く通用しませんでした。「学校へ行くことは良いことだ。将来を拓く道だ」と考えている親や教師に、彼等を理解することはできませんし、説得することもできません。恐らくこの事情は今もさほど変わってはいないでしょう。時々「引きこもり歴15年」といったドキュメントがマスコミで流されることがあります。彼等はこの時代の子供で、理解されずにそのまま放置されてきたのではないでしょうか。

さて、親も教師も、「意志を示している」と考える子供の、その意志を翻意させることができません。それで何か別に、学校へ行きたくても行けない理由があるのではないかと考えることになります。犯人捜しのようなものです。「成績ばかりにこだわる教育ママのような親が悪い」また「それに押されて受験競争をあおり、人間教育を怠った学校や教師が悪い」と次々と攻撃の槍玉に挙がっては舞台から消え、「登校拒否」の子供だけがそこに残されました。ちょうど学校では、「いじめ」が問題になりかかっていました。いじめっ子の糾弾が始まります。原因を探していじめに行き当たることも結構多いのです。それで解決したように見えることもあります。しかし、いじめは事の契機となっただけで、いじめが解消できたとしても、「登校拒否」の子供が学校へ行けるようになるわけではありません。小学校の低学年段階を除いて、根本的な解決にはなりません。学業や学校での人間関係が、直接の原因となっているわけではないからです。それに先に示したように、「いじめ」は「登校拒否」の別の顔でもあるからです。

こうした子供の中には、「学校へ行きたい」と言う者もいます。確かに彼の意志や選択が何かで抑えられているように見えます。自分でもそう思っている子供もいます。しかしその意志表明は周りの人間に対して、「彼が最後のサービスメッセージを送っていた」というのが真相なのです。わたしの苦い経験でも、「明日は絶対学校へ行く。起きたらすぐ出られるように」と言って、前の晩から制服を着て寝る生徒がいました。しかし、彼は朝になると、トイレに鍵を掛けて出てきませんでした。学校にも問題はあるのですが、「登校拒否」が孕んでいる問題は、従来の学校観・教育観、最終的には人生観を疑ってみない限り何も見えてきません。

先の例ですが、親・教師の説得だけでなく、学校での人間関係が良好であること示すために、クラスメイトや部活仲間まで動員した説得や引き出し工作が試みられました。しかし、状況を悪化させただけで、ほとんどは失敗に終わりました。登校を促す外部の働きかけの中で、彼は、ますます自己否定に陥り心理的に追い詰められてしまったのです。あるいは、そこに偽善をかぎ取って、人間不信を余計に募らせることになったようでもありました。結局、彼は、その重圧に耐えきれず、心身症の発作を起こすまでになりました。朝、父親の車に無理矢理乗り込もうとして、激しい嘔吐に見舞われたのです。その後、朝になると吐き気を伴った激しい頭痛で身動きもできない、腹痛と下痢が始まってトイレから出られないといったことが続いて、結局退学することになってしまいました。

この時わたしが第一に学んだことは、「登校拒否」とは、状況に対する子供の意思表明ではないということです。子供が「学校へ行く、行きたい」ということを鵜呑みに信用せず、「体が行きたくないと表現していること」の中身を理解しなければならないということです。元々脆弱だった心の表層が僅かな状況の変化で剥ぎ取られ、子供自身にも自覚されない「心の深層がそのまま露呈してしまった状態」にあるものだということです。その後「登校拒否」という言葉は、意志的なニュアンスを取り去った形に改められ、「不登校」という言い方が一般的になります。子供の心が、たまたま学校という存在にぶつかって、表面を覆っていた保護膜―「仮面」が壊れ、無意識が剥き出しになって傷ついた状態だと考えられるようになったわけです。しかし、その心の状態がどんなものなのか、なぜそうなるのか、今もって正確に理解されているわけではありません。

「学校へ行かない子供」についての歴史的な話はこれ位にして、不登校を引き起こす外在的な環境の変化から考えてみましょう。戦後しばらくまでのように、「家が貧しく社会にも余裕がないため、義務教育すらまともに受けられない」としたら、それは子供にとっても貧しく不幸なことです。今日では、生まれる子供のほぼ100％が高校まで進み、さらに70％以上の者が専門学校・短大・大学教育を受けられるほどになっています。本人が望めば、学力も家庭の事情も関係なく20代前半までは、学校社会に生き教育を受けることができるのです。豊かで幸せな時代のはずです。しかし、これを「幸せで恵まれている」と考えるのは、大人たちがそうでない世界を知っているからです。この状況を子供から見れば、少なくとも18歳で高校を卒業するまでは、選択の余地なく他の世界を知ることもなく、学校社会だけを生きなければならないということを意味しています。さらにできればそれ以上の教育を受けるようにと期待されているわけです。親をはじめ大人たちが「幸せな環境」と考えるものが、子供にとってそれ以外に生きようがない、「制約と閉塞した息苦しさに満ちた世界」と感じられるとしても不思議ではありません。

子供を受け入れる学校自体も、大きく変化しています。最も本質的な変化は、学校が現実社会から全く切り離されてしまったことです。学校に生きることが、子供たちから現実感を喪失させているのです。60年代までは、中学を卒業して就職する子供が例外ではありませんでした。高校を卒業した時には、ほとんどの者が就職していきました。学校社会にあっても、人が現実に生きて行く様々な事情が子供たちの上に降りかかっていたのです。このことは、学校教育にとって極めて重要な意味を持っています。つまり、義務教育を終了すること、高校教育を終了することが、子供にとって、学校で受ける学習の終わりを意味しているからです。義務教育は義務教育として完結し、高校教育は高校教育として完結することが求められていることになるからです。

言い方を変えれば、それぞれの段階の教育が、それぞれに固有の存在理由を持たざるを得なかったし、事実持っていたということです。結果的には、一つ一つの学校が固有性（個性）を持つことができたということになります。そこで学ぶ子供たちは、学歴上の優越感や劣等感に悩んだと同時に、「私は今この学校で学んでいる」という自分の生きる現実を了解することもできたのです。自分が学んでいること学べなかったことを、自分にとって意味あること、人生の価値として受け入れることができたのです。この世代が親となった80年代以降、親たちの憧れやコンプレックスは、無批判のまま子供たちを学歴社会へと駆り立てる原動力になったのです。

少なくともこの時まで、全ての学校は、「明日で実社会に出て行く子供を教育する」という現実的な緊張感を持った場であったのです。学校も教師も教える内容やレベルに関わりなく、人が現実に生きて行くことを繰り込んで、生徒に向かわざるを得なかったのです。その後学校が変質していったことに、学校と教師に罪があるとすれば、このことに無自覚であったと言うことに尽きます。学校教育はどんな理念や方法論に立とうと、「知識」を伝授する場であることを拒否できません。そして、知識は必ず高度化する方向へ動きます。その時、子供たちは、自分が生きている現実感と、知識によって説明される世界認識との乖離に遭遇することになります。残念ながら教える者たちは、戦後一貫してこの乖離に眼をつむり、子供たちには、このズレを飛び越すことだけを教えてきました。学校社会は、子供たちに架空世界の中で知識の高度化と緻密さだけを強いる場所になったのです。それが噴出した最初が、60年代後半の「全共闘運動」だったのです。

別の角度から言えば、この知識の高度化という自然性に、学歴上の価値が加えられると、知識が宗教的な価値と同じように崇拝される社会、「学歴社会」が生まれることになります。知識が知識の体系で作られる世界を離れ、社会的な価値を持つとしたら、一人一人が現実的な場面の問題を、知識によって解決した、その時・そのことを離れてはありえません。知識に無条件に価値が与えられたり、学習履歴に過ぎない学歴に価値が与えられることには、何の根拠もありません。ただ、日本が依然として知的貧しさの中にある後進国だというだけです。知識崇拝は、子供が学習する場から、現実性を奪ってしまうことになっただけです。ここでも学校は、子供にとって煉獄となってしまいました。出来る子からは、知識が生成して行く楽しさを奪い、解らない子からは、何かを理解する感動を奪ったのです。

さて、無い物ねだりかもしれませんが、学校が全ての子供たちにとって、自分の生きる現実から乖離することのない場所であったならどうでしょう。学校は、現実を自力で生きるには脆弱すぎる資質を持った子供が、それを克服するまでいくらでも試行錯誤のできる場所となっていたはずです。残念ながら、学校には、子供の資質を越えて指導してゆく余裕も能力も失われています。逆に、そうした資質を持てば、それが必ず発現してしまう場所になっています。残念なことですが、学校への子供の対応に問題を感じたら、悪化させないために少しでも早くそこから避難させるべきでしょう。

今、中学・高校生の2％以上が、公式統計（年間30日以上の欠席）でも不登校と言われる状況にあります。僅か2％と考えれば、例外と考えて済む数字と言えそうです。「うちの子に限って」と考えていてもよさそうです。しかし、この数字は、今の学校規模から考えると、学年で数人、時にクラスに一人という頻度になります。不登校気味の生徒を加えれば、身の回りに一人位はいることになります。この状況は、学校という集団が、不登校的な段階に入り込んでしまったことを示しています。ですから、不登校をある子供に限った特殊な事例と考えるのではなく、どの子供の中にも、同様の脆弱さがあると考えて対処するべき段階に入ったのだといえます。きっかけさえあれば、それが一定程度強ければ、不登校を免れる子供はいないということです。

このことは、学校が、「いじめ」という状況にあるといっても同じです。ほとんどの子供は、高校を卒業するまでに、いじめられたり、いじめたりを経験します。かつてのような、子供のいさかいではありません。互いが互いの人格内部に侵入して傷つけ合う、心的な「殺し合い」と言ってもいいような悲惨なものです。人間関係が断絶してしまったために、関係の作り方から人間的な現実感が喪失した結果です。子供たちは、程度の差はあるものの、互いを生身の人間として受容することができなくなっているのです。

② 不登校という心的世界

不登校というのは、これまで述べてきたように、子供の心の状態が直に現れたものと考えるべきものです。「学校へ行けない・行かない」状態と考えるべきではありません。この場合、学校ということに格別意味がないからです。もはや学校がどうであれ、事態の改善には関与しません。学校にその可能性があった時は、過ぎてしまいました。一旦学校を解体して、全く新しく構成し直すということでも起こらない限り、学校がどんな子供たちにとっても、求心力をもち状況の中心となることはありません。

子供たちは、母親を離れ家族を離れることができるようになった段階で、学校へ入学します。今子供たちを取り巻く世界は、家族的な環境を別にすると、保育所・幼稚園・学校と「学校的な世界」以外になくなってしまいました。小学校以前にこの世界への不適応を起こしたとしても、せいぜい泣いてぐずる程度で、それ以上の表現の自由はありません。泣いても預けられて終わりになります。もし、子供が家族関係を離脱する段階で心的世界に脆弱さを抱え込んだとしても、早期にそれが見出されあるいは気づかれないうちに修正補強される可能性がなくなっています。学校へ進むまでそれが発現する機会がないので、入学してから不登校として現れるのです。

さて、不登校は状況関数です。今の状況に乗って、普通だと考えるやり方で子育てを行えば、必ず子供の生命力に脆弱さを生むことになってしまうからです。母親（とその代理者）の対応が原因となることは、これまで再三説明してきました。子供たちは、生育の過程で体だけでなく、心を守る防壁を幾重にも築いて行きます。環境や他人と関わりながら生きていくためです。その失敗によって身体や心が傷つくことを防ぐためです。しかし、それを築くには、十分失敗を経験し、同時にその失敗が必ず克服されなければなりません。この乳幼児期に経験する「失敗と克服」は、母親（か代理者）との非言語的なコミュニケーションによる徹底した庇護が必要です。風邪を引くという失敗がなければ、免疫機構は整備されません。予防注射で重大な感染症を阻止しても、単なる風邪で死ぬことになります。過保護が過干渉となる危険性です。

現在の高度消費社会となった日本では、日常生活だけでなく子育ても、様々な商品やサービスとして細分化され、いわば「綿密丁寧な商品」として提供されています。全てを家庭の中だけで行なうという生活はあり得なくなっていますし、またそうする必要もないでしょう。高度消費社会の生産システムは、ますます「過保護」を商品化していくしかないからです。しかし、子供のために良かれと考えて行動したつもりが、実際には、大人の側の利便性追求や心理的負担の軽減から選ばれたということが多いのではないでしょうか。しかし、高度消費（過消費）に慣れた生活様式は、子供の体にとっても心にとっても、「純粋培養された作物」と同じように環境変化に適応して行く能力が備わらず、生存能力の上でかなりのリスクを負うことになるのです。子供を育てる側にとって「利便性」と考えられることと、子供にとっての「利便性」とは同じではないからです。子供の利便性は、ただ一つ「手足のように動かせる親」以外にありません。子供の育つ過程は、これまで考えてきたようにショートカットを許さない、「親の手間暇」によって作られる過程だからです。

高熱の子供を心配して何日か過ごすことは、親にとってだけでなく子供にとっても負担であり、場合によって子供は死ぬ可能性もあります。それを避けようと予防注射を打ち、抗生物質を始めとする薬物を多用することになります。親にとっても子供にとっても、この時限りで見れば、楽で負担が軽くて済み良いことです。しかし、子供は、身体が臨界状況に陥った〈失敗〉を体験できません。それだけでなく、親との強い結び付きとその介護によってそこから立ち直るという経験も失うことになります。学校に通うようになり自立したと見なされた後で、こうした臨界状況を初めて経験することになれば、親の視線は切れているわけですから、そのままクラッシュすることにもなりかねません。大人になって初めて罹る「はしか」のようなものです。

もう少し深刻な事例を挙げてみます。子供が学校から帰って、「お母さん、おやつ！」と叫んで冷蔵庫を開けます。中に、飲み物だけでも、「水・牛乳・幾種類かのジュース・炭酸飲料・お茶・コーヒー」何種類かが冷えています。それで足りなければ、表に出て自動販売機かコンビニまで行けば、何十種類もの中から「好きな物」を選べます。次にお菓子です。もうこれはいちいち挙げるまでもないでしょう。何が起こっているのでしょうか。活発に動いた後であれば子供の喉は十分渇いています。

「喉が渇いた。何か飲みたい」。いかにも自然な欲求に見えます。しかし、この欲求は、「水」「お茶」ではなく、何十種類も並べられた飲み物の中から選択せよと迫られているのです。親には、水しかなかった時代に比べ、我が子が豊かで幸せな環境にある、様々な選択ができる自由な社会に生きていると映るはずです。しかし、喉の渇いた子供の欲求が、これほどに細分化し潤沢に整えられていることは、本当に幸せな事かどうか徹底して疑った方がいいのです。

喉の渇きにも、その内容と程度によって様々な状態があります。大人であれば、活動に応じて変化する自分の体の状態とそこから起こる欲求を、それと理解し取り出して、その内容も程度も判断することができます。さらに、状況を考えて、実際の行動を選ぶこともできます。いわば、「飲みたい」と感じたことを、ちょっとした欲求なのか、是非とも飲みたいというほどの欲望なのか判断し、これにふさわしい行動を過不足なく選べるわけです。根を詰めて仕事をした、喉も渇いているし「ちょっとここらでコーヒーブレイク」というわけです。

しかし、子供が捉えられるのは、喉が渇いたという「感覚」だけです。程度にしても、大きな幅でしか感受できません。子供にとって必要なことは、「何がどの程度」ではなく、「すっごく喉が渇いた」ということだけです。それが解る解らないが生死を分けるからです。ですから、「喉の渇き」というのは、心的に見た時、子供にとって「感覚」であって、「欲望」どころか「欲求」でさえないのです。生命反射に過ぎません。水でいいのです。いや水でなければならないと言っていいでしょう。

乾きの感覚は、欲求から欲望へ、そして最後に「意志」へと焦点を結ぶ前に、何十種類もの飲み物の中で解体されてしまいます。欲望が欲望となる前、感覚的反応に過ぎなかったものが、欲望の形を取り「私は○○が飲みたい」という意志として自己了解される前に、目の前に実現してしまっているのです。欲望を知らないだけでなく、「意志を抱く私」という生きている自分を失うのです。ハンバーガーを食べるように、コーラで流し込む「寿司」がどんな物か解りませんが、子供たちは、欲望でもない間に合わせの思いつきと、それをすんなり受け入れてしまう親の前で、「お茶と食べる寿司」という感覚も、そこに至る欲望の葛藤も知らないまま大人になって行くのです。コーラがいいとぐずる子供の思いつきをショートカットして、親が意志として「収奪した」結果です。

以前に説明した「早熟を強いる」ということは、単純化すれば、心身共に安全に何事もなく成長させようとすることです。乳幼児期であれば、子供の側に事態を認識する能力がないだけでなく、泣く意外に表現の方法もありません。平坦な日常を何事もなく過ごしているように見えます。しかし、その平坦な事態と親の対応は、子供の心に平坦な世界図式として必ず刻み込まれます。この時期になると、子供は、自意識をその世界図式に当てはめようとします。自分の再認識作業です。しかし、一筆書きのような世界図式では、自分を書き込む場所を見つけることはできません。今の自分は、親に対する子ではなく、世界に対する男か女になって行く過程にあります。男の子の抱えた性的欲望は、母親（や家族）との関わりの中で解消されることはありません。女という他者と関わりを持たなければなりません。しかし、この「母と子」だけで描き上げられ、早熟の子供が見ているのっぺりした世界図式には、男である自分も女である他者も存在していません。

子供時代をショートカットして足早に駆け抜け、言葉の上で大人となった子供に、自然そのものである性欲を認識しこれと付き合う回路は生まれません。正当に性欲が扱われないということは、一人前の他者に向かう回路が開かれないということです。抑圧あるいは無視された欲望は、完全に抑え込まれれば、自分自身の生命力を枯渇させます。方向を持たない噴出は、自他を傷つける結果となります。人間という存在を身近なものとして受け入れ、その受け入れ方に応じて、過不足のない人間関係を作ることができないのです。

③　なぜ不登校なのか

不登校は、「学校へ行かない」という形で現れた子供の心の状態です。どんな原因や理由があったとしても、その最終的な行動形態が「学校へ行かない状態」となって現れたものだと考えられます。それが学校というキャンパスを使って描き表されるわけです。なぜ、学校なのかについては、いくつかの理由が考えられます。

まず、学校生活が、家庭生活に比べて格段に形式化されている点が挙げられます。時間管理をとっても、分刻みで多人数が一斉に行動しなければなりません。幼稚園などの経験はあっても、子供が、そこまでの形式化・抽象化について行くのは困難です。例えば、「トイレはずらっと並んだ共同便所」「ジュースが飲みたくても冷蔵庫がない」といったことでも解るように、ここに自分が馴染んだ生活様式を持ち込むことができません。そのために、小学校に入った頃には、学校ではトイレにも行けず、給食も食べられないといった不適応を起こす子供が出ることもあります。

「排尿・排便」「食事」（これに性行為・睡眠を加え）は、人間の自然性が直に現れてしまう事態です。誰でも生活感にズレを感じ、「恥ずかしい」と感じる機会が多くなる場面です。それで生活が豊かになると、最も自然なこの身体表現は、真っ先に「隠すべきこと」とされてしまいます。人間の生活行動の中で最も様式化されるものの一つです。それが「躾」や家庭の生活習慣を通じて子供にすり込まれることになります。つまり、子供たちは気づかないままに、それぞれの家庭で築かれた、整えられてはいても狭く様式化した生活感の中で生きることになります。自分の生活感がタイトであればあるほど、適応することは難しいでしょう。さらに、学校では、こうした生活行動は全て一律に、公開の場で行わなければなりません。一緒に並んでトイレということです。自意識を持ち始めた子供には、かなり辛い経験となります。うまくできるかどうかは、子供の人間関係を含む生活感が、どれほどの柔軟さを持っているかによっています。ここでは少なくとも、「遊び疲れた」と先に帰ったり、「怖いおじさんの家に行く時は、お母さんについて行かない」と家にいるように、人間関係や場面を勝手に選択することはできません。子供が根本に脆弱さを抱えていれば、個々の場面への対応で行き詰まると、それがそのまま学校への全面的な不適応（不登校）となって現れてしまいます。もっとも、こういった不登校は、よほど特殊な生活感を持たない限り、成長と共にほとんど解消されてしまいます。生活上の不適応は、「勝手な行動をするやつ」程度でとどまれば問題はないのですが、逸脱が大きければ、子供の間の人間関係に影を落とすことになります。

生活感が合わない以上に適応しづらいのが、学校での人間関係でしょう。これまで繰り返し検討してきたように、学校は、多数の同世代の人間と何人かの「教師」（監督者）からなる、極めて特殊な集団です。子供には、親子関係を始めとして、大人の保護を前提とした人間関係やそれが作る集団の経験しかありません。監督者の下で、ある程度自立した集団生活を送る経験などありません。多数の同世代の人間と関係を作ることは、かなりな心理的負担を必要とします。この集団化の圧力が高ければ、集団は必ず排除を前提とするいじめ的な場へと変質してしまいます。ここで集団へ適応できない子供は、いじめという形で排除され、不登校という全面的な拒否に追い込まれてしまうのです。

④　不登校の様態Ⅰ――生活の荒廃

学校という生活空間、そこでの集団形成を前提に、不登校が分類できそうです。不登校の度合いの軽いものから挙げてみます。

最も軽いので対処が早ければ不登校を改善し易いのが、子供自身にも学校へ行かない理由が自覚されている場合です。この中でも対処しやすいのが、今触れたように、学校生活で自分の生活感に合わないことがあると、具体的に認識している場合です。ただ、多くの場合ここを契機として問題がこじれてしまうのは、周りの人間が、この感覚を理解しないことにあります。先頃テレビドラマの中で取り上げられたものですが、排尿や排便にまつわる例があります。朝の慌ただしさに紛れて、家で排便できないまま登校し、かといって学校ではもっとできないといった日が続き、重度の便秘に陥ってしまう女の子の例です。今の子供たちは、かなり孤立した生活感を持っています。核家族・少子化という理由も考えられますが、家族一人一人の生活形態が孤立して来たことが、背景になっています。たとい兄弟がいても自分だけの個室を与えられ、生活状態、食事なども「個食」とまでいかなくても、家族が一堂に会して摂ることは少なくなっています。家庭が共生空間としての意味を、明確に示せなくなっているのです。子供の周りから、自分以外の人間の生活臭が希薄になっています。そのため、自分以外の人間の生活行動に、どの子供も敏感になっています。小学生などの「くさい」「ばいきん」といった、いじめ言葉にそれがよく現れています。特に、排泄のような隠されるべき行為には、過敏といってもいいような反応をしてしまうのです。学校のトイレで排便をしたといって囃されるようなことも起こっています。

子供の生活感に幅と余裕を持たせようとするなら、まず親が意識して生活をする、間に合わせ的な生活上のショートカットを子供の前でしないということです。忙しくて総菜や弁当を買ってきたなら、そのまま出さず器に盛る、トンカツにはキャベツ位刻んで付けるということです。見かけや栄養のためではありません。食事をするということが、食物を体内に取り入れることではなく、人間関係（ここでは親子）を食べる、「食べるということを通じて関係（愛情や親和性）確認のコミュニケーションを図ることなのだ」と、子供に知らせるためです。子供は「飼育」されては育ちません。生活スタイルは、子供にとって人格を盛る器でありそこに盛り付けすることです。料理が一級品ならプラスチック容器でも割れた皿でもいいじゃないか、という考えは通用しません。

繰り返しになりますが、子供は盛られた料理を食べているのではありません。「盛られること」を食べているのです。子供が食事は「物を食べることだ」と理解すると、子供の食べる物は、お菓子やジャンクフードのような、「甘い、からい、脂っこい」と味のはっきりした食品に偏ります。それに慣れると当然、食事自体を避け「好きな物」だけを食べるようになり、好き嫌いも激しくなってきます。好き嫌いも一つ位は愛嬌ですが、野菜がダメ、魚がダメといった形になると、明らかに「食の偏り」ではなく「人間関係の歪み」と考えるべき段階になります。自分で勝手にできるようになる高校生位になると、食行動にその傾向は顕著になって現れます。昼食に買ってきたメニューがお菓子やジュースばかり、女子は特にその傾向が目立ちます。彼等は楽しそうに、ケーキやポテトチップスをパクつきジュースやコーラをがぶ飲みしていますが、その食事風景はどう見ても荒廃している、「豊かな荒廃」とでも言うべき風景です。

生活感を合わせられないという、些細な原因が深刻化する場合は、背後に家庭での生活が機能的になっているだけでなく、関係が希薄になっていることも付随しています。希薄と感じるだけでなく、家族関係の断絶と感じている子供は、身体能力が備わる思春期後半には、不登校という段階を越えて、自分の生活の全面的な回復と自己確認のために、家庭内暴力へ進む場合も出てきます。

⑤　不登校の様態Ⅱ──いじめ（子供社会の荒廃）

生活感のズレを修正できない子供も、家族関係になんらかの問題を抱えています。それが個性という段階を越えて、人間関係そのものへの不適応である場合は、不登校の中でも重症化することが多いと言えます。生活感は、持続的な訓練や質の高い体験によって修正することができます。なにより、本人にも周囲にも見えることだからです。同じように、この原因でいじめられ、それへの防衛反応や抵抗として現れる不登校も、じっくりその状況を聞いてやれば、対応に困ることはありません。いじめは、「いじめられた」と本人が受け止めていることが全てです。事情が自覚されているなら、対応できるのです。教師や親がきちんと目を向ければよいのです。

しかし、よくある対応は、「あった。なかった」「誰が悪い。本人にも問題がある」などと、いじめ問題の入り口でお茶を濁すだけのものや、「気にしなければなくなる。やられたらやり返せ」と本人を無神経に突き放すものばかりです。いじめられていると考え学校へ行かない子供は、「私が誰々にいじめられた」ことを出来事と考えているだけではありません。親にも教師にも言わないのは、集団全体の「病理的状況の現れ」と感じているからです。自分に向けられたいじめは、「誰が何をしたか」ではなく「誰かが必ずいじめる」あるいは「集団全員がいじめる」ことだと感じているからです。そしてまさに、こうした集団の在り方が〈いじめ〉なのです。出来事としてのいじめは解決できても、集団の病理ですから必ず対象を変え形を変えて現れます。いじめが直接相手に危害や損害を与えることから、「シカト」のような陰湿でそれと指摘しにくいものに、進化していったことを見れば解ります。集団を何らかの形で解体する—解放する以外に対処の方法はありません。単純に考えれば、クラスをなくすことになりかねないのです。学校は、不登校に対応しようとしてもできることは限られているのです。子供を守るには、親が単に学校へ行かないということを認めるしかありません。

病理的集団にとって、集団を維持して行くためには、いじめが、つまりいじめる対象が必要です。無能な経営者は、経費削減と会社再建に社員集団を駆り立てようと、リストラの美名の下に首切りという「いじめ状況」を作り出します。今いくつかの例外を除けば、全ての学校が同じ状況にあります。クラスなりクラブなり学校内の全ての集団は、程度の差はあっても、いじめる対象を必要としているのです。集団が平均値と考えている状態を少しでも外れた者はいじめの対象となる可能性が生まれます。「容姿、成績、能力、人柄、素行、家庭環境、出身地、病気、障碍」はては「持ち物、服装、言葉遣い、話題、態度」ありとあらゆることがいじめの口実となります。理由があるからいじめるのではなく、いじめるために理由が必要だからです。「無能社員」という理由があってこそリストラが正当化されるように、理由があってこそ「集団正義の表現としてのいじめ」が成立し構成員に共有されるからです。「私がいじめたんじゃない。皆でやった。だって、あいつは悪い奴、皆に嫌われてる奴だから」と言えるのです。

ですから、いじめられたと考えて不登校に陥った子供を学校へ戻そうとすることは、事態を悪化させ、さほど問題のなかった親子関係をも大きく傷つけ、子供をさらに追い詰めることになります。今の子供は、嫌がらせやいたずらといじめとの本質的な違いは十分に分かっています。いじめは、集団を維持するために行われます。皆で一緒に一人を傷つけることで、ここにいる共通の根拠を得ることになるからです。仲間内の愛情表現であるいたずらや、距離感の表現である嫌がらせとは違います。

大人には解らない仲良しグループ内でのいじめも、関わりのある子供から見れば、その違いははっきりしているのです。仲良しグループだからこそ、いじめが起こるのです。ある意味では、その違いを感じ取れるかどうかが、この集団での生死を分けるのです。

⑥ 不登校の様態Ⅲ—家族関係の荒廃

不登校の中で、最も対応が困難で解消しにくいのが、なぜ不登校になったかについて、本人にもそれと指摘できることが何もない場合です。学習、進路、交友関係、クラブ活動、家庭生活それぞれに何らかの問題を抱えていることもあります。いじめが問題になることもありますが、いずれも、決定的な根拠になっているわけではないのです。つまり「私はこれこれの理由で学校へ行かない。行けない」と自覚できることがないのです。「風船の空気が抜けるように、気が付くと学校へ行かなくなった」という状態だけが残っているとしか言いようがないのです。先に紹介した私の失敗例がそうでした。これが、本質的な意味で〈不登校〉という状態だと考えられます。

こうした子供の場合に、学校へ行きたいという本人の意思表明を鵜呑みにして対応すると、心の状態に体がついて行けなくて、身体的に病気なんてことにもなります。不登校どころか心身症です。本人に行動できない理由が自覚されている場合には、たといそれが彼の誤解や思い込みであったとしても、意識して対応できるわけですから、段階を追って事態を理解させ、適切な行動を選ばせることができます。一旦不登校の状態が受け入れられさえすれば、登校するしないは別にして、閉じこもるような状態にはならず、必ず何らかの行動を起こします。

しかし、理由を示せない、自覚していない場合、「学校は好きです。勉強はしたいと思う。だから必ず学校へ行きます」と言いながら全く動けないわけです。言葉と実際に学校へ行けない状態とは分裂してしまうのです。しかし、重症者ほど本人にその分裂が意識されていないようです。「学校なんて行かなくてもいいんだよ」等といえば、自分が見捨てられたように感じるらしく、「先生は、僕を落ちこぼれと見ている」と激しく反発をする場合も珍しくありません。彼の心は明らかに引き裂かれています。行こうとする心と行けない心との分裂を必死で繋いでいるのが、病気になって不調を訴える彼の体なのです。なぜ、彼は分裂状態に陥ったのでしょうか。

その理由を考えるために、問題に接近する角度を少し変えてみましょう。不登校になった彼は学校へ行かず何処にいるのでしょうか。当然家にいるわけです。しかし、さぼって学校へ行かないといえば、普通どこか盛り場なんかで遊び回っていそうなものです。そうではなくて、家にいるということの異様さが、こうした不登校を考えるヒントを与えてくれます。彼は家にいるのです。学校へ行かないことが問題なのではありません。家を離れることができないのです。この状態が進行すれば「引きこもり」といわれる状態になります。なぜ彼は、家を離れられないのでしょうか。こうしたタイプの不登校は、この性分化期小学校5～6年になると始まります。子供たちは、家と学校の往復に縛られないだけの行動能力を備えています。実際少年少女の非行は、この年代に重なって起こり、中3から高校にかけてピークを迎えます。

不登校になる子供たちは、その行動力に反して家に籠もるように見えます。彼等だけが行動力を失っているのでしょうか。自然な発達段階から考えて、それは考えられません。とすれば、彼等の行動力は、家にいることに向かって費やされていると考えるべきことになります。実際、彼等は、動かず家にいることに大きなエネルギーを使っているのです。言い方を変えれば、単に生きているだけとしか見えないことに、生きるエネルギーを消費しているのです。なぜそんな不可解な事態が生じているのでしょうか。彼等は、家を離れるべき段階に来て初めて、出て行くべき場所、(逆に帰ってくるべき場所といっても同じ)が、自分にはないことに気付いてしまったからです。それどころか、今いる場所が定かでなくなっているのです。自分がいるべき場所を確かめようと、生存に必要な全てのエネルギーをつぎ込んでいるのです。

人は、堪能し満腹になれば、「食べ物は見るのもいや」と感じます。十分働き遊んだら寝るだけです。一度解いた問題は何度も解こうとはしません。しかし、それらの体験は、それ以後自分が生きる根拠や力となります。そこから出て行くこと、新たな世界を拓く根拠となるからです。単に満足したという思い出になるだけではありません。一度も食事に堪能したことのない者は、「一度で良いから、腹一杯うまい物を食べたい」という思いから自由になれません。その執着は、食事を巡って彼に様々な悲喜劇を演じさせることになるでしょう。

不登校に陥っている彼等は、食事ではなく、人間関係に満足した経験がないのです。再び私の失敗例ですが、彼は、登校を強いられることがなくなってしばらく後に、「僕は今が一番幸せだ。お母さんと二人っきりでこうしていられるから」という感想を口にしました。17歳の高校生の言葉としては、何と無惨な感想ではないでしょうか。もちろん幼いわけですし、甘えていると言っていいでしょう。しかし、彼はここから始めるしかなかったのです。子供は家を出て行きます。性的に自立し一人前の人間となったら、満足した家と家族を置いて出て行くのです。出て行かない彼は、今だここに満足していないと考えるしかありません。

人は乳幼児期に母子関係によって、人間関係とそれの与える世界像を無意識として埋め込みます。それによって、人も世界も恐れることなく受容することができるようになるのです。つまり、人に関わり、環境変化に対応できるようになるのです。しかし、この無意識に欠損が生じると、人も世界も受け入れる根拠を失ってしまうのです。子供の段階までは、親のやり方をそのまま自分のものとして踏襲しているので、適応不全が目立つことはありません。しかし、性分化が始まり、「誰でもない私」という意識が形成されるようになると、人も世界も全てのものが「私にとっての」という対応なくしては、形を持ちません。昨日まで「仲良しこよし」と無邪気に手を繋いでいた誰彼は、何やら「腹に一物」を秘めた正体不明の生き物に変わっています。私も昨日までのように、単純明快に生きているのではなさそうです。

じゃれ合ったり、気に入らなければつかみかかったりした相手が、女の子ではなくなって、ふと気後れがして気軽に付き合えない。レストランで「おいしいね、お母さん」と声を上げれば笑顔で受け止められたのに、咎めるような視線に出会う、「まずい」なんて言おうものなら、辺りが凍り付きそうです。今まで感じたこと考えたことを、そのまま行動に移し言葉に換えても、全て受け入れられてきたことが、今では自分に返されてくるようです。発言も行動も、場面に過不足なく適応させなければ、全て自分にマイナスとして跳ね返ってきます。自分の感情や考えと、相手や場面の状況とを調整することが常に要求されているのです。

この調整能力は、失敗を受け止め修正を加え再挑戦するという過程を経て獲得されて行きます。しかし、その大前提は、適応に失敗した時、それを受け止める「私」があるということです。もっとも、この段階で大人のような「自立した私」は、まだありません。あるのは、母子相関段階につくられた「私と相手（母）」とが一体となっている「私」です。この無意識の私は、少年期に環境に適応しようと試行錯誤を重ねる過程で生み出されるものです。その過程を見てみましょう。まず、行動が母の庇護を離れるようになると、自前の対応と母のそれとのズレから、母といえども一人の人間であることを知るようになり、母が分離します。しかし同時にこの母は、この段階で手に取って見ることができるようになった「私」でもあります。そして、失敗が受け手である母（つまり私）に、十分受け入れられる、コミュニケーション（対話ではありません）が成立しているならば、この母をスプリングボードとして、ようやく「私にとっての私」が立ち上がって来るのです。

この過程に、子供の自己喪失に至る契機が隠されています。まず、母子相関の形で出来上がる「無意識の私」が、十分に形成されなかった場合です。次に、母子分離が不十分であったために、私はいつまでたっても自立できず、母の周辺を漂っている場合です。前者の場合、自立的な自己を形成することはかなり困難です。心的に見ると、彼は何時も「借り物の私」という思いから逃れられそうにありません。生きていることに現実感を持つことが困難だからです。後者の場合は、失敗した段階まで戻ってやり直すことで、ほぼ修復されそうです。いずれにせよ、彼等の自己形成を疎外したものは、家庭生活とその人間関係が、子供から見た時、荒廃した風景になってしまったことにあります。深刻な不登校を引き起こす子供は、このいずれかに属しています。彼等は、生きること自体に、不適応を起こしていたのです。不登校はその一つの現れに過ぎません。

⑦ 摂食障碍

不登校的な「症状」は、無意識が荒れていたり欠損があったりすると、生きることが現実的・実践的になる場面で必ず不適応となって現れます。言い換えれば、思春期になって自分の足で歩き始めると、その歩き方の中に、心の凸凹がそのまま現れてしまうのです。それが外から見ていると、不登校を初めとした様々な適応障碍と映ることになります。摂食障碍—過食・拒食・偏食、睡眠障害、性分化不全などです。それぞれをまとめてみます。

摂食障碍は、これまでにも触れたように、人間が生きる基本中の基本である、物を食べるという自然性が犯されて起こります。食事は、母体を離れた子供にとって、これに代わる最も直接的な存在確認・関係確認の場になっているのですが、それが子供の自然性を逸脱して扱われたからです。食べ物と食べ方は、胎内コミュニケーションを代替えするための手段です。スキンシップとか親子対話と言えば、コミュニケーションと理解されますが、「食事」もそこでの会話ということではなく、それ自体がコミュニケーションでありその手段なのです。「食事は、丁寧に時間を掛けて作り、ゆっくり食べるべきだ」と言う意味ではありません。走り書きのメモや通りすがりの一言でも、人は救われたり、深く傷ついたりします。食事も同じです。「食事という場面」に向かって、これを主催する親は、何をどう表現するか心を遣わねばなりません。それは、子供をどの様に受容するかということでもあります。

残念なことに、食事が子供に対する愛情表現（関係確認）の場であると、意識している親は少ないように思います。愛情を込めて作れと言うことではなく、愛情を「表現して」作り食べろということです。親が忙しくなった結果、表現の場であるより食べ物を与える場であると機能的に考えているのではないでしょうか。この考えで提供される食事の場が、子供にとって関係を確信できるものとならないのは、言うまでもありません。問題を起こした子供の親は、どんな風に育ててきたかと聞かれて、必ず「子を思わぬ親はいない」「子供を大切に思い、愛している」と答えます。しかし、子供への思いは、抱くものでも、抱くことを考えるものでもないはずです。子供が思っていると解るように生きること、つまり体現していることです。親が考えて行動した瞬間に実際は、子供から視線が外れているのです。

とは言うものの、考えてしまうことが多くなっているのも現実です。考えなければ子供の扱いも解らなくなっていると言ってもいいでしょう。ならば、思っている、考えていることがどれほど相手に届くか、届けるための方法を学ぶしかありません。しかし、大人は往々にして、考えているということで、自分を許してしまっているのではないでしょうか。自分の思いを伝える努力をしないから、子供の発している信号もキャッチできなくなるのです。「思春期になった」と言っても、この段階の子供が、コミュニケーションの手段を多様に使いこなせるものではありません。食事は、言葉などの遠く及ばない強力な表現手段です。そこに込められるものは、身体や生活態度、雰囲気や仕草の中に現れるものと同じです。繰り返し繰り返し飽きることなく嗅ぎ取った母親の体臭と同じです。意識してそれと指摘できるものではないけれど、確固として不変にそこに在るものです。だからこそ、そこに置いて出て行くことができるのです。

「子供に手が掛からなくなった。手が離れた」、学校に行くようになれば、どの親も同じように口にします。しかし、今や子供の手は、死ぬまで離れないと考えておくべきでしょう。そして、手が離れたと思いたくなるこの時期が、最も危ういのです。子育て全般が、過不足なくという状態からはほど遠くなっています。慌ただしく余裕を持てないうちに過ごしたり、逆に、過剰なまでに子供を追いかけ回したりと、子供が堅固な無意識を形成する環境にありません。懇談の席で、教師の質問に「子供に任せてますから」といって子供への視線を切ってしまう親、子供が答えるより先に親が答えて「そうでしょ。○○ちゃん」と駄目を押す親、心当たりはありませんか。冷淡な突き放し、暑苦しいほどの干渉と対応は全く異なりますが、両者共に強力に子供を支配して離さない親の態度です。こうした親は、子供が思春期に漸く自立に向かって歩き出し、少しでも親の意に逆らうと、いきなり全てを自己裁量で行えと放り出したりするのです。子供は、無理し続けて親の意に沿っても思春期で壁にぶつかります。親譲りで間に合わせてきた対応回路は、ここまで来れば役に立ちません。自前を作ろうと振り返った時、足場がないことに気づくのです。

小遣いを巡って親に不信感を抱くようになった男子生徒（高2）の例です。「小遣いなくなったから、1万円くれって言って貰えたらラッキーって考えるよね、先生。3万だと、言っても無理って思うよね。だけど、うちの親は、30万って言っても出てくるんだよね。うちの親何考えてんだろう。変じゃない」。彼の家は、両親それぞれに成功した実業家で、極めて裕福でしたが、高校生の金銭感覚が何処にあるかを知ろうとしませんでした。その要求に込めた彼の思いも解りませんでした。30万円は、親の思いと子供の思いが一杯つまって、全く逆の方向へ逸れていったのです。彼の不信とその結果としての浪費が、終息したのは、大事故から生還した5、6年後でした。あまりに屈託のない親の金銭感覚が、自分への愛情とは無関係のものだと知るのに、命がけの放蕩を必要としたのです。ただこの場合、命がけとは言うものの、親は最後まで金銭上の戦いで、一歩も引かなかったようです。子供の浪費が何をもたらすかを覚悟の上で、いくらでも出したようです。

本質的な摂食障碍は、乳胎児期に起因します。過食・拒食は、この時期の失敗が性的自立に向かう段階で、対象に向かう心を形成し損なって現れたものです。一つは、母に向かう心が、対象の不在か希薄さのために対象を形成できず、中空に浮かんだままで自己形成を強いられる結果として現れる場合です。今一つは、強烈な母親の干渉下にあるため、自己像が縮退し母親へ同化させられて起こる場合です。どちらも自己像は根拠を持たず形成されるので、現実の自分をそのまま受け入れることがありません。幻想として作られた自己が見ているのは、幻想としての自己像で、鏡に映った自己像ではありません。拒食の場合、幻想の自己像は、生命が維持できないほど痩せていてもまだ太っているのです。体が痩せているか太っているかが問題なのではなく、関係が太り過ぎていることが問題だからです。過食の場合、食欲や食べること自体を問題にしても意味はありません。一晩中でも吐きながら食べ続けるのは、関係が過少であることへの飢餓感を癒すためだからです。

この障碍はほとんど女子に限られます。もともと女としての関係意識は、強い対自性を含んでいるので、鏡としての母親像がなくても容易に自己幻想が形成されてしまうからです。もちろん、過剰にふくらんだ自己像か過少に縮退した自己像になります。また女子の場合は、容姿に対して周囲の圧力が高く、ダイエットなどを契機に発症してしまうことが多いからです。現実に対応しなければならなくなった時、幻想でしかない自己は、具体的な対応を適切に選択することができず、必ず過剰か過少な対応となって、現実を逸脱してしまいます。そのストレスによって幻想的な自己か縮退した自己が露出し、回復と自己確認のためのこうした行動に陥ってしまうのです。

女子の場合、自己確認が自分を相手に行われることになるので、食と同じように、リストカットのような自分の身体に対する自傷行為になることも、多く見られます。彼等が自己を喪失した場所まで後退して自己構成をやり直す以外に、本格的な治癒は難しいと思います。これは、関係の病、病んだ家族関係が彼女の上に現れているわけですから、家族全体、特に母親との関係のやり直しが絶対に必要です。現実的な対応として、我々にできることは、親なしでもやっていかれるように、壊れてしまった防壁を新たに作り直すこと、心の欠損に外部の世界が直接ぶつからないようにすることだと思っています。現実に親がいないことは、現実的な欠損に過ぎません。親がいるのに起こってしまった欠損は、そのことを親が理解するのに時間が掛かります。

⑧　睡眠障害

一般的な不眠症ではなく、この頃の子供によく現れる睡眠障害について考えてみます。夜昼が逆転した生活習慣として現れる睡眠障害です。これは、行動障害だと言ってもいいかもしれません。不登校の子供によく現れ、心の外枠の壊れて行く指標と考えることができるものです。休みの前日に夜遅くまで起きて、テレビ・ビデオ・ゲーム・パソコンなどをやっていたといったことから始まります。実際は、学校生活に対する違和感の表現として始まるわけです。ですから、たまたまその日は夜更かしをして、翌日に朝起きられなかったと言うこととは違います。「週明けに休みが重なる」というのが、多くの場合、不登校の前駆症状です。それが長期休暇をきっかけに、全く出てこなくなる、といった経過をたどります。

学校へ行かない行けないといっても、他にやりたいことはないわけですから、朝早起きする理由はないわけです。また、登校については、かなりな緊張でエネルギーを使っていますから、体が実際に疲れているということもあります。実際に、1日登校すると、2日間は疲れ切って寝ているという生徒もいました。彼女は、人の居る教室へは震えて入れなかったほどの対人恐怖を抱えていました。恐らく、母親と共にやっとの思いで家を出てから帰るまでの間、全力でランニングし続けるのと同じように、体力を使いエネルギーを消費していたと思います。2日というのもオーバーでないほど消耗して帰ったはずです。また、皆が学校へ行っている間は、家にいても緊張が続いて疲れ果て、下校時間が来ると息をついて元気になるという場合もあります。学校へ行かなくなると、いずれにしても昼間起きていれば、辛くて良いことは何もないわけです。人が皆活動を止める夜へと生活をシフトして行くことになります。

大学生の兄姉と共稼ぎの両親で、5人家族に生まれた女子生徒がいます。不登校になってから、次第に夜昼逆転した生活になって行ったのですが、始めからそうだったわけではありません。彼女は、普通に生活していただけでなく、昼間家族が家を出た後で、掃除・洗濯・炊事と、家事の全てをやっていたのです。しかし、特に母親は、「あなたは、そんなことはしなくていい。あなたに必要なことは、そんなことではなく、もっと勉強をして、お兄ちゃんたちのようにちゃんとした大学へ入ることです」と、彼女の働きや、無意識のアピールを認めませんでした。「これからは、女の子といっても家事なんかじゃなく、学歴がものを言う時代です」というのが、母親の主張でした。

実際の所はずいぶん助かったということのようですが、彼女に対して「もっと勉強を」とは言っても、心から「良くやってくれた。ありがとう」と言ってやったことはありませんでした。彼女は次第に夜型生活へ移行していったのですが、それでもなおしばらくは、皆が寝てから家事をやっていたようです。それもなくなり次第に口をきかなくなり、寝ている時間だけが増えていきました。彼女は軽い方だったのですが、母親の初期対応で深刻化した例です。「私は家事が好きです」とは、母親が大学進学を彼女の意向にまかせるといって、彼女が回復に向かった後の言葉です。夜型への移行は、生活防衛と心理負担を軽くするために、外部を遮断しようとして起こります。意識的行動というより、身体的な防衛反応と考えた方がよさそうです

　この生活形態は、不登校状態になっている心を忠実に現していると言えるわけですが、この状態を固定することは、生きていることから生活感や現実感を奪うことになります。大切なことはそうなった初期に、生活上の必要事項を、最低限崩させないということです。例えば、朝起きる時間は、学校へ行かなくても家族の生活習慣を大きく逸脱しない範囲で実行させる、といったことです。それが守られるなら、深刻化を防ぐことができます。ただし、大きな問題があります。暴力的な対応を引き出す可能性が高いのです。しかし、親子の暴力対決は、突発的な事故を除けば、年齢や体力と関わりなく親が必ず勝ちます。もちろん、父親が逃亡してしまわなければですが、力―威力で制御することができるのです。不登校の背後に、夫婦の不和や疎遠になった関係が隠れていることも多く、特に男子の場合、そこからの脱出を遅らせることになります。深刻化させないためにも、対立点は、絶対に直接生活に関わることに限ります。「箸の上げ下ろし」です。誰にとっても生きる直接性ですから、その意味もそうすることの必要性もその場で解り反論の余地がないからです。親が自分を省みて、弱気にならなければならない理由はなにもありません。危険な水辺に近づく幼児を、説得する必要など在

りません。有無を言わせずひっぱってくればいいのです。

生きることから逸脱して行く子供に対しているのです。そこでは、親が絶対的に支配しコントロールしてやる必要があるのです。ただし、間違っても、「学校へ行け」「こんなことをしているとロクな人間にならん」というような価値観や親の信条をぶつけて、説教するようなことをするべきではありません。不登校に陥った子供にまず必要なことは、知的な対応ではなく、生活的な直接対応なのです。生命力を作り直す必要があるのです。3、4歳の子供を相手にしていると言えば、分かり易いでしょう。言葉ではないのです。彼等が自力で生きられるように、不平も抵抗も引き受けて、生活感―生きている実感を与え直す必要があります。その限りであれば妥協的に優しくなどと考える必要はありません。危機に瀕しているのは、彼の生命なのですから。生活が現実感を持って立て直されれば、そこから社会性への道も開けてきます。

⑨ 性分化不全

先に詳しく触れましたが、「性」を自己像に取り入れることは、子供にとって極めて苦痛を伴う作業です。身体的にはもちろん、精神的にも困難を伴います。子供から、若者へと変身していく自分を、彼等自身だけで自分だと受け入れることはできません。何が起こっているのかを知りようがないからです。性別モデルの意味はここにあるのですが、同時に親や身近な者がこの変身過程をどう受容するかが、重要な意味を持ちます。身体的変容はもちろんですが、心的変容については決定的と言っていいでしょう。乳幼児期の変身過程と、同じことが起こっているのです。幼児の「夜泣き」や対応しようのない「むずかり」は、心的・身体的異和感の表現であり、成長が一定の段階に達して安定するまでは、本人はもちろん、親も意識してこの「もやもや」を制御できるものではありません。ただどこまでもそれに付き合い、フォローするしかできることはないのです。「性」を取り入れて変容していく過程も同じなのです。子供に行動力や言語をはじめとする表現能力が備わっていることは、事態を理解する上で邪魔になるだけです。

子供には、この事態に適応すべき表現方法がないのです。彼等は、親を避けたり反抗したり、寡黙になり内省的になることで、事態の展開を待っているのです。親の制御が効かない、説得やごまかしは更なる反発を招いてしまう。「お母さん」が「おばさん」になり「ばばあ」に「くそ」が付くようになる。「なに母さん」は「ぅるっせえなあ。黙っとれ、くそばばあ」となれば、子供が異物に見えるのは当たり前です。つるりとしてきれいだった子供は、ごつごつしたり生々しくなったりと、性の臭いを発散し始めます。「毛が生える」「胸がふくらむ」「ちんちんが硬くなる」「尻がでかくなる」、子供にとっても、それまでの自己像の破綻です。これら全ての変化、気持ちが荒れ言葉や態度が乱暴になるといったことも含めて、「すばらしいこと良いこと」だと親が受け止めれば、子供は安心してこの変化に身を委ね、自己像として受け容れられるようになります。

典型的な不適応は、この変化を、「不潔。いやらしい」「色気づいた」といった、否定的な評価で迎えられる場合です。さらに言えば、子供であることを強いる、性的自立を抑圧されることです。後戻りできない変化の中にあって、新しい事態を否定した時、子供の心に大人の体という身体イメージか、大人の心に子供の体というイメージができてしまうことになります。前者は、アニメの世界ではよく見られる風景です。顔が子供なのにすごくグラマラスな体のキャラクターです。これは、心的にまだ子供である―ありたいという願望を示していますが、体が大人へと性的変容を遂げて行くことは、それなりに受容されています。つまり、親も本人も身体変貌に否定的ではないが、精神的には、成熟した大人―性的人間となることを抑制していることを示しています。

身体の直接性を否定している分、後者のイメージが形成される場合の方が事態は深刻でしょう。ロリータコンプレックスです。身体の性分化―成長が意識的無意識的に押さえ込まれ、性徴の発現も遅れ未発達のまま思春期を通過して行くことにもなります（自己の身体を否定し続ける結果、代謝機能が持続的に抑制されるからです）。この場合、心身相関は、心身症のような行動障害や身体の病的反応となって現れる以前に、身体そのものの形成に影響を与えてしまうのです。そして、抑圧された性分化へのエネルギーは、いずれ爆発的に表現されることになります。対象に向かうエネルギーが強い男子の場合は、攻撃的な性的暴力として、対象に向かわず自身に向かう女子の場合は、相手を選ばない性的な放縦として表現されます。

ただしこれらは、典型的な場合であって、実際は、幾分かずつ複合した形となってあらわれます。全く正常ということの方が少ないでしょう。

第6章

思春期後期（16～18歳）

1　早熟と遅延

①　早熟の終わり

現在の社会は、子供に早熟を強いるシステムに事欠きません。親だけでなく、学校も社会もそう導くための刺激と脅迫に満ちています。「十で天才、十五で秀才、二十歳過ぎればただの人」ということわざがあります。早熟に対する揶揄とそれを求める親への警句です。しかし、「22歳で一流社会人になろう」レースでは、18歳の春で全てが決まります。少なくともかなりの親はそう信じています。それで、ここまで見たように子供の成長過程は、どの段階をとっても早熟圧力が高いのです。「寝返りを打った」「ハイハイをした」から、「立った、歩いた」とその早熟性は、意味など見出せない段階にまで追及の手が及んでいます。親は平均値より早いといって喜び、それに遅れていると不安を感じて、「何とかしなくては」と慌てるという有様です。

子供は、早かろうと遅かろうと、心身状態が一定の状態に達すると、必ず次の段階へ進まざるを得ないのです。歩くなと言っても歩くのです。発育の過程は全てそうなのです。早熟であることは、このバランスが崩れているわけですから、「病気だ」と考える方が妥当なのです。子供が「十で天才」だとしたら、心的病を抱えていると考え慎重に、間違ってもそれを助長するようなことをせずに育てなければなりません。本当に病となってしまわないように。美人であることも、女の子にとっては早熟を意味します。成熟する前に対人関係でつまづかないよう、親は喜ぶ前に心しておくべきです。

② 自立の遅延

さて、これほど早熟を求めていることからすれば、全く矛盾することですが、思春期もピークに達し性的分化が進んで、子供の自律性が高まるこの時期になると、早熟ではなく「遅熟」—成長の遅延を求めるという奇妙な事態が起こるのです。15歳までの早熟とは、その知的能力か身体能力について言われるものです。あるいは幼児期に求められる「身の回り」的な早熟です。しかし、15歳を過ぎれば既に結果は出ています。運動選手がそうですが、どんなに能力が高くても早熟とはいえません。単に能力が高いというだけです。早期訓練のシステムが整備されるに従って、オリンピックでも競技によっては、10代の選手ばかりということも珍しくなくなりました。知的な面でも同じです。飛び級が認められていない日本では、社会的に抑制されていますが、外国では、10代前半の大学生・大学院生も珍しくありません。彼等もまた、若い専門家というだけのことです。理数系や詩などの芸術分野では、元々そうした傾向にあります。人類史的な数学理論、「群論」を考え出したのは、19歳のフランス人エバリスト・ガロアでした。

遅熟は、これらの分野で求められるのではありません。社会的な能力、社会的に自立する能力に関してです。特に、性的自立については、ただ抑制するか見て見ぬふりをしてなかったことにしようとするばかりです。子供が一人前の人間（男か女）となることを無意識に抑制しているのです。早熟が病である以上、誰にとっても正常な逸脱—突出した能力の開花をもたらすわけではありません。早熟を望んだとしても、事実上どの高校に進学したかで、「15の春」には、ほぼ決着してしまいます。そこで、親は早熟を求めた結果を突きつけられるのです。子供の成長は知的上昇だと信じてきた親は、この事態を諦めと共に受け容れ、それまでの一方的な指導に自信を無くし、「あなたの好きなようにしていい」と逃亡してしまうのです。でなければ、「逆転のチャンスはある。もっと努力しなさい」と一層圧力を加えるかです。

しかし、行動力の付いた子供たちは、単純に親の意向に沿うわけではありません。「勉強さえしていれば、他のことには目をつむる」ことが、暗黙の内に取引材料にされることになります。毎朝制服を着て学校へ行き適当な成績さえ残していれば、休日や夜中に抜け出して盛り場をほっつき歩いていても、知らなかったことにするのです。その挙げ句、「うちの子に限って」などと自己防衛に汲々とすることになるのです。

ここで唯一残った「社会性の象徴—社会という壁」になるはずの父親（父性の体現者）は既にいません。「子育ては、夫婦の共同作業」というスローガンの下、父親は、「出来の悪い母親」になってしまったからです。あるいは、社会生活に疲弊してそれどころではなくなっているのです。子育てを手伝っても手伝わなくても、父親はこの場所に立たないのであれば、初めからいない方がよいのです。そうすれば、少なくともこの段階で社会の風が、直接子供と家庭に吹き付けることになるからです。社会に向かっての防壁はあっても（二枚も）、社会への窓口がないために、子供たちはここ（家庭）

が真空地帯となっていることに突然気付かざるを得ないのです。

③　高校生という真空地帯

多くの高校生は、親が不在になったこの真空地帯に生きていることになります。その結果出現したのが、事実上30年前の大学生と同じキャンパスライフを送る高校生たちなのです。学校では勉強しているものの、選別は済んでいて入学した学校によって、卒業後の進路もほぼ決まっています。学校の指導システムがそうなっているからです。そこで、それなりの成績に支障がなければバイトをして、親の干渉を受けない金を手に入れることになります。休日だけでなく学校をさぼって、酒・女・博打・タバコから薬物にまで手を出し、コンパ・クラブと元気に遊んでいます。こうした生活風景は、高校のレベルとは関係ありません。

しかし、その逸脱は、元々真空地帯を埋めるのが目的ですから、かつての大学生のような自己規律を生むことはありません。何をしても「経験」として受容することができないのです。そのため、充足感が訪れることもなく、ひたすら漂い続けるばかりとなってしまうのです。退廃とかデカダンスでさえないのです。仲間内の些細ないさかいが、殺人事件にまで発展し、ちょっとナンパするつもりが、薬物を使い強姦・輪姦果ては殺して山の中に捨てるなんてことにもなってしまいます。時給850円のバイトも「エンコウ」という名の売春も、金を手に入れるためであれば同じこととなって、その境目などは簡単に越えられてしまうのです。ひったくりからオヤジ狩り、エンコウ少女と組んで美人局、なんでもありです。

家庭だけが原因というわけではありません。これを可能にする社会常識の変化や、こうした生活を受け容れる社会システムが存在するようになったからです。それどころか、経済上の仕組みで言えば、コンビニや外食産業のように、彼等の労働力がなければ存在できないシステムまで生まれています。その一方で、高校卒業生を社員として、社会的に一人前の人間として受け容れる企業は、減少するばかりです。つまり、経済的社会は、この段階の子供たちを安価に使い捨てることができる労働力としか考えなくなっているのです。身分的には評価に値しない、「高校生」という仮の姿をした「子供」と見ていることになります。

この無惨な認識は、社会の中に、高校生という巨大な弱者の集団が生まれていることを示しています。社会的人間関係は大きく変質しているのです。「援助交際」という名の売春は、「街を歩く不特定の若者は、金で買える性の対象だ」と見る社会が出来上がっていることを示しています。彼等は社会から、一人の人間としてさえ認められていないのです。同じようなことをしていてもかつての大学生は、明らかに社会人として見られていました。未だ修業中の身とはいえ、その社会性に対して幾分かの敬意も残されていました（学生という言葉自体、元々「ガクショウ」と発音され、学問を中心に修行する僧侶を指す言葉でした）。バイトをする大学生は、「苦学生」として温かい眼差しを受けました。

しかし、高度成長が成果を示し始めると同時に、初めは知的能力の点で、社会に余裕ができると運動能力についても、子供に早熟を求めるようになったのです。明治開国以来、西欧に追いつき追い越せでやって来た日本は、太平洋戦争の敗戦で一切を失いました。その後は、「ただひたすら生き延びのし上がる」ために、経済的繁栄を求めて50年間突っ走って来ました。人類史上類を見ないほどに社会が豊かになった80年代以降、今度は、一人一人が取り分を増やそうと、早い者勝ちの競争が始まったのです。学業はただ自分の金銭的欲望を充足するための手段となり、子供たちは学ぶことの自然過程から遠く隔てられ、成績という結果だけを求めさせられることになったのです。追いつき追い越すべき目標はとうになくなっています。何処に向かい何のための競争なのか解らないまま、子供たちは早熟に駆り立てられてきたのです。自立することを初めから諦めている、悲しい後進性、成り上がり根性と言うべきでしょうか。

しかしこの無目的な競争に子供を駆り立てながら、一方で親たちは、社会全体に対する不安と不信を隠せなくなっているのです。その無意識が、社会的自立を前にした子供たちに、ブレーキを掛けているのです。高学歴に対して盲目的な信仰がなくなったわけではありませんが、もはやその信仰には裏付けがないのです。大学へ行き大学院へ行く、それは「世の中に出ることを遅らせる」という意味しかないのです。18歳で人生に決着をつけさせようと焦ってきたが、「学力さえあれば」と考えだけでは、子供に向かって大学に行く目的を示せなくなっているのです。とにかく大学卒業という資格が必要なのだと考えても、今それだけで受け容れてくれる企業などないことは、子供たちでも知っています。勉強が得意じゃないから、専門学校でもと考えれば、そこへ進学する目的はさらに見つけられない、高校で就職をという選択は、社会から消えてしまっています。この段階に来て、家庭も社会も、子供たちが自立することを恐れ、それを先送りにするようになったのです。子供たちに向けられた親たちの「早熟と遅熟」という矛盾する欲望には、社会に対する不信と、将来を示せない後ろめたさが隠れています。その欺瞞が、この段階の子供たちにどうにも生きようのない時間を押しつけているのです。高校はそうした一切の虚無を包み隠す、巨大な真空装置となったのです。

2　システムからの脱出―自立へ

①　彼等の場所

学校教育は、行政と教員集団との間で、戦後一貫して不毛なイデオロギー闘争を繰り返してきました。今も「君が代だ。日の丸だ」とその風景は変わっていません。そんな問題は、サッカーファンの頬に描かれた日の丸によって既に越えられています。君が代を歌ったところで日の丸を仰ぎ見たところで、子供たちは、どちらの主張も届かない場所にいるのです。ここからは、国家主義も反国家主義も遠くに霞む地平線の雲に過ぎません。同じように、社会性や倫理観を身に付けさせようと、道徳教育・人権教育・人間教育と様々な試みが為されましたが、子供たち自身が社会から切り捨てられる存在となっていることには、どちらも無自覚なままです。

「社会的な差別を無くそう」というスローガンは、差別語が「つんぼ、めくら」から「ショーガイ」

に言い換えられた時破綻しました。性教育は、「売春」が「エンコウ」に、性交渉が「A・B・C・D」に言い換えられ実行されることで、現実性を失いました。「一人前の社会人となるため」と言っても、「首切り」が「リストラ」に変わった時点で、社会倫理も勤労道徳も無意味になりました。社会の実態は、きれいに言い換えられた言葉の中から抜け落ちています。子供たちが体感するこうした現実から遠く隔てられた言葉は、子供たちの心に届かなくなったのです。かつてないほどに、人が人に対して無慈悲に振る舞えるようになった社会が出現しているのです。高校生ともなれば、いかにきれいに言い換えても、教師の説明が、自分の感じている現実と矛盾することくらい解ります。今の高校に残された「ほんとうらしいもの」は、受験のための学習指導だけです。

情報が無制限に流されている社会の中で、学校空間に閉じこもって生徒にどんな言葉を押しつけても、すぐに相対化され、色々ある中の一つになってしまうのです。「自分の目と耳で物事を判断できるようになる」そんな教育はどこでもなされていません。学校教育も大人の言葉も、子供たちのいる場所に届かなくなっています。彼等は早熟な子供たちです。言葉だけなら売るほど抱えているのです。教科書を覚えて答えるくらいは簡単にやって見せます。差別が悪いことだと「書かれていれば」、そんな言葉は使わずに「シカト」するだけです。それだけではありません。「部落差別」「民族差別」「性差別」のような社会的差別は、差別の構造を失って目に見えるようには存在していません。誰が見てもすぐ解る差別として、日常生活に組み込まれているような時代は終わってしまったのです。その代わりに、誰もが僅かな差異に依って「いじめ」に遭う時代になっています。

学校ではいじめから不登校に、会社では嫌がらせからリストラへ、近隣から睨まれた者は転居に追い込まれていくのです。そこでは、個々人の差異が能力差や人格上の欠点として、公明正大に「差別」されています。今や、いじめる側にリストラする側に「正義」があるのです。政治家や官僚が僅かな金銭の授受や便宜を融通し合ったと言って、マスコミから袋だたきにされます。その一方で、デパートは、相変わらず「中元・歳暮」で商売をしているのです。こうしてこの社会で、人はかつてのような社会的差別にさらされることはないでしょう。その代わり誰もが、何か他人と違う点があれば排除されるかもしれないという不安の中にいるのです。差別のない社会で、無差別に差別される不安、差別という言葉からも現実感が失われているのです。言い換えれば子供たちは、何不自由なく高度に発達した社会に生きているけれど、余裕のなくなった世知辛い社会の中で、一様に未熟者として「差別」されているといってよいのかもしれません。

教育と社会の現実が全く矛盾しているために、子供たちにとって教育システム全体が、社会に生きる現実感を失い、単なる欺瞞装置になってしまったのです。その典型的な例を、教育にとって最も重要な教員養成課程に見ることができます。もう20年ほど前から、公立私立を問わず、小学校から高校まで教員の本採用は、全国どこでもなきに等しい状態になっています。年度や教科によっては、採用者ゼロも珍しくありません。それで教育学部や教育大学が、募集を停止したという話は聞きません。特に、小・中の教員養成に特化している大学・学部にとって、教員採用がないということは、使えない道具を売る詐欺商売と同じ立場になったということです。しかし、教員も行政や学校もこれに何らかの対策を講じたということを聞きません。最近になって、学部名称を変えたり、別の学部を作ったりという動きがありますが、20年間手をこまねいて見ているうちに大学だけでなく学校も教員も、従って、教育システム全体を荒廃させてしまいました。副産物として、それぞれの学校で教員の平均年齢が高くなっています。その弊害は、そこに学ぶ全ての子供に悪影響を与えています。教授内容の停滞と現実感の喪失は、これにも原因があります。

ところが、これに高校生やその親が抗議したという話も聞かないのです。大学を受験しようとする生徒とその親たちの意識がこの40年の間に大きく変化し、大学がその存在理由を失っていることなど、どうでもよくなっていたのです。その変化を見てみましょう。私が進学した'60年代には、受験に際しまず学部や学科を考えたものです。「その分野が好きだから興味があるから、さらに大学に行って勉強したい」、これが大学へ行く本来の姿でしょうが、それは少数派で、当時でも、多くはもう少し現実的な理由を持っていました。例えば、卒業後一般企業に就職するつもりなら経済系の学部を選び、公務員なら法律系、技術者なら理系ということです。もちろん教員を目指すなら教育系です。受験も難易度別に同じ学部が選ばれます。私は何となく組で就職や職業をあまり考えず文学部を選びました。

'80年代に教員になって驚いたことは、まず第一に、親も生徒も受験に際して、大学を選ぶということでした。さらに学部については、文系理系程度の選択はするものの、文系であれば商・経・法・文と何でも受験することでした。3校受験するだけで、10回分もの受験料を支払うといった例も珍しくありません。親も生徒も「是非この大学へ入りたい」という気持ちだけで受験し、「その大学へ何をしに行くのか。出てからどうするのか」といったことについては、何も考えていませんでした。そんな相談を受けるのは本当に希でした。

「大学、できれば有名大学へ入りたい」という病的なまでのブランド志向があるだけです。この時点で、高校までの勉強からも大学での勉強からも、学ぶことの現実感が喪失してしまったのです。高校までは、まだ目の前に受験があります。実際、中・高の学校から受験資格付与という権限を除くと、学校を統率して行く根拠がなくなってしまうのです。生徒を抑えるのに、「内申書」の存在が大きくものを言うのです。親は「子供を人質に取られている」と言い、教師は「生徒や親に恩を売る」と答える。不毛な認識が当たり前のように語られています。

'90年代に入ると、バブル崩壊で就職難ということもあって、大学入学直後から就職説明会が開かれ、大学主催で就職指導が行われるようになりました。2年生にもなれば実際に就職活動を始め、3年には就職先が決まるのです。世に出ることを考えるほとんどの学生にとって、大学は、就職活動をするハローワークの出張所と同じものになっています。残りは4年間漂ったあげく、先延ばしのために大学院へ行くか、フリーターと称して世の中を漂って行くかを選ぶことになります。生きることに現実感を持ちようのない環境で、言葉だけに習熟した悲劇です。

そんな事例を挙げてみます。彼等は、何でも知っている(つもり)のに、現実世界どころか自分の心さえ理解するルートを見出せないのです。「ナイフはカタログでもよく知ってる。解説書も読んでるしバトルゲームじゃ扱いもちょっとしたもん」とうそぶく生徒も、本物を手にすればすぐ怪我をするのです。事件を起こす一歩手前です。「俺はバイクにはちょっとうるさい」と言って、友人のバイクを借り出し、初めて乗るにもかかわらず急発進して、停車中の車に飛び込んだ生徒もいます。「あんなにすごいとは思わなかった」。半年入院しても後悔とも言い訳ともつかないような思いしか抱けないのです。金離れが良く優しかったからと、男のアパートに付いて行って、骨折の挙げ句強姦された女の子もいます。それでも、「騙されちゃった。でもまあいいか」と訴えるどころか治療費も請求しないのです。道徳や倫理観がないのではありません。それが成り立つ「現実という場所」に、彼等はいないのです。自分の体験と自分の言葉やイメージを重ね合わせることができにくくなっているのです。痛んだ自分の体でさえ、傷つかない心のためには、犠牲にしているのです。

泣きながら電話を掛けてくる女の子がいます。いくら話しても、何がどうなっているのか伝わってきません。興奮しているとか、パニックになって何が何だか解らなくなっているのでもありません。言葉とすれば「寂しい。辛い。○○さんが○○してくれない」といったことが断片的に語られますが、そのことに格別意味があるわけではありません。より激しい例では、リストカットなどもそうです。ある心の状態が、泣くとか自分の体を傷つけるといった直接的な行動となって表現されてしまうのです。何かについての考えや感情を、この行動として現したと自覚しているわけではないからです。というより、そうした心の回路ができていないのです。現実どころかそこにある自分の心さえ見えなくなっているのです。ですから、整然とした説明や説得も無意味です。何度も何度も繰り返して、泣きやむまでの時間を共有してやる以外できることはないのです。彼女には、赤子のように泣いていること自体に自覚がないからです。どこかでそうなってしまう自分の心とそれが受け容れられる場所があることとを、彼女が納得するまでは、関係が成立しないのです。

② 学校解体と再構築

小・中学校までは義務教育です。親には子供に教育を受けさせる義務が、国家にはその場所を提供する義務があります。子供には教育を受ける権利があることになります。ですから中学を終えるまで、実際に通っていていてもいなくても、子供はどこかの学校に必ず在籍しています。つまり、どんな生活を送っていても、義務教育の段階までは、社会的な身分が「児童」という形で、法律上保証されているのです。しかし、高校は義務でも権利でもありません。中学を卒業すると、子供たちは、未成年という制約と保護を受けるだけで、社会的には一私人に過ぎなくなります。自力で社会の中に位置を求めなければ、社会的には存在しないものになってしまうのです。つまり、進学か就職か、生きる場所を選ばなくてはならないはずです。しかし今は自動的に高校へ進学しますから、ここまで厳密に考える機会がありません。このことは、この段階で自立をしようとする子供たちに「自分と社会の関係」が全く見えなくなることを意味します。言い方を変えれば、世の中から「高校生」も「中学卒業者」も、社会的身分なのだという認識がなくなっているということです。この年代の子供たちは、社会的には存在していないと見なされていることになります。学校という場に囲い込まれて、ひたすら何かを消費しているだけの存在、でなければ価値を認められることなく世の中を漂っているだけの存在なのです。

中卒者や高校を中退した者は、特段の技能によって社会的に認められるか、それを身につけるために修業中というのでもない限り、社会的な立場を持つことができないのです。高校生もこれまで考えてきたように、今では社会的な立場だと認識されなくなっています。15〜18歳までの多くの子供たちが、社会に場所を持たずに漂っている状態なのです。

そこでわたしたちは、高校という存在を、以下に挙げる二つの機能だけを基にシステム化をやり直すべきだと提案します。

1、「高校生という社会的身分」を保障する。
2、生徒の全ての活動を対象に「高校での学習」とするか否かを各校の権限で認定・評価する。

次の章でこの考えを詳しく述べてみたいと思います。

第7章　新しい学校

1　学校拡張

新しい学校をイメージするために、「単位制」というキーワードについて考えておこうと思います。

①　単位制高校の成立—新たな価値観の創造

義務教育は、9年間小学校と中学校で学習することを規定しています。「何を、どの程度学ぶか」について一応の規定はありますが、それをやり遂げなければならないという規定はありません。つまり、小学校入学後9年経てば、全員が義務教育課程を修了したものと見なされ、中学を卒業することになります。これに対して高校は、義務教育と違って本来社会的な資格（学歴）を付与するための機関です。ですから、その資格にふさわしいものを卒業までに修得させなければなりません。そのため、これに必要な内容がカリキュラムとして示され、生徒はこれを必要とされる段階まで学習することになります。そしてその結果が、「単位」として評価され認定されるわけです。その単位が、一定の数（現在は74単位）に達すると卒業となり、高校卒業の資格が得られるわけです。

ですから、高校教育は、大学と同じ「単位制」によって運営されてきたのです。しかし、実際の高校は、学年毎に固定されたカリキュラムを3年間にわたって学習し、全て単位として修得しなければ、卒業できない仕組みとなっています（これを学年制といいます）。いくつか単位を落とせば、留年

（落第）となってしまいます。決められたものに従って学ぶという見かけのために、この違いがはっきり理解されることはなく、多くの人は中学校までと同じ学習システムだと考えてきたのではないでしょうか。

'80年代以降、ほぼ全員が高校に進学し、その大半が普通科へ入学するようになると、このシステムに適応できない生徒が急増し、中退者が多く出るようになりました。不登校問題はその一部に過ぎません。進路選択をあやまった者や、進学先の高校で学習意欲を持てない者を大量に生み出してしまったのです。そして、この制度にある限り、入学した高校を辞めて別の高校でやり直そうとする者は、新しい高校で一からやり直すしか方法がありませんでした。そこでこの中退者の救済を目的として、'88年から「単位制高校」という新しい高校が認可されるようになったのです。

この新制度は、元在籍していた高校での学習実績（修得単位や在籍期間）を無駄にせず、これに再入学後に修得した単位数を合わせて74単位になれば卒業を認めるという点で、中退者には朗報となりました。しかし、この制度は、単に中退者の救済を目的とした制度改革という以上に、重要な問題を提起しています。その問題について考えてみたいと思います。

② 単位制の学習Ⅰ——学習形態の解体

単位制高校の学習についての基本的な考え方を簡単に言えば、次のようになります。

高校での学習について、その学習形態を問わない。学習内容を問わない。学習実績だけを評価する。

ということになります。まず、「学習形態を問わない」ということについて考えます。高校が設置されている形態は、全日制・定時制・通信制といった学習形態による設定と、普通科・商業科・工業科のような学習内容による設定の違いによって分けられています。従来は、こうした形態を異にする学校間で、単位の互換性は認められていませんでした。それどころか同じ形態の学校間でも、認められるのは例外でした。単位制に於いては、高校での学習なら、全て無条件に単位の互換性が認められます。しかし、単位制という考え方が画期的なのは、学習実績を高校という形態に限らず認めようとする点にあります。大学受験資格検定合格科目・大学等で実施される公開講座での受講実績・各種の検定制度で認定された資格・一定の労働実績・社会奉仕やボランティア活動等といった、社会的に一定の評価を得ることができる生徒の活動は、全て高校での学習行為として認定しようという点です。「学習形態を問わない」ということは、生徒がどこでどんな形であれ一定の活動を行っているのであれば、それを高校の学習として評価しようという考え方です。

こうした考えは、子供たちが「何かを学んでいる」と言える場所が、今や高校（学校）に限らないのではないかという問題意識に基づいています。各種学校や塾のような教育サービス産業はもとより、パソコン・マスコミ・雑誌など、高度になった情報社会の在り方自体が、「巨大な学校」として機能しているのです。しかも、子供たちは、そうした機会を捉え、自分の興味や欲求を満たすだけの経済力にも恵まれています。生徒の周りには、小・中・高・大学といった学校教育に集約できない、様々な知識や技術が溢れています。それらの多くは、職業や生活と密接に繋がっていても、いわゆる学歴のような形で評価されないものが多いのです。コンピューターを使ったゲームから始まった産業は、今や巨大化して、CGグラフィックス技術、アニメーション（漫画）、映画、コマーシャル産業等と複合して世界規模の市場を形成するほどに発展しています。ゲームや漫画に夢中になっている子供の中から、こうした産業の担い手が生まれる時代なのです。30年前まで、スポーツ少年がそこに自分の将来を夢見ることができたのは、野球くらいしかありませんでした。今は多くのスポーツで、自分の人生を作っていくことができるのです。

特別な例を挙げたのではありません。学校教育は、「読み書きそろばん」の段階を過ぎると、社会の現状とかけ離れてしまっているのです。しかも、この程度の知識なら、テレビを見ていても、漫画を読んでいても身につけることができるのです。高校教育で教えられる教科の中身が、人として必要な基本的な知識だと子供たちを説得することができなくなっているのです。微積分どころか二次方程式でさえ、大学入試に必要だと言わなければ、生徒に学習させることはできなくなっています。その結果、中学レベルの連立方程式で工学部入試をせざるを得ない大学が珍しくなくなっています。まさに、高校教育の真空化と言えるでしょう。

③　単位制の学習Ⅱ—学習内容の解体

さて次に、「学習内容を問わない」という点について考えてみます。高校教育という以上、誰もがその学習のレベルについて一定の段階を想定していると思います。少し極端ですが、そうした常識が通用しなくなっている例を挙げます。小学校から不登校になった生徒が入学して来ました。彼も中学は卒業したことになっていますが、平仮名・片仮名の区別ができません。一桁の足し算ができません。作文を書かせると、全て平仮名か、漢字があってもでたらめな当て字という生徒は珍しくありません。この場合、彼等に理解できる授業をやろうとすれば、これまで「これが高校レベルの学習だ」と考えられてきたものを捨てるしかないのです。

その高校レベルの学習ですが、これには、事実上二つの基準が存在しています。一つは、文部科学省が「指導要領」という形で設定した行政指導上の基準です。もう一つは、大学がそれぞれに行う入学試験で示される知識水準です。この二つは、何の関わりもなく、しかし二重原理として高校教育に影を落としています。

「指導要領」という原理は、一応法的な規制として設けられたものです。法的規制と言っても、これは、行政指導という形を採っていて法律上の規制ではないので、行政当局者の顔色をうかがう必要のない高校—入学希望者に支持され、経営が安定していて補助金に頼らなくてもよい高校に対しては、ほとんど機能していません。先に挙げた進学校の場合がそうです。しかし、いわゆる底辺校、特にここで問題にしたい通信制高校等は、これまで公立高校が多かったということもあって、この規制に縛られたままです。公立学校は、行政上の一部門に過ぎず教員も公務員の一員ということで、もともと法的規制には弱い存在です。皮肉なことに、指導要領に謳われているようなレベルでは、教育ができない学校ほど、この法的な規制から離れられないのです。

こうした高校に入学する生徒は、単に学力が低いとか学習意欲がないというだけでなく、学校や教師に対して拒否反応を示す場合が多いのです。彼等に型通りに高校教育を行うとすれば、まずその状況から生徒を脱却させなければなりません。しかし、こうした高校は、そこに集まった子供たちを、その現状から指導要領の求める段階まで引き上げようとして、疲弊し絶望に陥っています。あるはずもないルートを探して遭難した登山隊のようなものです。その結果彼等の採った方法は、それが不可能と知りながら、指導要領にすがりつきこれを生徒に押しつけることでした。

生徒の増加が続いた80年代のある下位の公立校では、入学者500名の内、入学式時点で100名ほどが来なくなり、卒業までにさらに50名が退学して、最終学年は、30名そこそこの少人数クラスになるということでした。教員もこれを歓迎して、素行上の理由はもとより、成績不良者もどんどん落とし排除して来ました。さらに、通信制高校の場合、在籍生徒が多いということもあって、この傾向が強く、指導要領準拠という姿勢は指導計画を見る限り、上位校も顔負けするほど忠実に実施されてきました。その結果入学者の20％以下しか、卒業まで残らなかったのです。そうすることで辛うじて高校という体面を繕ってきたわけです。

しかし、少子化で教育予算が切りつめられ、在籍生徒数を減らせないようになると、全く逆の対応をするようになっています。指導計画や学習指導の実態と関わりなく、今までなら切り捨ててきた生徒にも、単位の認定が行われるようになったのです。極端な場合、試験や提出物について、その内容を指導するのではなく、解答や解答事例を写させることで学習実態を作り出すという欺瞞まで、生徒に押しつけるようになっています。考えようによっては、一人でも多くの生徒が卒業できるようになったわけですから、これはよい傾向かもしれません。しかし、ここでは、学ぶことより単位を認めるための実績作りが優先して、生徒が何かを学んだと実感できるような学習内容を作る努力は見られません。生徒の学習意欲はさらに失われ、学校不信も加速するだけです。

改訂された指導要領では、それまで一律に課せられていた学習レベルが、それぞれの学校の実情に合わせて設定できるようになっています。行政的な統一レベルの強制という側面は、「検定教科書」の存在を除けばほとんど消えているようです。しかし、こうした学校で現場に立つ教員の考えは、依然としてここから動くことはないようです。指導要領に代わる指導理念を考えればよいのですが、自分たち自身が「高校教諭」という身分を失う事を恐れるかのように、旧来の高校教育を手放すことができないようです。悪名の高かった文科省の認識にさえ立ち後れているといわざるを得ません。多くの高校では、依然として旧来の指導基準が生徒の実情と関わりなく守られ、ここから外れる生徒を排除する教育方法から抜け出ていないのです。排除できなくなればなったで、指導要領に形だけを合わせる無意味な作業で、生徒を疲弊させているばかりです。どう取り繕っても、ここでは、高校レベルどころか、授業そのものが崩壊しているのです。

さて、後者の原理は、各大学が実施する入試問題として示されます。この問題は、大学が「それぞれ独自に想定している自分の大学レベル」に応じて作成したものです。もっとも、このレベルは、客観的な基準があるわけではなく、予備校などによる偏差値ランキングを受け容れる形で想定されたものです。センター試験のように比較的多くの大学に支持されているものもありますが、基本的にその大学だけに通用する原理です。高校での学習指導に影響を持つほどの大学は、東京大学を始めとする、いわゆる一流大学に限られます。そして、上位の大学ほど、自分勝手に入試問題を作り、「受験校」に基準として示すことができるのです。

大学入試は本来、各大学が自由に作るべきものだと考えます。難問奇問OK、指導要領など気にせず作られるべきだと思います。これまでもトップグループの大学はそうしてきました。入試問題は、自分の大学が提供する教育に付ける「もう一つの値段」なのです。入試の可否を批判するのはよいとしても、「ラーメン屋の値段」を批判するようにすべきであって、「大学入試が高校教育を破壊している」といった、教育を口実に倫理的な批判をすることは無意味です。唯一言えることは、まともな入試を作れない大学は、いかにランクが高くても、教育には関心の薄い大学だということだけです。

大学が自らの理念に従って自由に教育をするには、入学者を自由に選ぶことが前提です。大学入試の改革などを問題にしても、教育にとっては不毛なだけです。意味ある改革は、「大学教育が高校以下の教育と何の関係もない」と認識するところから始まります。既に、大学進学を指導目的としている高校は、入学生の選抜で義務教育など全く無視しています。当然、自校のカリキュラム編成も、指導要領などとは無関係に行っています。目指す大学へ一人でも多くの生徒を合格させるために、学習指導は、予備校のように目標大学別に特化しています。それ以外の高校で大学を目指す生徒は、学校教育と関係なく塾や予備校で受験勉強をやっています。この原理に従う高校は、「大学予備高校」として、制度の上でも、「大学受験予備校」と競合して行くことになると思います。ここでは、大学入試合格に必要な学力を作るという目的以外に、高校教育の内容などは、問題にされていません。しかしながら皮肉なことに、学力が高い高校ほど、学習指導の結果は、指導要領の求めるものに近くなります。大学入学資格から「高校卒業」と言う条件がはずされ、大学が独自の判断で入学基準を設定できるようになるのもそう先のことではないので、この傾向は、一層強まると考えられます。ここでの高校教育は、既に解体され再編が終わっていると言ってよいでしょう。

単位制が高校教育に、「学習内容を問わない」という考えを導入した時、「高校レベルの学習内容であれば」という条件を無意識に想定していたと思います。その想定は、これまで見てきたように、暗黙の内に2種類の基準を想定していました。しかし今、高校は、「高校レベルの学習」が何であるかを、誰にでも通用する形として、明確に示すことはできなくなっているのです。高校での学習指導の現状は、四則計算から高等数学まで、仮名の読み書きから平安の古典文学までと、どの教科をとっても大きな隔たりを抱えています。小学校から大学レベルまでの隔たりが、高校教育に持ち込まれるようになっているのです。生徒の学力にばらつきがあるという問題ではありません。「学習・学力」という概念が、人により状況によって、意味も重要性も変わってしまっているからです。

箸をまともに扱えない子供は、豆を食べることができません。豆を食べる必要を説くのであれば、箸の持ち方から教えなくてはならないのです。挨拶のできない子供は、気軽に人と関わることができません。人と関わることを教えるのであれば、挨拶の仕方から教える必要があるのです。だからといって、教員や校長までもが校門に立って、「挨拶運動」をしたところで何の意味もありません。「授業として」方法的に取り組むべき事、生活（命）力の育成であって、躾や道徳とは何の関係もないことなのです。学校教育は、「箸の上げ下ろし」から教えなくてはならない所に来ているのです。

学校風景の変質を、最も多い普通科高校で考えてみます。この高校は、本来大学へ進学することを目的に作られています。大学でより専門的な学問や技能を学ぶことができるように、広い分野に渉って、ある程度高度な知識を習得する場所なのです。ですから大学へ行かないとすれば、ここで学ぶのは、一般的な教養を身につけるためだと考えない限り、全く無意味になります。また、大学が幅広く高度な教養を必要としなくなれば、普通科のほとんどの科目は、学ぶべき意味を失います。大学進学を考えない普通科の中・底辺校では、授業のほとんどを高校レベルで実施することができません。受験校といっても私立大学受験を目標にする高校では、授業になるのは、受験科目に指定されている数科目だけです。つまり、現在のほとんどの高校で、高校レベルの授業が成立していないのです。指導要領の求めるように、二次方程式を自在に解いたり古典作品を注釈書片手に読みこなす生徒は、全高校生の3割ほどでしょう。それを必要としている生徒も、これより僅かに多い程度です。にもかかわらず、こうした全ての高校もその教員も、この事実に正面から取り組むことをせず、相変わらず教科書を開かせ、一人芝居のような授業を続けているのです。高校の授業でその学習内容を問うことは、事実上不可能な事態になっているのです

「学習内容を問わない」という考えは、こうした現状を白日の下にさらし、今の高校生が学ぶべきものは何かを、ゼロから考え直そうという試みなのです。今の日本の社会は、子供たちが学校で学ぶ理由を、大学受験のためとしか認識させていません。ですから高校生になると、学習意欲を持っている者でも、それを向けるのは、2、3の僅かな科目に限定してしまうのです。まして意欲のない生徒にとっては、ほとんどの授業が自分の関心の外ということになるのです。

逆に、これまで繰り返し検討してきたように、子供たちの周りには、様々な情報や知識が溢れています。しかし、そうした情報は、正確であるより子供たちの興味を引くことだけが強調されがちです。「カリスマ美容師」が話題になれば、理容美容学校が人気を博します。派手なコマーシャルに惹かれて進学しようと考えても、僅かな期間学校で学び資格を取ることと、「カリスマ」への道とが具体的にどう繋がって行くかについて、生徒が知ることはありません。進学しても、「こんなはずではなかった」という思いを消せぬまま、結局進路変更ということになってしまいます。情報を自分が生きる現実に結び付けて、生きる力に作り替えていく契機を、社会も学校も与えることができなくなっているのです。大学ともなれば、何をやっているのかさえ解らないものがほとんどです。大学によっては、入学者の2割・3割が、せっかく入った大学を辞めてしまうことになっているのです。

子供たちの言動を見ていると、彼等が身につけている知識や情報の量は、数十年前の子供に比べて、

比較にならないほど多いことがよく解ります。しかし、そうした知識が、授業の場で一つのまとまった体系に形作られることはありません。ゲーム機からパソコンに高度化して行く子供たちの技術や知識（遊び）を、正面から問題にして学習に反映させるような発想は、今の教育にはありません。小学校からパソコンの授業を取り入れるようになったといっても、子供の遊びに追随するのでなければ、そろばんの持っていた社会性程度の現実感さえ、子供たちに与えることができないのです。

物理授業の導入教材だったのですが、「水中に入れた500ミリリットルのビール缶をゆっくり引き上げると、水面に引き上げる寸前にビール缶が一気に潰れる」という実験があります。「そんなものは、小学校レベルの実験で、高校でわざわざやるほどのものではない」と言われそうですが、生徒は、この実験に結構驚いていました。地上に空気があるという知識は常識ですし、そう書いて示せば事足りるでしょう。そして、この知識を理解するのに、空気が具体的な存在として、現実感を持って認識されている必要はありません。しかし、実験の様子から、高校生だからといって、彼等が空気の存在にリアリティーを持っていなかったのは確かです。高校教育では、気体について、力学や分子量の基礎的問題が解ければ、現実の空気が自分にとって何なのかを、知る必要はないのです。そして、小学校以来、学校での勉強は、子供にとってほとんどが、生きる現実から断絶した、紙の上での出来事なのです。

全員が高校へ進学するようになった80年代以降、高校教育は事実上義務教育と同じになっています。思春期も後半になった高校生の段階で、彼等に「教室の中だけに働く価値観で生きろ」という考えを押しつけても、無理が生じます。学力差は、生徒一人一人の見かけの違いに過ぎません。その差は、「一人一人がどう生きようとしているか」という違いが、作り出したものです。この点を無視している限り、生徒たちの心に、受験場でしか意味のない「特殊な学習」や指導要領という「形式的な学習」が届くはずありません。結局、高校の学習から「内容」と言うべきものは、ほとんど失われてしまったと言ってよいでしょう。誰に対しても「高校生だからこれを学ぶべきだ」と言い切れる学習内容など存在しなくなったのです。単位制が学習内容を問わないという根拠がここにあります。

④　単位制の学習Ⅲ──学習評価の解体

最後に「学習実績だけを評価する」ということについて考えてみます。普通、生徒の学習の成果は、テストの点数に現れると考えられています。学校では様々なテストが行われ、その積み上げが、「学習実績」として扱われます。教師は、これに生徒の学習態度等を加味して、「評定」(五段階評価)という形で評価を与えるのです。高校ではこれが「単位」として認定され学習実績として残ってゆきます。つまり、「学習実績とは、試験の点数である」と考えられていることになります。この考えは、学習する過程を全て切り捨てて、その結果だけを学習と考えることです。高校が、かつてのように社会から資格認定機関として認められているのであれば、到達点こそが重要なわけですから、当然と言っていい考え方でしょう。社会が、高校卒業生に一定の能力を期待し、それに見合う処遇を与えているのであれば、認められるべき考えです。

しかし、今やどんな会社も、高卒生に特別な知識や能力など期待していません。正規採用しようという企業が減り続けている理由です。社会は、大学入試や何らかの検定試験を受ける場合、その資格を認めているだけです。当然、高校の側も、それをよくわきまえています。テスト結果の数字が、社会的に何を意味するかなど気にしていません。自分たちで設定した合格点に達していれば、内容を問わず単位を認定するだけです。「指導要領」に従って型どおり「高校の授業」を行い、生徒が解っても解らなくても「テスト問題」を作り、ほとんどの者が合格点となるように、体裁を整えているのです。高校では、テストを工夫しても、授業内容を工夫することはありません。旧来の考え方で指導要領に従っている限り、授業を工夫する余地などないからです。生徒の実態の前に、ひたすら後退し形骸化した授業を繰り返すだけです。ここには、学習内容も、学習実績も存在していないのです。

さて、「学習実績」ということについて、「それは、テストの点だ」という考えを捨てて、原点に帰って考えてみましょう。学習実績とは、教員の提供する授業を受けて、生徒自身がこれをどのようにどれだけ学んだかを指します。では、その教授内容と学習過程の関係がどうなっているかを考えてみましょう。どんな授業も、まず学習すべき事柄を「提示」することから始めます。生徒にとっては「体験」です。あるいは体験を「目の前に掘り出す」ことです（先のビール缶のように）。その確認が済めば、「説明―理解」・「反復―習得」・「展開・応用」と段階を追って進み、生徒は、この最終段階に到達することを求められるわけです。教師は、生徒がそれぞれの段階を理解し克服したか否か、最終段階でどれだけ進んだかを確認するために、テストをします。こう考えれば、テストは、教師が生徒の学習過程（実績）を確認するための一つの手段（情報）に過ぎないことが解ります。

しかし、教師は、できないやらない生徒を椅子に座らせておくために、最も安易な手段として、テストを締め付け道具にしてしまったのです。ところが学校を取り巻く状況が、大きく変わってしまいました。こうした生徒をテストの点数で、排除する（落第させる）ことができなくなったのです。つまり、点数が何点でも単位を与えなければならなくなったのです。しかし、テストの点数以外に、生徒の学習実績といえるものがないわけですから、補習への参加を強制する、余分に課題をやらせるといったことで、この過程を形式的に終了したと見なすことになります。テストテストと言いながらテスト結果などは無視した結果になります。授業とテストは連動しているわけですから、教師は、自分の行った授業を無視して、生徒を評価することになります。当然、生徒は授業を軽視しますから、ますます授業が成立しないということで、悪循環に陥ってしまうのです。こうした不毛な教室風景は、教師も生徒も、指導要領に示された「高校段階の学習レベル」という普遍的でもなければ、現実的でもない考えを捨てることができない所から生まれてきたのです。

なぜこんな不毛な授業が、続けられているのでしょうか。そこには、教えることと学ぶことについて、大きな誤解があるように思えます。学校の授業には、高校に限りませんが、当たり前のように上記のような段階が設定されています。そこには、「授業は、学力を高めるために行うものである」という無意識の前提があります。しかし、こうした授業は、本来二種類の対象にしか適応できない方法なのです。一つは、小学生のように、無条件に授業内容を受け容れるしかない者を対象として設定する場合です。もう一つは、中学生の高校進学のように、全員が同じ目的を持っている場合です。

今の高校生は、高校生であることに全く社会的な意味がありません。ですから、高校生だからといって、何かを無条件に強制することはできませんし、生徒も受け容れることができません。また、同じ高校、同じ教室といっても、全員が同じ目的を持っているわけではありません。当然、こうした考えで行われる授業は、部分的にしか成り立たない、全ての生徒を座らせておくことができないことになります。生徒の学力は、大きなばらつきが生まれることになってしまいます。対応策として、能力別授業が導入されることになります。しかし、この方法で解決しようとすれば、個人指導に行き着くしかないでしょう。以前から塾では、それが謳い文句となっています。

それだけでなく、授業にまともに参加しない生徒については、彼の学習実績が何処にあるか見えなくなってしまいます。結果として、ますますテストのような形式に固執することになってしまいます。テスト結果から引き出された学力など、問題にしても生徒を納得させることはできません。大学入試と言わない限り、社会的に全く意味がないからです。高校生だからといって、彼等に統一的な学力を求める根拠を、学校も社会も失ったと自覚するべきだと思います。

高校の授業が、大学の下請け業でなければ無意味な暇つぶしとなってしまったことは、現在の社会が、経済的文化的に達成した成果の一つです。皮肉ではありません。今生まれる子供たちは、大学まで考えれば、およそ20数年間を学校社会に生きることができるようになっているのです（大学院まで考えれば20代後半まで）。しかも、彼等が望めば、ほとんど自動的にそれが実現するのです。自分が望み、やりたいことをやった結果として大学まで行き、その間、社会から隔てられ保護されて生きることができるようになっているのです。社会的に達成したこの成果が、子供たちに自由をもたらしているのです。教育の空洞化はそれが生みだしたものであって、否定する事ではありません。

しかし、その結果として子供たちは、自由の海を漂うことはできても、どこかへ行くことも航海をやめることもできなくなっているのです。つまり、自由であるのに、何者でもなく何者にもなりようがない、このままでは、彼等は「自立」できないのです。とすれば、学校で学ばせる最も重要なものは、学力や知識の量で計れるものではなくなります。それで現すことはできません。先に挙げた四段階という考え方を転倒して考えてみる必要があります。

単位制は、学習実績をテスト結果ではなく、「生徒が、今ここで学んでいること」そのことであると考えます。これは、授業を行う上での「倫理的な規定」ではありません。これは、「できるできない、興味があるない、目的を持っているいない」に関わらず、全ての生徒を対象にして成り立つ授業を行うという、極めて方法的な考えです。「易しい授業」は、できる生徒が満足しない、「難しい授業」は、できない生徒がついて行けない。授業については、こうした批判が付きものです。「授業は、生徒の学力レベルを引き上げるためにある」と考えるのが当然だからです。これまで述べてきたように、単位制ではこの考えを採りません。「何を目的にして授業を受けるのか」は、生徒に考えさせ、その選択も彼等に委ねるのです。教師は、その失敗の過程に、何処までも付き合えばよいのです。

授業は、四段階の最初「提示―体験」しか設定しません。このことは、基礎的なことしかやらない、ということでも、易しいことしかやらないということでもありません。生徒の生活世界に直接結びついた事例から、それが抽象化され他の事象に結びついて普遍化し、高度な知識となる全過程を授業として展開します。しかし、それぞれの段階の知識それ自体を教授するのではありません。身の回りの些末な事象が、高度な知識となる過程を「体験させる」のです。それぞれの知識をよく理解しこれに習熟することは、生徒が決める問題です。そうしたければ、そのための授業を受けるか、予備校や塾へ行けばいいのです。

具体的な事象から抽象的な思考を立ち上げ、一定の概念や知識を獲得する「提示―体験」授業がどんなものか、数学を例に挙げてみます。数学どころか四則計算がやっと、分数が入れば四則というルールさえ消し飛んでしまうという生徒は、たくさんいます。数学嫌いが生まれる最初で最大の関門は、小学校で習う分数だからです。それは、分数が極めて抽象度の高い数概念であり、記号だからです。「かごの中にみかんが5こがあります。おかあさんが10こ持ってきました。みんなでいくつになりますか」これは、5＋10＝15という簡単な足し算の問題ですが、「5＋10」の計算と「10＋5」の計算を同時にさせると、ほとんどはそれぞれ別に計算をやります。「同じ数なら順番を換えて足しても答えは同じ」という原理を習っていたとしても、一目で二つとも15と答える子は多くありません。習い始めの小学生にとって、この計算式は、「かごの中の5個のみかん」と「母が持ってきた10個のみかん」という具体的な事実にくっついて認識されています。ですから、その逆の操作は、逆の事実に結びついた別の計算と理解されるのです。二つの計算を、5と10を加算するという点で同じなのだと理解するには、まず、事実から「5」「10」という数概念だけを取り出さなくてはなりません。その上で、加算の場合、式上の数の位置を交換しても、計算結果は同じだという理解に到達します。そして、二つの操作が同じだという認識は、どちらもかごの中に15個のみかんが残るという事実によって裏付けられるのです。生徒は、ここまでの過程で、具体的な事実と数学上の認識との間を、何度も往復して次第に抽象的な認識を手に入れることになります。

「かごの中に5こみかんがあります。おかあさんがりんごを10こ持ってきました。みんなでいくつになりますか」。もちろん、15個にはなりませんが、そう答える子がかならずいます。この例から15個を導くには、「くだものは」という条件を加える必要があります。つまり、「みかん・りんご」という個々の果実を抽象化して、「くだもの」という言葉（概念）を作らなければならないのです。そして、「みかんの5」と「りんごの10」は、「数として同じに扱うことができる」という抽象化も理解しなければ、この問に答えることはできません。みかんやりんごという具体的な物に強く捕らわれている子供は、「みかんが5ことりんごが10こ」と答え、計算を数字の操作と考える子は、「くだもの」と言われていないのに「15こ」と答えることになります。

このように、簡単だと思える足し算でさえ、具体的な事実から見れば、何段階もの抽象作業を施してようやくできる操作なのです。何度も具体的な事象と抽象された数学的な操作との間を行き来して、理解させるべき事で、数学的な知識を押しつけることで飛び越すことは、避けねばなりません。分数の場合、この過程はもっと複雑になります。子供は、手に持った「半分のりんご」や「コップ半分の水」と、「1/2という数」あるいは「記号」を同じものだと考えなければなりません。

分数を理解するには、数には、「数える数」と「計る数」とがあることを理解して、数概念を拡張することが必要になります。しかし、数概念に、質的に異なる二つの考え方が含まれていることは、あまり徹底されていないように思います。1人2人、1個2個と数えることができる量は「分離量」です。1m、1時間は、「1m、1時間」を単位として計った結果出てきた量で、「連続量」といいます。物を計れば端数が出ます。小数で表すこともできますが、分数でも表示されます。ですから、分数は、ある連続量をある量（単位量）で分けて行く操作をそのまま示している記号と言えるわけです。つまり、ある量を表示するのに「割り算という操作」をそのまま表示していることになります。1を2で分けた時の量が、1/2で、「1÷2＝0.5」という操作を1/2と表示しているのです。その点で、「0.5」のような小数とは、異なります（割り算にも、具体的な操作としては、二つの考え方が含まれています。「当分割り」と「包含割り」です）。

連続量は、ある量を単位として分けた結果得られる数です。分離量は、「1、2、3……」と数えて得られる数です。「1人」も「1m」も「1」という数としては同じですが、その具体的な意味が違っています。1/2人は、現実的にはあり得ない無意味な数ですが、1/2mは、現実に対応して意味を持っています。同じ「1＋1/2」という計算も、「1m＋1/2m」ならば現実の操作に対応して意味を持ちますが、「1人＋1/2人」という計算は、現実にはあり得ない操作で意味不明です。人をりんごに変えれば、成り立ちそうですが、分離量として扱ってきたりんごの数を連続量へと転換していることの説明がいるはずです。具体的事実から離れられない子供は、数学的操作だけを押しつけられていると感じて、ここで立ち止まってしまうことになります。具体的な事象や操作にまつわる現実的常識的な認識が、そこに隠された法則や原理によって覆され正されて、より正確で広い考えを手に入れる事ができるのが、数学の方法なのです。「3人を2つのグループに分けると、1つのグループは何人になるか」という問に答えられるようになるのは、数学的な操作が数学的抽象的な事実として了解されるようになってからです。それには、数と操作についての認識が、いくつもの段階を経て十分に確立してからということになります。

四則計算を算術的な知識として考えれば、高校で取り上げる意味などないでしょう。しかし、「数学的・論理的に考えること」を学ぶのだとすれば、数学的な操作に長けている者も、そうでない者も同じ場所に立っていることになります。ただ、そうした授業に教師が耐えられるか否かの方が問題でしょう。ここに立てば、生徒に必要なことは、自分の目と耳で物事を知り、そこから自力で考えることだけです。数学的な知識や操作技術は、必要な者が必要に応じて身につければいいことです。そのための場所も方法もいくらでもあります。単位制の基本的な学習は、こうした授業の場にあってこれに参加することを、生徒の「学習実績」と考えます。「評価」は、授業へ生徒がどの様にどの程度対応したかに対して行われます。テスト等は、教師が、生徒の学習状況を確認するための情報であって、到達度を評価するためのものではありません。当然、テスト自体の内容も形式も変わります。

2　新しい学校のイメージ

①　6・3・3・4制の解体I――小学校

新しい学校といっても、今は、全てを具体的な制度として示す事ができる段階にはないと思います。ここで説明した新しい高校のイメージを元に、今ある小学校から大学までの学校制度を、疑ってみることから始めようと思います。

生まれた子供に受けさせる教育を考える時、どの親もまず、小学校から始まる学校制度を思い浮かべるはずです。子供に学歴を付けるためというより、それ以外の教育システムを思い浮かべることができないからです。特に、中学校までは義務教育ということもあって、ほとんど疑うことなく、このシステムに子供を送り込むことになります。しかし、このシステムは、ここまで述べてきたように、もはや誰にとっても有効だとは言えなくなっているのです。曲がりなりにも機能していると言えるのは、小学校の3年生まででしょう。

これを説明するために少し横道に逸れますが、国語学習について高校生を教えた感想を述べます。漢字学習の基礎が終わる頃ですから小学3年生くらいでしょうか、それ以降の学習は中学を含めて、本当の国語力を身につけるという点では、全く無駄になっていると思えるのです。そればかりか、高校で本格的に国語学習をする上で、邪魔になるものでしかありません。漢字を例にとってみましょう。

漢字は、一字で一文を造ることができる機能を持っています。意味も表現力もあるのです。友人からの結婚するという知らせに、「喜」あるいは「祝」という一字を葉書に大書して出せば、十分に気持ちを伝えることができます。また、漢字は、「偏・へん」と「旁・つくり」のようにいくつかの部品が合わさってできています。それに精通する必要はないのですが、よく使われるものの役割や意味を知ると、漢字は、解りやすく身近なものになります。そうすれば、初めて見る漢字でもその意味を、だいたい推測することができるようになるのです。また、こうした漢字理解の展開した結果として、ものを広く認識する力や、正確な思考に必要な、熟語をたやすく理解できるようになるのです。

「みる」という言葉は、その意味の違いによって、異なる漢字で書き表すことができます。読み手に、「みる」の意味を前後の文脈から推測させるのではなく、それと正確に現わそうとすれば、日本語は漢字に翻訳するしかないのです。さらにそのそれぞれが現す意味の違いを、より正確に示そうとすれば、「みる」という「日本語」は、漢字から「熟語」という形に翻訳されることになります。「正確に観る」事は「観察」へ、「注意深く看る」事は「看視」へ、「あたらしい事をやって試みる」事は「試行」へと翻訳されるはずです。漢字についてのこうした説明は、ほぼ小学3年生で終わっているのですが、その後の漢字教育、国語教育がこうした本質的な理解を全て忘れさせてしまうのです。その後の教育は、漢字を一つの記号として捉え、熟語もまた一つの記号として、闇雲に暗記させるだけの学習へ子供たちを追いやっているのです。実際に表現された文中の漢字を、その文脈の中でじっくり考えさせることより、より多くの漢字を丸暗記でも何でも、覚えさせる事だけを評価する学習システムの中で、いつの間にか漢字は、その豊穣さを失ってしまったのです。後には、子供たちにとって、「暗記物」という苦行が残るだけです（一つおまけ問題。誰でも知っている「学校」という熟語があります。「将校」にも「校正」にも「校」という字が使われています。「学」「将」「正」はその意味が解ると思います。では、「校」は？不思議に思ったことはありませんか）。

こうした本質的な理解を捨てて、ただ数多くの漢字を暗記させようとするだけなら、小学校という巨大なシステムを作って、漢字教育を受けさせる必要などありません。先ほどの、計算力や公式に従って問題を解かせるだけの算数教育についても同じことです。それでもあえて学校の必要性を考えてみましょう。

○多くの子供を一カ所に集めているので、手間を掛けず、効率よく同じ知識を教え込む事ができる。
○学校や教師という権威によって、無条件に子供を従わせることができるので、一元的で一方的な指導によって、短期間に教育効果を挙げることができる。
○学校という集団の中に子供たちを置けば、互いの競争心を刺激して、教育効果を上げることができる。

こんなところでしょうが、これらの根拠は、これまで見てきたように、今や絵に描いた餅となってしまいました。今の子供たちは、学校だからといって、無条件にこの集団への求心力を持っているわけではありません。子供たちが教室にいる理由は、それぞれ、時々によって変化し、全員の意識がいつも黒板に向かっているわけではないのです。そのために、10人以上に集団化することは、効果がないだけでなく、子供たちの心や意識のばらつきを修正することに追われ、かえって効率の悪いやり方になっています。学校や教師の権威は、社会や親がよってたかって消してしまったので、今さら当てにできません。教師が期待する生徒相互の競争心は、生徒にすれば、不用意に発揮するといじめられかねない危険な行動になります。ここに挙げたものはいずれも、学校を否定する理由ではあっても、その存在理由ではなくなっているのです。

小学校で学習すべき内容が、知識の習得とこれに習熟する事だと考えるならば、小学校を設置しておく理由は、社会からなくなってしまったと考えてよいでしょう。社会には、この役割を引き受ける、学習塾を始めとした様々な教育サービスが整備されています。そうしたシステムの中から、自分にあったものを、子供と親が選べばよいのです。「サザエさん・アンパンマン・ドラえもん」を見ているだけで、4、5歳の幼児でさえ文字を覚えてしまう時代です。そんなことは、意識的無意識的に社会が整備してきた、サービス機関やシステムに任せてしまえばよいのです。小学校は、貧しかった時代にできた、古典的な存在理由を放棄して、「ここは、知的学習の場ではない」と宣言すべきでしょう。小学校が、知的学習の面で学習指導をするのであれば、知識が成立する過程そのものに、方法的に立ち会わせるという視点以外にはありません。子供たちが、「生きている現実から知識を一歩一歩立ち上げ抽象していく過程」に、繰り返し繰り返し、手を換え品を換えて付き合うことです。

新しい小学校の存在理由は、人との関わり方を教え、これに習熟させる事にあります。そこで得られる喜びや充足感を与えるだけでなく、対立葛藤を経験させ、その克服を通じて普通に人と関わって生きることを教える、いや「見守る」のです。彼等に、「今を生きる場所」を与えるのです。いわゆる集団訓練や「なかよしごっこ」のようなものとは違い、かつての「ガキ大将グループ」に近いと言えます。家族でさえ、訓練をしなければ「家族という人間関係」をまともに生きることができなくなっている時代です。社会も親も、この事実に気づかぬ振りをして、子供たちを「家族ごっこ」に引き込み、引きずり回しているだけです。家族からその関係を維持して行く力が失われてゆくのに比例して、子供たちは、人に疲弊し人から孤立してしまいました。勉強をどうこう言う前に、子供たちのこの状況を改善する必要があるのです。子供たちは、あまりに人から離れすぎた結果、今や、どうすれば人と関わって生きて行けるのか、解らなくなっているのです。人に対して抱く感情や思いを処理する方法が解らなくなっているのです。家族の中で、それを伝授されなかったからです。先に詳しく述べましたが、親（の世代）には、この状況を受け止め指導することはできません。自分たちが子供として生きた家族関係について、全く無自覚の内にこれを捨ててしまったからです。

小学校は、「保育所・託児所・カウンセリングルーム・生活訓練の場」に、「思考訓練の場」という考えを合わせたような場所に変換されるべきでしょう。この集団は、日常的に共同して過ごす規模を10人程度に抑え、思考訓練の場以外は、１年から６年までを含む形で作られることになります。擬制的な兄弟、あるいは生活社会と考えてよいでしょう。

②　6・3・3・4制の解体Ⅱ―中学校

新しい小学校の延長に考えられる、新しい中学校は、「思考訓練の場を社会性に拡張して行う場所」になります。自分の身の回りの日常から知的な世界への橋渡しが、小学校であるとすれば、社会の中に生きる自分の現実から、知識への橋渡しが中学校になります。これは、「奉仕やボランティア活動への参加」「社会見学や地域活動への参加」といったこととは違います。こうした活動に生徒を参加させることは、多くの場合、生徒に改めて「良い子」を演じさせることになるだけです。

中学で習う方程式があります。「かごにみかんが入っています。お母さんが10個もってきたので、全部で15個になりました。かごにはいくつみかんがあったのでしょうか」「15―10＝5」という簡単な算数計算で解けますが、中学で習う方程式に書き現せば、「X＋10＝15」となります。「方程式」とは、日本語で書かれた文章の中から、数学的な要素を抜き出し、それを数学の言葉に置き換えた（翻訳した）ものです。その翻訳過程を見てみましょう。一番解りにくいのは、解っていないみかんの個数を、解っていると見なし「X」と置くことにあります。そして、ここに書かれている「いくつかあるみかんに、10個加えたら15個になった」という操作を、解らない要素は「X」、加えるは「＋」、「……になった」は「＝」として、そのまま「数学の文」に書き表したものです。一方算数では、問題文を「全部で15個あるのだから、お母さんの持ってきた10個を引けば、初めにあった個数が解る」と翻訳し、解らない要素を直接計算してしまいます。この場合の翻訳は、具体的な操作の中から数学的な法則をあれこれ考え、適応できそうな法則を見つけ出すことを意味します。このやり方は、考える法則や操作の少ない段階ならば、簡単にできますが、多くなると煩雑さが増し正しい法則の流れを見つけるのが困難になります。小学校の算術計算と中学での方程式の違いが、身の回りの日常と社会に生きる日常との違いなのです。

連立方程式（正確には、2元1次方程式）というのがあります。小学校で悩まされた応用問題の一つに「鶴亀算」があります。少し今風にして「トラックが何台かと単車が何台か駐まっています。駐車しているのは、全部で10台です。そのタイヤは、合わせて28個あります。トラック、単車はそれぞれ何台ですか」。方程式に翻訳してみましょう。解らない要素は、記号で表すわけですから、トラックの台数を「X」単車を「Y」としましょう。前半の文は、「X＋Y＝10」と翻訳できます。台数以外に設定されているのは、タイヤの個数です。方程式に翻訳する場合、それぞれのタイヤ数を、「4×X、2×Y」とすると、「4X＋2Y＝28」という二つ目の式が得られます。後は、この二つの方程式を数式のルールに従って解くだけです。

「数学の言葉に翻訳する。数学のルールに従って解く」。これを知る事が数学を学ぶ目的です。数学の目的は、現実的な事象に、算術的な計算を対応させることではありません。それは、身の回りに起こる日常生活の中でなら意味があるでしょう。しかし、社会に生きようとする時、そこに生起する問題を解く助けにはなりません。人は数学など知らなくても生きていけます。しかし、よく生きようとすれば、知る方がいいのです。数学を知ることは、数学問題が解けるようになることではありません。数や演算記号等の数学の言葉を使って翻訳し、そこに隠れている法則を見つけ出して、事象の存在形式や変化のルールを知ることにあるのです。算数的に解く場合に比べれば、違いがよく解ると思います。

算数的に解くには、二つの間のタイヤの数に気付く事がポイントです。それぞれに装着されているタイヤの数に、差があると気づけば、問題は解けたことになります。全部単車だとすれば、タイヤは「2×10＝20」となります。28個との差「8」は、トラックの方が「2個」タイヤが多かったから生まれたものです。トラックと単車では、一台あたり「4－2」で2個の差があります。この差で、全部の差「8」を割れば、トラックの台数が解ります。この過程を全て式に現せば、「2×10＝20、28－20＝8、4－2＝2、8÷2＝4、10－4＝6」となります。この問題を算数的に解くということは、「タイヤの数の差から、全部が……ならば」のような、「思考上の着想」を必要とします。特殊な抽象能力による、「数学的な思いつき」といってよいのでしょうが、思いつかなければ、いくら考えても解けません。いっそ、適当な数の組み合わせを試して、条件に合うものを見つけ出した方が早いくらいです。そして、このやり方もまた、一つの数学的な方法なのです。

一方、方程式を立てるのは、基本的な数学のルールを知っていれば、誰にでもできることです（もっとも、それには、記号を数字と同じように扱う事に抱く違和感を消しておく必要がありますが）。「事象を数学に翻訳する」という作業に思いつきはいりませんが、数学が本質的に、抽象的な思考作業であることを受け容れる必要があります。事象が方程式に現された時、そこに表現されているものは、「数」のように具体的な事実を、直接現しているわけではありません。あるものとあるものとの

「関係」が示されているのです。そして、その関係は、数学的なルールに従って操作することで、最終的に具体的な事実に到達することができるのです。

算数的な思考は、思いつきを別にすれば、具体的な事実（数）を一つずつ関係づけてゆく玉突きのような方法です。いわば、「水平的」に横へ横へと広げてゆく考え方です。これに対して方程式を立てる（数学的）方法は、事実（数）同士の関係を「垂直的に抽象しようとする」考え方です。事象を数学の言葉に一気に翻訳してしまいます。具体的な事実を数学の言葉が作る関係に置き換えてしまうのです。そうすることによって、解決（答え）に至る過程を一つのルールとして、取り出すことができるようになるのです。小学生は、「何々算」と名の付く問題と、その解き方を覚えるのに苦労しています。着想的な特殊技能を引き出す以外に、そんなことに意味はありません。方程式にすれば、全て一種類の文（連立方程式）に表現できるものに過ぎません。水平的な思考は、日本人の得意とするところですが、一人一人が、時代を超えて自立するのには役に立ちません。

算数的な数学が引きずる問題は、中学でも現れてきます。方程式が、思考を抽象化する手段であるというようなことは、顧みられることがありません。数学は、新しい計算問題、少し複雑化した問題として、式の変形方法や公式を暗記するものとして扱われています。具体的な事実から方程式へ翻訳する過程が、納得いくまで説明されることはありません。数学もまた、「暗記物」の一つとなっています。ここで改めて、方程式に込められた考え方をまとめておきます。「それが何か分からないけれど、それが作り出す〈関係〉が解っている時、その関係を〈方程式〉という文に書き表し、後は、文法〈数学上の公理や定理〉に従って解読することで、そのものの実際の姿を知る事ができる」という事になります。

なぜ方程式の話などを長々と説明したかというと、関係を関係として考える格好の教材だと考えるからです。先に、中学では、日常生活を離れ、社会生活から知的世界への橋渡しをすることが指導の目的だと述べました。日常生活は、子供の範囲であれば、「見たまま感じたまま」が直接物の実態に結びついています。しかし、中学生になり思春期の真っただ中にあれば、物は、見たままでも感じた通りの物でもなくなってきます。「かあさん」は「母親」に、「としちゃん」は「田中」に変わります。物が変わったのではなく、関係が変わっているのです。人と人との関係は、物と物との関係のように数学で現し計算することはできません。けれども、彼等は、今まで自分の感情の延長で済ませてきた人間関係が、あたかも物のようにのしかかってくる段階にきています。そこでは、関係を関係として処理して行く方法を身につけなければならないのです。

人の背後にある関係は、結果としてその人自身を変質させていきます。関係についての理解がないと、これは、人の変質・変心としか理解できないことになり、人間関係は、ここで終わってしまうことになります。社会性を学ぶとは、社会についてのあれこれの知識を獲得したり、行儀作法を身につけることではありません。「人は関係に於いて生き、〈個人〉という概念は、関係に於いて初めて成立する」ということを学ぶことです。

夏目漱石に「三四郎」という小説があります。「坊ちゃん」が〈童話〉だとすれば、これは、〈青春小説〉と言っていい作品かもしれません。もっとも、最近は、「坊ちゃん」でさえ高校の教材となってしまっているので、中学生には難しいということになるかもしれません。

忽然として会堂（チャーチ）の戸が開いた。中から人が出る。人は天国から浮世へ帰る。美禰子は終わりから四番目であった。縞の吾妻コートを着て、俯向いて、上がり口の階段を下りて来た。寒いと見えて、肩を窄(すぼ)めて、両手を前で重ねて、できるだけ外界との交渉を少なくしてゐる。美禰子は此凡てに揚がらざる態度を門際迄持続した。其時、往来の忙しさに、始めて気が付いた様に顔を上げた。三四郎の脱いだ帽子の影が、女の眼に映った。二人は説教の掲示のある所で、互に近寄った。

「何うなすって」

「今御宅迄一寸出た所です」

「さう、ぢゃ入らつしゃい」

女は半ば歩を回しかけた。相変わらず低い下駄を穿いてゐる。男はわざと会堂（チャーチ）の垣に身を寄せた。

（岩波書店『漱石全集』第5巻「三四郎」）

三四郎がほのかに好意を寄せた美禰子と、最後に会ったシーンの始まり部分です。三四郎のぎこちない対応に好意を読みながら、美禰子の対応は、曖昧でとらえどころがない。そんな関わりが、美禰子の結婚で終止符を打つことになり、借金の返済を口実に三四郎が美禰子に会いに来た場面です。それにしても、漱石の文章は、実に魅力的で少しも色あせていないことに驚きます。さして難しい文章ではないので、場面を読み取ることは、たやすいでしょう。さて、これが、国語授業のテキストだとすると、「漢字の意味調べ、書き取り、指示語、登場人物の考えや気持ち、段落分け」等といった事が問われることになります。しかし、この文章を理解することと、そうした問題に正解することとは、必ずしも一致しないのです。あるいは、正解する必要がないと言ってもいいでしょう。

もちろん、文章を正確に読むには、そうした作業が必要な場合もあります。しかし、中学生にそれを求めても、その作業は、この文章を読んでいるのか、ここに書かれたことをネタにして、それぞれの考えを勝手に展開しているのか、解らなくなってしまう可能性があります。その結果、読書感想は、読み手の数だけあるといった誤った考えを広めることになってしまうのです。文章を読めば、誰でも必ずその文章について何らかの理解を得ます。それが正解でも誤解でもいいのです。その可能性は、読み手の読解力によるともいえますが、書かれた物は、段階を追ってしか理解されないからです。また、読むに値する文章ほど、文章が難解なためではなく、書き手が多層に渉って書き込んでいるために、たやすく理解することができないからでもあります。読後にそれぞれ異なった感想を抱くようにみえるのは、全てが、正解への段階に過ぎないからです。

この文章をどう理解しようといいのですが、唯一理解しておかなければならないことがあります。それは、主語が、「三四郎―男、美禰子―女」と転換していることです。この転換は、場面がカラーからモノクロに転換したり、スローモーションに変わったりすることと同じで、その場面に立つ全ての物の関係をも変えてしまうからです。関係が変われば、同じものでも意味が変わってきます。どう変わったかの検討は、また別の問題であって、まずは、場面の転換が、主語を転換することによって行われるという点に気づくことが重要なのです。文を理解するには、場面に登場する人や物の関係を知ることが重要なのだと教える必要があります。それは、普通「語の意味」と考えられていることですが、意味ではなく関係が重畳されてできる「意味の集合体」なのです。

これについて、最後の「男はわざと会堂（チャーチ）の垣に身を寄せた」という文について考えてみましょう。「男」という言葉の意味は明らかです。しかし、ここでは、「三四郎―美禰子」という言葉の関係が、「男―女」と変わって使われていることを考えねばなりません。ここでの二人の言動は、全てこの転換した場面での言動となるわけです。男女が、性的な場面を作り出しているわけです。男の行動は、「さう、ぢゃ入らつしゃい」といって、家に向かって歩き始めようとした女に対するものです。ですから、「垣根に寄りかかる」という行為は、人待ち時に「一寸疲れたから」というような行為ではなく、「私の家へいらっしゃい」という女の誘い（もっともこれは、男がここで待っていた口実として「あなたの家を訪ねようとして」と言った事への返事だったのですが）。に対する返答の意味を持っています。また、「わざと」とあるように、この行為は男にとってかなり意識的な行動です。しかし、用があって訪ねたとすれば、男の行動は、優柔不断なはっきりしない対応だとも言えます。その優柔不断さに、男は万感の思いを込めたつもりなのですが、女の対応は、「此凡てに揚がらざる態度を門際迄持続した」とあるように、少し超然として男をあしらっているように見えます。それは、男が立ち話でいいと言って、借金を返した後の女の行動で頂点に達します。

女は紙包みを懐へ入れた。其手を吾妻コートから出した時、白い手帛（ハンケチ）を持ってゐた。鼻の所へ宛てゝ、三四郎を見てゐる。手帛（ハンケチ）を嗅ぐ様子でもある。やがて、其手を不意に延ばした。手帛（ハンケチ）が三四郎の顔の前へ来た。鋭い香りがぷんとする。

女は、香水をわざわざ男に嗅がそうとするのです。しかし、「鼻の所へ宛てて、三四郎を見ている。手帛（ハンケチ）を嗅ぐ様子でもある」を契機に女の中で何かが変わり（「でも」によく現れています）、ここでの関係は、「女―三四郎」に転換してしまいます。二人共が、自分の心と行動のバランスを欠いて、すれ違って行く象徴とも言えます。

新しい中学のイメージを作ろうとして、随分横道に逸れてしまったようですが、学校の枠組みと、そこで学ぶシステムとは、密接に結びついています。少人数であったとしても「学校的な学力」を獲得させることを、授業目的とすれば、これまでの学校と何も変わらないことになります。長く挙げたいくつかの例は、「社会的な現実を生きる所から、立ち上げる授業」というイメージを作るためのものです。一人一人が生きている現実、そこで抱く感情やはっきりしない思考に、筋道を見出せるように行われる授業のイメージを示したつもりです。

③ 6・3・3・4制の解体Ⅲ──高等学校

高校がどの様に作られ、そこでは何を学ぶ事になっているか、これまで繰り返し考えてきました。そこで、わたしたちが大切にしようと考えてきたことは、「何事であれ生徒自身に選択させる」ということです。進学する高校を選択させることを始めとして、「何をどの様に学ぶのか」についても選択させるべきなのです。もちろん、選択させる以上、「自分で選択する」ということがどの様な問題を孕むか、どうすれば、自分にとって適切だと言える選択ができるのかについて、事前に指導と訓練がなされていなくてはなりません。さらに、より多くの選択肢とその選択肢についての十分な説明が必要です。これが十分になされていれば、結果について責任を問うこともできるのです。

今のところ、生徒の選択肢は、自分の成績──いわゆる偏差値以外にありません。いわば、情報が封鎖されている中で、生徒は、自分の将来に直接関わる選択の第一歩を踏み出さなくてはならないのです。これでは、自立しようと悪戦苦闘している彼等が、たといどう選択したとしても、それを「自分の選択」だと思う事はできません。それに、選択が「自分に関わりなくされた」と思っている者に、結果について責任を問うことはできません。つまり、彼等は、失敗したという認識を持つことができないわけですから、失敗するとそのまま潰れてしまうことになるのです。やり直したり先へ進んだりとはいかないのです。

さて、十分な選択肢とこれについての説明とを踏まえて選択したとしても、多くの場合、選択は、失敗に終わることになります。より自由により幅広い選択を生徒に委ねれば、失敗の可能性はさらに拡大します。社会も親も、いくらでもやり直しがきく豊かさの中で、逆に失敗を恐れる価値観を作りその中で生きてきました。学校システムは、残念なことに率先してこれを加速してきました（より早くより高く到達することが、良いことである、という指導の下に）。今では、そのこと自体に無自覚になっているほどです。新しい高等学校の学習システムは、「選択—失敗—再選択（責任の自覚）」の繰り返しを制度化したものに変えられねばなりません。少なくとも学校の中では、一度の選択が、自分にとって最適な選択であった幸運な者と、何度も選択をやり直さなければならない者とが、同じ様に学べるシステムを作らなくてはならないのです。「単位制高校」としてあげたものが、これに当たります。

社会は、多様化というより「拡散している」といった方が適切です。言い換えれば、何処で何をしていても生活できるほどに、豊かな社会が実現しているのです。学校社会だけが、狭く閉じられた価値観の中にあるのです。現実と繋がることのない教育を受けて学校を出れば、自分の居場所さえはっきりしない社会が拡がっています。そこには、高校を出たというだけでは、会社の穴埋めに使われて、使い捨てられるだけの現実が待っているのです。それでも、若者は、豊かな親のすねをかじって不平を言わないのです。しかし、彼等は、小遣いに困らず気楽に生きていけるとしても、自分の存在を確かめることができない不安の中に生きていることも確かなのです。

社会システムが高度化したことは、高度な技術や高度な知識、回転の速い頭脳といったものが、より高い価値を生むようになったという一面があります。余裕を失った企業が、手間暇掛けずに高度な即戦力をと考えるのはしかたないでしょう。たといそれが、病人に打つカンフル剤か、痛みを忘れるモルヒネに過ぎないとしても。かつては、「高等学校」が「高等」教育の一翼を担った時代もありました。今の高校教育は、どう考えても「高等」教育とは言えないでしょう。大学でさえ、もはやその専門性で評価される時代は終わっています。

「高等教育」は、大学院過程で行うしかない段階に来ているのです。高等教育を受ける必然性を持った一部の者は、飛び級でも何でもして、無意味な受験勉強やつまらない学校教育を飛ばして大学院へ進級すべきでしょう。言い換えれば、今の教育システムは、高等教育、専門教育の上でも空洞化しているのです。社会が、高校を評価せず、大学もほんの一部の例外を除いて、評価しなくなっているのは当然と言えるでしょう。皮肉なことに、「お受験」から始まるヒステリックな上昇志向は、学歴がその価値を失う度合いに応じて、ますます激しくなっています。この過熱ぶりは、親たちがそうした現状に気付きながら、これに代わる価値観を見出せないことの焦りです。あるいは、親たちは、無意識の中にその重圧から逃れようとして、子供をブランド学校へ棄てようとしているのかもしれません。

教室という生徒の生活圏に目を向けると、そこには、空洞化した「授業」が待っています。授業は、授業内容が持つ「現実感」によって維持されるのではなく、制度的な強制か、教師の強権によって体裁を保つのが精一杯といった所です。教師が今のような一方的な授業をしている限り、生徒は、ますますその空洞化を進めて行くばかりです。強権によって授業を維持するには、大変大きなエネルギーと時間が必要です。そのため、教師は、強制に依らなければ展開できないような授業内容を放棄して、授業を無意味なおしゃべりか作業に解体してしまいました。授業時間が荒れることはなくなりました。

生徒も教師も半数以上の者が、目的を失い、そこにいる意味を見出せないまま作り出した社会が、今の高校です。高校は、回復しようもないほど内容を失い空洞化してしまったのです。教師が背景に退いた結果、生徒たちは、対立すべき目標も失ってしまいました。生徒たちは、自分の存在を確認するために、互いに傷つけ合い、多くは自分自身を食い荒らし始めているのです。

高校は、生徒に生きる現実感を再生させるために、単位制の授業で説明したように、徹底して社会の具体的な実態にリンクさせた授業を考えるべきでしょう。そのためにも、「試行錯誤」が前提となる学習システムが必要です。現実に働きかけて体験する失敗は、消しゴムで消すようには消えません。やり直さなければ、失敗が正されることはないからです。失敗しそれを正すことによって、生きる現実から、知識というべき何かが少しずつ立ち上がってきます。この知識が、自分にとっての知識であり、知識それ自体を扱うことができるようになる核となるものです。ここからしか、高校教育を立て直す方法はないでしょう。

あとがき

わたしは引っ越しが大好きでした。小学校までを過ごした信州の田舎町飯田で3回、中学でキューポラの街川口に出て途中宝塚へ移り、高校卒業までは西宮でした。田舎から都会へ、関東から関西へ、わくわくするような転身でした。住み慣れた場所を離れる寂しさや不安より、これから始まる何かや、新しい場所への期待の方が大きかったように思います。個性というより戦後社会が生活再建を目指しがむしゃらに明日に向かって走ってきた、その流れに乗った感性といった方がいいのかもしれません。

これに対して、転校がきっかけでいじめに遭い、安定した環境を失ったことで不登校になる、わたしのかかわった子供たちの多くが今陥っている情況です。再建を終え高度に安定した社会は、もろく壊れやすいものの上に乗っているように見えます。高速回転することで安定する「独楽」のような社会といっていいのかもしれません。

唄を忘れた金鱗雀《カナリア》は後ろの山に棄てましょか
いえ、いえ、それはなりませぬ

唄を忘れた金鱗雀は
象牙の船に、銀の櫂
月夜の海に浮かべれば
忘れた唄を思い出す

(西条八十「カナリア」)

子供たちは時代の速さに合わせて生き、ときには、唄を忘れ自分がカナリアであることさえ分からなくなることもあります。しかし、我々は、童謡の哀しい諦めと見果てぬ夢に代えて、「象牙の船も銀の櫂」も与えることができる社会を造ったのではありませんか。我々に必要なことは、子供への後ろめたさを棄て不安に代えて、ここから立ち上がる方法を見出すことではないでしょうか。

最後になりましたが、この拙文をいち早く認め出版への労をとってくださった松岡祥男さん、出版を快く引き受けていただいたボーダーインクの宮城正勝社長、こなれないわたしの文章に丁寧な校正をしてくださった喜納えりかさん、皆さんの労なくしてはこの文章が日の目を見ることはなかったと感謝しています。

また、この文章に結晶するまで、散漫に展開するわたしのおしゃべりに辛抱強く付き合ってくれた大阪教育大の神尾暢子さんと「ふるさと」高知の川村寛さん、個人誌でものを書く修業をした7、8年ずっとサポートしてくれた川畑馨子さん、北浦安典さんと『北京』の仲間たち、40年近く毎週の付き合いを欠かさなかった『木津連合』の仲間たち、やっとみんなの厚情を形にすることができました。改めて感謝します。それから、いい加減なわたしの考えに少しでも筋道がついているとしたら、亡き師・塚原鉄雄先生と書物を通して勝手に師事した吉本隆明さんのお陰です。両師の業績を汚すことにならねばいいのですが。

２００５年9月26日

北島　正

北島　正（きたじま　まさし）

1947年11月21日生。

大阪市立大学文学部国語・国文学科卒。学校法人大阪繊維学園（全日制摂陵高校・通信制向陽台高校）での教職を経て、2003年「試行塾」を開設。

向陽台高校にて、学校教育に不適応を起こした子供のための新しい高校教育システムの開発にかかわる。最も有効な方法として「通信制高校と学習塾」とが共同して教育にあたるシステムを考え、東京六本木でその実践を試みる。

学校が一定の規模に拡大する中で、最終的に古典的な高校教育の枠組みを越えることができなかった高校と商業的拡大を急ぐ学習塾との間に軋轢が生じ、向陽台六本木校は廃校となる。在学する生徒の動揺もありその受け皿として、中央学院大学中央高校を共同先として試行塾を立ち上げる。

こころの誕生
マイナス1歳から思春期までの心的発生論

2005年11月1日　第一刷発行

著　者　北島　正
発行者　宮城　正勝
発行所　（有）ボーダーインク
沖縄県那覇市与儀226-3
電 話098(835)2777
FAX098(835)2840
印　刷　（資）精印堂印刷